本书出版受浙江省科技计划软科学研究项目资助（项目编号2014C35012）

制造企业服务创新战略
对竞争优势的影响机制研究

赵立龙　著

ZHIZAO QIYE FUWU CHUANGXIN ZHANLÜE DUI JINGZHENG
YOUSHI DE YINGXIANG JIZHI YANJIU

Zhejiang University Press
浙江大学出版社

前　言

　　服务创新已成为中国制造企业实现从低成本加工制造环节向价值链高端环节转型的重要战略途径，但我国制造企业在服务创新实践中还面临着诸多问题。在理论上，现有研究对于服务创新战略在什么条件下以及何种程度上有效提升竞争优势这一重要的理论问题的理解存在很大不足。在此背景下，本研究以中国制造企业为研究对象，综合运用资源基础观、顾客价值和服务创新等理论，围绕"制造企业服务创新战略影响竞争优势的作用机制"这一基本问题，由浅至深研究以下科学问题：①制造企业服务创新战略的内涵是什么，其对制造企业竞争优势有怎样的影响；②环境动态性如何影响服务创新战略与竞争优势之间的关系；③服务创新战略如何与技术能力匹配，以及动态环境下服务创新战略与技术能力的匹配对制造企业竞争优势的影响关系有何种变化。

　　本研究主要围绕以下几个部分展开：

　　(1)文献综述与概念拓展。通过对相关文献进行全面的总结和梳理，包括综述竞争优势理论的发展脉络，梳理出本研究与该领域现存理论观点的顺承关系；追溯制造企业服务创新战略提出的理论背景，对制造企业服务创新战略的概念界定、维度划分及理论定位进行了论述，并对技术能力与环境动态性理论等文献进行了系统回顾等，旨在为后续的理论推导奠定基础。

　　(2)探索性案例研究。采用严谨的研究方法对三个典型案例企业进行深入的纵向分析，完成四个研究任务：一是验证制造企业服务创新战略的概念内涵和维度；二是探索服务创新战略对制造企业竞争优势的影响差异；三是探索制造企业服务创新战略与不同技术能力水平的匹配关系；四是识别环境动态性对服务创新战略与竞争优势关系的影响作用，并提出初始概念模型和命题。

　　(3)制造企业服务创新战略对竞争优势影响机制的理论模型与实证检验。

在探索性案例研究的基础上进行理论研究,探讨制造企业服务创新战略维度划分,及其如何与外部动态环境、内部技术能力匹配,影响企业竞争优势的机制,最后得到细化后的相关概念模型,并提出细化假设。通过247家中国制造企业的调查问卷,运用层次回归分析和结构方程建模的方法进行了实证研究,进一步阐明了制造企业服务创新战略对企业竞争优势的影响以及与外部动态环境、内部技术能力匹配影响企业竞争优势的机制。

通过上述研究工作,本研究得出以下主要结论:

(1)服务创新战略对制造企业竞争优势有积极的影响作用。本研究将服务创新战略视为企业的顾客价值创造战略,探索其对竞争优势的影响效应,为了精确区分渐进式和突破式服务创新战略的效果,将竞争优势区分为市场绩效和财务绩效两个维度,实证研究发现制造企业服务创新战略的两个维度对竞争优势的市场和财务绩效维度都具有正向影响。

(2)环境动态性是影响服务创新战略与竞争优势关系的重要情境因素。研究结果表明,市场环境动态性在渐进式和突破式服务创新战略与竞争优势关系中均起正向的调节作用。竞争强度的调节作用得到研究结果的部分支持,其对渐进式服务创新战略与市场绩效、突破式服务战略与市场和财务绩效均具有显著的正向调节效应,但对渐进式服务创新战略与财务绩效关系的调节效应不显著。

(3)服务创新战略与不同技术能力匹配对制造企业竞争优势有显著影响,并且服务创新战略与技术能力的匹配对制造企业竞争优势的影响会受到环境动态性的影响。具体来说:渐进式服务创新战略与低技术能力匹配,对企业竞争优势的市场和财务绩效维度均具有显著正向影响;突破式服务创新战略与高技术能力匹配,对企业市场和财务绩效均有显著的正向影响。这就是说,对于技术能力较低的制造企业,适配性地实施渐进式服务创新战略更有助于竞争优势提升,而对于技术能力较高的制造企业,适配性地实施突破式服务创新战略更有助于竞争优势提升。

(4)服务创新战略、技术能力、环境动态性对制造企业竞争优势的影响产生叠加作用。具体而言:市场动态性越高、竞争越激烈的环境下,渐进式服务创新战略与技术能力匹配对市场绩效影响效应越大,而对财务绩效影响不显著。即低技术能力的制造企业在高市场动态环境下实施渐进式服务创新战略更有助于市场绩效提升。但是在高市场动态环境下,突破式服务创新战略与技术能力匹配对制造企业市场绩效和财务绩效均存在负向影响;在高竞争强度的环境中,突破式服务创新战略与技术能力匹配对市场绩效有负向影响。这表明在高度动态的环境下企业能否克服高技术能力带来的"核心刚性",快速开发出符合顾客需求变化的服务解决方案存在变数。

上述研究结论加深了我们对于"制造企业服务创新战略影响竞争优势的作用机制"这一基本问题的理解,对制造企业服务创新、战略管理等研究领域均有一定贡献。本研究对服务创新研究作出了贡献。首先,本研究通过严密的理论分析提出制造企业服务创新战略的内涵,并为后续研究提供了可靠的测量工具,这有利于克服现有研究中制造企业服务创新战略概念宽泛、难以观测等问题,并推动定量研究的发展。其次,针对现有研究中对于服务创新战略是否以及在何种情境下更有助于提升制造企业竞争优势尚不明晰、缺乏系统性研究的不足,本研究澄清了服务创新战略对竞争优势的影响效应,并系统地研究不同技术能力以及环境动态情境下制造企业服务创新战略影响竞争优势的关系机制,有利于更深入系统地理解服务创新战略影响竞争优势的作用机制,深化服务创新理论。最后,以往关于制造企业服务创新的研究往往以发达国家企业、跨国公司作为研究对象,本研究选择新兴经济体的制造企业作为研究对象,丰富了制造企业服务创新研究的情境。同时,本研究对战略管理领域作出了贡献。近年来战略管理领域学者呼吁应在战略管理中整合顾客视角,从顾客价值创造角度来深入理解竞争优势的来源。研究将服务创新战略视为制造企业所采取的一种顾客价值创造战略,企业能通过服务创新战略为顾客创造超越竞争对手的感知价值和收益以获取竞争优势,并且尝试性地探讨了服务创新战略与企业技术能力等资源基础匹配对竞争优势结果的影响机制,并通过大样本实证进行验证,这无疑是对近来战略管理领域出现的需要"整合顾客视角理解竞争优势"观点的呼应,在一定程度上推进了竞争优势理论的发展。

目　　录

1　绪　论

1.1　研究背景

1.1.1　现实背景

在经济全球化和信息化浪潮推动下,全球产业结构开始从"工业型经济"向"服务型经济"转型。同时,由于服务主导(service dominant,S-D)竞争范式的出现以及制造企业内外部环境的深刻变化,越来越多的制造企业将其创新努力延伸到服务领域(Jacob & Ulaga,2008)。服务主导竞争范式的出现打破了以遵循技术发展为主的传统战略逻辑,提出了以从顾客感知视角创造价值为核心的竞争逻辑(Adner & Zemsky,2006),将服务创新视为制造企业在技术创新之外的备择战略(Gebauer et al.,2010;Matthews & Shulman,2005;Vargo & Lusch,2004)。在发达国家,服务创新作为一种能够帮助制造企业建立新竞争优势的战略被广泛采用,从家电、汽车业、机械设备制造业到 IT、通信设备制造业等,在不同知识含量和不同类型产品的制造部门中都能观察到不同程度的服务创新现象。已有研究也表明,发达国家通过服务创新参与市场竞争的制造企业比例已经增加到 60%(Neely,2008)。一些先进的制造企业——例如 Rolls-Royce(Neely,2008)、IBM、ABB、Caterpillar、GE、Xerox(Cohen et al.,2006)等——纷纷通过服务创新获得了长期市场成功,在全球的竞争能力也有了新的提升。这些成功企业的实践向人们传递了强烈的信号:服务创新已经成为制造企业在技术创新之外建立新竞争优势的又一战略途径。

服务主导竞争范式的出现,也为作为国民经济发展重要力量的中国制造业提供了快速发展的机遇和挑战。中国制造企业经过几十年的发展已经成为国民经济发展的重要力量。国家统计局《2010 年国民经济和社会发展统计公报》的数据显示,2010 年中国国内生产总值(GDP)达到 397983 亿元,已经超过日本,成为世界第二大经济体。其中,制造企业对中国 GDP 的贡献已经约占 40.2%,比上年增长 12.1%,高于 GDP 10.3% 的增速,是国民经济中增速最快的部门,制造企业在很长一段时间将是我国不可忽略的经济基础。

然而,中国制造企业整体实力较过去虽有很大的进步,但与发达国家相比还有明显差距,总体上仍处于制造产业价值链的低端环节(杜修立 & 王维国,2007)。随着劳动力、能源等资源的逐渐紧缺(如最近中国很多地区出现"民工荒"、"电荒"等)以及环境保护压力的逐渐增加,基于传统低成本加工制造赚取微薄利润的发展模式越来越不可持续,中国制造企业亟待从低成本的加工制造环节向价值链高端升级。但是,采取西方发达国家企业以巨额研发投入推进技术创新,从而占据高价值市场的方式,对于在生存中挣扎的中国制造企业来说,短期内并不现实。面对这一困境,国内的政策制定者和学者们纷纷把服务创新视为中国制造企业进行产业升级和结构调整,获取可持续竞争优势的有效方法,呼吁制造企业应尽快向服务转型(郭跃进,1999;蔺雷 & 吴贵生,2007;吴敬琏,2009;张文红等,2010;诸雪峰等,2011)。

但在现实中令我们困惑的是,虽然不乏通过服务创新成功转型的中国制造企业,如陕鼓集团、海尔家电、东方汽轮、华为、三一重工等——这些企业不仅进入了价值链的高端环节,企业的竞争力也获得了很大提升,但是也同样有许多中国制造企业对于服务创新或表现得迟疑不决,或未能取得预期的成效,如 UT 斯达康的服务创新失败(Wei et al., 2010)等。那么,我国的制造企业该如何选择和实施服务创新战略才能有效建立竞争优势,实现转型升级呢?

进一步地,现实世界中观察到的成功案例企业多是如 Rolls-Royce、IBM、

GE、Xerox、三一重工、陕鼓(诸雪峰等，2011)、华为(Wei et al.，2010)等国内外技术实力较为雄厚的大企业。这是否意味着服务创新是技术实力雄厚企业的专利？对于技术实力较弱的制造企业,服务创新战略是否有所不同？服务创新能否成为它们实现转型升级,获取竞争优势的可行路径？

考虑到中国制造企业在技术能力上存在显著差异的现实——既有技术实力强大的"国家冠军"(Child & Rodrigues，2005),也存在众多技术实力较弱、处于竞争低端的制造企业,显然回答这些问题更能够为我国众多技术实力较弱的制造企业通过服务创新摆脱"价值链低端锁定",实现转型升级提供指引。

此外,中国作为世界经济规模最大的发展中国家,正在经历一个加速发展和产业结构调整的过程。在众多制造业行业领域,企业所面临的技术环境、市场环境都变得更具动态性(Tan & Tan，2005)。在这一激烈而快速变化的市场环境下,服务创新战略能否有效帮助制造企业获取竞争优势？如果是,中国的制造企业该如何选择与动态环境相匹配的服务创新战略？这也成为本研究的一个兴趣点。

1.1.2 理论背景

对制造企业服务的探讨起源于 20 世纪 70 年代初期,营销领域的学者开始探讨制造企业产品和服务的关系(Levitt，1972；Shostack，1977)。20 世纪 80 年代,在营销管理、战略管理等领域开始出现把顾客服务作为制造企业市场竞争战略要素的思想(Bell，1986；Bowen et al.，1989；Levy，1981；Miller，1987；Peters & Waterman，1982)。进入 20 世纪 90 年代以来,随着制造企业内外部环境发生巨变,服务逐渐成为制造企业市场竞争的又一焦点,服务创新也成为制造企业经营战略的重要部分并受到学者的广泛关注。然而通过文献回顾发现,不同领域的学者虽然都认同服务创新是制造企业重要的战略问题,但是由于受到研究方法和工具的制约,现有理论研究还处于很不成熟的早期阶段(Jacob & Ulaga，2008),一些看似简单却极为关键的问题还没有得到回答(赵立龙等,2012):

第一,现有研究对于制造企业服务创新战略的概念内涵和维度划分还缺乏清晰的认识。关于制造企业服务创新战略的现有研究主要集中在服务管理和营销管理领域,近年来才开始向战略管理和创新领域拓展。它们主要从管理实践的角度展开讨论(Allmendinger & Lombreglia,2005;Cohen et al.,2006;Gebauer et al.,2011;Jaw et al.,2010;Matthyssens et al.,2006;Miozzo & Ramirez,2003;Singh,1990),忽略了概念界定、维度划分等基本理论问题。清晰的概念是管理研究的基础,也是更多研究命题形成的前提条件。如果这一问题不能得到很好的回答,那么制造企业服务创新战略研究中许多更有价值的问题便难以展开。

第二,现有文献大多基于顾客价值理论对服务创新战略与制造企业竞争优势关系进行研究,忽视了制造企业可能具有不同资源特点的影响。大多数研究仅从服务自身特征或是顾客价值视角出发,认为服务创新战略能使制造企业的总体产出(有形产品和无形的价值主张)更难以标准化,需要更多客户接触,从而能够产生顾客忠诚,提升议价能力,为制造企业带来稳定的销售和财务收益(Gebauer et al.,2011;Matthyssens & Vandenbempt,1998;Quinn et al.,1990;Storey & Easingwood,1998;蔺雷 & 吴贵生,2007;诸雪峰等,2011)。进而,他们主张在未来的竞争中,制造企业必须采取服务创新战略来提升竞争地位(Sawhney et al.,2003;Vargo & Lusch,2004)。然而这一观点过于普适,难以让人信服(Gebauer & Fleisch,2007)。在产出中增加创新性的服务并不一定能为制造企业带来竞争优势,制造企业的服务创新产出同样面临着激烈的竞争——其他服务供应商、客户自营等,建立竞争优势同样是很困难的事情。根据资源基础理论,如果企业不存在有效的资源壁垒,或资源是可以被模仿的(Barney,1991),服务创新战略所产生的优势会被侵蚀。可见现有研究中忽视企业可能具有不同资源特点,把制造企业视为同质的普适性观点,难以回答为什么有的企业会成功,有的企业会失败。

第三,现有研究缺乏一致的、明确的理论基础。首先,来源于服务管理和营销管理领域的文献主要从运营实践角度集中在识别制造企业服务战略模式和驱动因素(Gebauer,2008;Oliva & Kallenberg,2003;Wise & Baumgartner,1999),分析制造企业服务创新战略实施的过程影响要素等,如确立市场导向和清晰的服务开发过程(Gebauer et al.，2005)、形成共享服务标准和价值的组织氛围和文化(Matthyssens & Vandenbempt，1998)、建立服务导向的人力资源管理系统(Neu & Brown，2005)等。虽然这些研究成果在一定程度上有助于指导企业实践，但对清晰理解服务创新战略在什么条件下以及何种程度上有效这一重要的理论问题显然不够(Bolton et al.，2007)。其次，这些文献很少基于主流的战略管理理论(如资源基础理论、战略权变理论)探讨服务创新战略如何影响制造企业竞争优势的机制，缺乏与主流战略管理理论的对话。

第四，对服务创新战略与制造企业竞争优势关系的研究多是在规范分析或是案例研究基础上做出的，相关的实证研究还比较缺乏，而且对于服务创新战略与竞争优势二者之间的关系还存在质疑的声音，缺乏清晰一致的认识(Fang et al.，2008；Neely，2007)。因此，有必要对这一关系进行进一步考察。

战略管理的权变理论(contingency theory)(Ginsberg & Venkatraman，1985；Hofer，1975)认为，恰当的战略需要根据其与组织环境的一致(coalignment)程度来定义(Drazin & Ven，1985；Lukas et al.，2001)。权变理论的核心概念是匹配(fit)(Drazin & Ven，1985)，这一逻辑主张与组织内、外部环境匹配的战略对绩效有显著的正向影响(Venkatraman & Prescott，1990)。权变理论比普适观点进步之处在于，其超越简单线性关系，承认自变量和因变量之间的关系在不同权变因素影响下呈现不同的结果(Venkatraman，1989)。权变理论的提出对于战略管理研究的重要意义在于——其让战略管理学者们可以解释"企业战略在什么情况下可以产生竞争优势"这一问题。

显然，服务创新战略的绩效结果同样依赖于其与组织内、外部环境的匹配程度。然而，从前述可知，以服务创新战略与制造企业组织内、外部环境匹配程度为目标解释竞争优势差异的研究还较为缺乏，这构成本研究的一个关键的切入点。

进一步地，基于战略权变理论，我们虽然可知与组织内、外部环境匹配的服务创新战略会有助于提升组织绩效(Miller，1988)，但是现有文献中对于哪些特定因素发挥重要的作用缺乏指引。在战略管理领域,从理论抽象层面转向识别特定环境因素的研究则更为常见,并且更有助于管理者进行决策(Homburg et al.,1999)。基于此,本研究重点考察制造企业内部技术能力和外部环境动态性两类特定因素。

关注技术能力主要有两个原因:一方面,基于战略管理的资源基础视角,企业制定战略必须以其资源和能力为基础(Grant,1996),竞争优势是由企业特定资源基础及能否采取合适的战略有效利用这些资源和能力来决定(Black & Boal,1994;Peteraf,1993;Wernerfelt,1984)。而技术能力作为制造企业重要的战略资源(Bharadwaj,2000;Henderson & Cockburn,1994;Kim,2000,2001;Tsai,2004;魏江,1998,2000),不仅对技术创新,也对制造企业的服务创新有重要影响(Ceci & Prencipe,2008;Ordanini & Rubera,2010)。现有研究表明拥有不同技术能力水平的制造企业在技术创新战略(Zhou & Wu,2010;彭灿 & 杨玲,2009)、创新绩效(Ahuja & Katila,2001;Tsai,2004)、竞争优势(Cockburn et al.,2000)等方面都存在显著的差异。但是现有研究对不同技术能力水平的制造企业在服务创新战略选择及竞争优势方面是否存在差异缺乏深入分析。另一方面,虽然大多数学者强调服务创新战略是制造企业未来竞争的必然路径,但对于这一路径是否可以真正脱离企业技术发展路径或是作为替代还缺乏深入认识。基于此,本研究将技术能力纳入进来分析其在服务创新战略与竞争优势关系中发挥的作用。

关注制造企业所处的动态环境主要基于两个方面:一是战略管理理论一直非常强调战略与企业所处环境应该匹配或适应(Teece & Pisano,1994;何铮等,2007);动态能力理论的观点也认为企业的战略努力作为一种整合、重构资源的动态能力,与外界环境一致时才能带来竞争优势(Eisenhardt & Martin,2000)。二是激烈而动态的环境是当前中国制造企业外部环境最为重要的一个特征(Peng,2003;Tan & Tan,2005;武亚军,2009;冯军政,2012)。现有研究虽然主张服务创新战略是制造企业应对激烈市场竞争的主动性适应机制(Sawhney et al.,2004),但对于制造企业在高度竞争和动态环境下如何匹配性选择、实施服务创新战略,有效提升竞争地位还缺乏深入剖析,这类研究的缺乏限制了我们对动态环境下服务创新战略与制造企业竞争优势关系的理解。

总之,在制造企业服务创新战略研究中,其对竞争优势的影响机制的理解还存在着不足。基于战略管理的权变理论视角,结合制造企业特定情境因素,能够更深入地理解服务创新战略对制造企业竞争优势的影响机制,为制造企业竞争优势来源提供更为深入的理解。

1.2 问题提出

从前述现实背景可知,服务创新战略已成为中国制造企业提升竞争力、实现价值链升级的关键战略途径,但是我国制造企业在服务创新实践中面临着一个非常现实也非常重要的战略问题:如何选择、实施服务创新战略以获取竞争优势、实现转型升级? 对于处于价值链的低端环节的中国制造企业来说,回答这些问题显得尤为迫切。在理论上,制造企业服务创新研究已经成为创新和战略管理领域的一个重要研究方向,但现有研究对于制造企业服务创新战略是否以及如何影响竞争优势还缺乏深入讨论(Bolton et al.,2007)。基于此,作为这方面的探索性研究,本研究基于战略匹配框架探究制造企业服务创新战略与内部技术能力和外部环境动态性匹配对竞争优势的影响机制,总体研究思路如图 1.1 所示。

具体而言,本研究综合运用资源基础理论、顾客价值理论和动态能力理论等理论和方法,辨析制造企业服务创新战略的内涵与分类,在此基础上紧紧围绕"制造企业服务创新战略影响竞争优势的作用机制"这一基本理论问题展开研究,形成以下逻辑上紧密相关的三个子问题:

(1)制造企业服务创新战略内涵是什么? 其对制造企业竞争优势有怎样的影响? 不同领域的学者虽然都认同服务创新是制造企业的战略问题,但由于当前对制造企业服务创新战略的研究主要来源于服务管理和营销管理等领域,与其实践导向学科的特点相关,对制造企业服务创新战略概念界定和维度

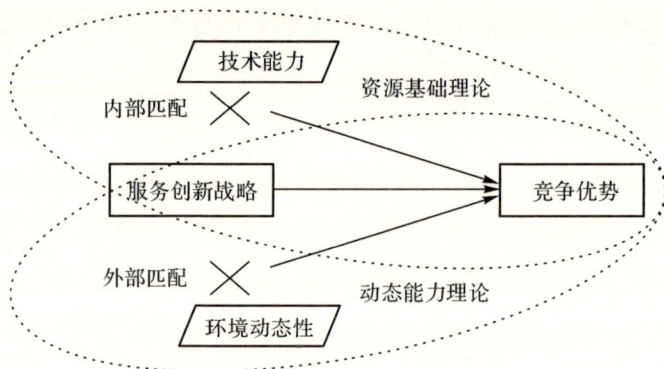

图 1.1　本研究总体研究思路

划分等基本理论问题展缺乏系统研究。然而可操作性的构念界定和维度划分是整个理论研究工作的基点,对于后续的机理剖析和大样本的实证分析具有重要作用。针对这一状况,我们将通过理论推导和案例分析,明确制造企业服务创新战略的理论渊源与内涵,并结合探索性案例研究识别不同类型服务创新战略的具体内容,为后续研究提供支撑。另外,服务创新战略将会对制造企业的竞争优势产生何种影响这一问题的求解对于战略决策者来说非常重要,但现有研究对这一关系的理解还较为模糊。本研究将在前人研究的基础上,将竞争优势区分为市场绩效和财务绩效两个维度,深入分析不同类型服务创新战略与竞争优势不同维度之间的关系以及内在影响机理,并以中国制造企业为样本,通过实证方法检验不同类型服务创新战略与制造企业竞争优势不同维度之间的影响关系是否存在差异。

(2)动态环境下服务创新战略对制造企业竞争优势的影响有何不同?另外,研究还关注中国制造企业所处的环境动态性因素的影响作用。战略权变理论观点认为,企业能够通过使其战略和所处环境匹配对企业绩效产生正向影响(Donaldson,1996;Venkatraman & Prescott,1990)。动态能力理论视角认为检验企业的战略努力(服务创新战略)对竞争优势的影响,不仅需要考虑这些战略努力如何利用企业的资源和能力,而且需要考虑企业所处的市场环境。为了更为深入地理解制造企业服务创新战略对竞争优势的影响机制,本研究将基于动态能力理论视角深入分析市场动态性和竞争强度对制造企业服务创新战略与企业竞争优势关系的影响作用。

(3)不同技术能力水平制造企业如何适配性地实施服务创新战略以更有助于提升竞争优势? 动态环境下服务创新战略与技术能力匹配对竞争优势的作用会产生何种变化? 一系列基于顾客价值理论视角的研究指出制造企业制定实施服务创新战略有助于差异化产品(蔺雷 & 吴贵生,2007),拉近与顾客的距离,提高顾客忠诚度(Palmatier et al.,2006;Schmenner,2009),建立持续的客户关系获取关系租金(Robinson et al. 2002)。但是,已有学者主要将研究建立在理论分析或者案例研究的基础上,更为关键的是,这些研究忽视了制造企业可能具有不同资源特点的影响(Sawhney et al.,2004;Wise & Baumgartner,1999),导致我们不清楚不同技术能力水平的制造企业该如何适配性地选择、实施服务创新战略。针对这一问题,我们将整合资源基础理论和顾客价值理论,基于多案例研究探索服务创新战略与技术能力的匹配关系,并结合理论分析构建二者匹配对企业竞争优势的影响机制模型,通过大样本统计分析进行实证检验。另外,为了更为深入地理解服务创新战略在企业内外环境作用下对竞争的影响机制,本研究将在上述研究问题的基础上,进一步深入分析服务创新战略、技术能力、环境动态性三者对竞争优势是否存在叠加影响,即低技术能力的制造企业在高动态环境下实施渐进式服务创新战略是否更有助于竞争优势提升;高技术能力的制造企业在高动态环境下实施突破式服务创新战略是否更有助于竞争优势提升。

1.3 研究对象与研究方法

1.3.1 研究对象

本研究属于企业或业务层面的研究,目的在于揭示制造企业如何基于内外部环境适配性地选择、实施服务创新战略影响竞争优势的机制,因此,将研究对象界定为我国的制造企业。制造企业是以有形物质产品作为主要产出成果的企业。按照我国国民经济行业分类标准(GB/T 4754—2011),制造企业归属于第三个门类——制造业,包含 29 个子行业。考虑到制造业内部不同行业之间产品和服务特性的复杂多样,以及为了与国外相关研究保持一致,本研究也主要以资本设备制造企业为研究对象。

在国外有关制造企业服务创新的研究中,绝大多数都是以资本设备制造企业为研究对象(Fischer et al., 2010;Gebauer et al., 2005;Gebauer et al., 2008;Panesar & Markeset,2008)。根据国家发展计划委员会产业发展司的界定,"资本货物制造企业"(capital goods manufacturers)相当于国际产业分类标准的:382 除电气外机械制造业(非电气机械);383 电气机械制造业(电气机械);384 运输设备制造业(运输设备);385 科学、测量、控制、光学设备制造业(专业和科学设备)。① 对于我国制造企业而言,"资本货物(capital goods)制造业"相当于我国国民经济行业分类标准(GB/T 4754—2011)中通用设备制造业、专用设备制造业、交通运输设备制造业、电气机械及器材制造业、通信设备计算机及其他电子设备制造业、仪器仪表文化办公用机械制造业等六个大类。

另外,服务于航空、航天、舰船、兵器、核工业等的军工制造产品,由于其具有非营利性和为国家安全服务的公益性特点——军品虽然可以作为商品,但是作为一种"特殊商品",军工装备产品的研制和生产实行的是国家指令性计划指导下的"合同制",具有政府强制性——因此,在本研究中并不包含生产制造这类军工产品的企业或业务单元。最后需要指出的是,研究所关注的是作为资本设备制造企业产出的服务,不包含制造企业作为投入的服务。

1.3.2 研究方法

本研究采用定性和定量研究相结合、规范和实证研究相结合的研究方法,遵循"文献阅读与理论推导—案例研究—理论构建—假设验证与实证分析—

---

① 国家发展计划委员会产业发展司:《中国装备制造业发展研究总报告(上册)》(专题篇),北京:国家发展计划委员会产业发展司出版社,2002 年版,第 4 页。

形成结论"的研究思路对上述内容展开研究。具体来说,采用如下几类研究方法:

(1)文献研究方法

在研究问题形成之前,广泛查阅、整理、分析制造企业服务创新和服务转型、战略管理、营销和服务管理等领域的研究文献,跟踪制造企业服务创新研究动态。文献收集时采取重点搜索与广泛搜索相结合的策略,重点搜索服务创新领域的高水平期刊(如 RP、SIJ)、战略管理领域的顶级期刊(如 SMJ)、营销管理领域的顶级期刊(如 JM)以及相应领域的经典书目,并在浙江大学数据库系统[包括 EBSCO、Proquest、Science Direct、中国知网(CNKI)等数据库]以及 Google Scholar 文献搜索平台上用以关键词进行广泛搜索的方式收集了大量文献。通过对文献的深入阅读、归纳,基本理清了制造企业服务创新的研究现状,并在文献阅读过程中反复思考现实与理论问题,识别研究空白,提出研究问题。除了识别研究问题,进一步对文献进行深入的阅读,强化研究的可行性,在研究命题提出、变量测量及研究方法设计方面都运用了文献研究的方法来进行。

(2)探索性案例研究方法

本书的研究问题是分析中国制造企业服务创新战略对竞争优势的作用及相关影响机制,该研究问题属于热点现实问题,不同于那些易于从现实背景中抽象出来的理论研究问题,因此运用了案例研究的解释功能和探索功能,在实地研究工作的基础上,选择三个典型装备制造企业作为 Eisenhardt(2007)所言的"Talking Pig",经过案例内纵向比较分析和案例间比较分析,识别、验证制造企业服务创新战略的内涵和外延,并对中国制造企业服务创新战略影响竞争优势的作用机制进行探索,为后续的实证分析奠定基础。

(3)定量实证研究

研究采用了大样本问卷调查和统计分析的方法检验命题假设的合理性及其适用条件。变量测量主要基于以往经典文献而开发,对较新颖的题项大量参考国内外发表在高水平杂志上的文献,再通过小样本预测试及探索性和验证性因子分析等方法检验这些题项的信度和效度。在此基础上运用 AMOS、

SPSS 等统计软件,通过结构方程建模和层次回归分析检验基本假设(证实或证伪),形成服务创新战略影响制造企业竞争优势的作用机制的基本判断。

1.4　技术路线与章节安排

1.4.1　技术路线图

技术路线是科学合理地解决研究问题的指导性框架,为了实现和完成本研究的研究目标和研究内容,设计如下技术路线(图 1.2)。

1.4.2　章节安排

本研究共分为 7 个章节,章节安排与主要内容如下:

第 1 章为绪论,阐述研究的现实背景和理论背景,在此基础上提出研究的主要问题,界定研究对象,介绍技术路线、研究方法、内容安排及预期创新。

第 2 章为文献综述与概念拓展,主要对相关文献进行全面的总结和梳理,包括综述竞争优势理论的发展脉络,梳理出本研究与该领域现存理论观点的顺承关系;追溯制造企业服务创新战略提出的理论背景,对制造企业服务创新战略的概念界定、维度划分及理论定位进行了论述,并对技术能力与环境动态性理论等文献进行系统回顾等。本章旨在通过对相关理论观点发展历程、现状及前沿动态阐述和评论,为后续的理论推导奠定基础。

第 3 章为制造企业服务创新战略对竞争优势的影响机制的探索性案例研究。本章采用严谨的研究方法对三个典型案例企业进行深入的纵向分析,完成四个研究任务:一是验证制造企业服务创新战略的概念内涵和维度;二是探索服务创新战略对制造企业竞争优势的影响差异;三是探索制造企业服务创新战略与不同技术能力水平的匹配关系;四是识别环境动态性对服务创新战略与竞争优势关系的影响作用,并提出初始概念模型和命题。

第 4 章为制造企业服务创新战略对竞争优势影响机制的模型构建并提出

研究进程

研究方法

理论归纳与演绎　案例研究　统计分析

提出问题 → 文献阅读 ← 前期企业调研

文献综述 → 竞争优势理论、制造企业服务创新战略、技术能力、环境动态性 → 概念内涵、维度划分与测量、变量间关系

探索性案例研究 → 深南电路、聚光科技、华为的纵向探索性多案例研究

模型构建
服务创新战略、环境动态性与竞争优势
服务创新战略—技术能力战略匹配与竞争优势

方法论
数据收集
变量测量
小样本测试

统计检验
信度效度检验
假设检验

讨论与结论 → 理论校对研究结论

贡献与展望
理论贡献
管理实践意义
局限与进一步研究问题

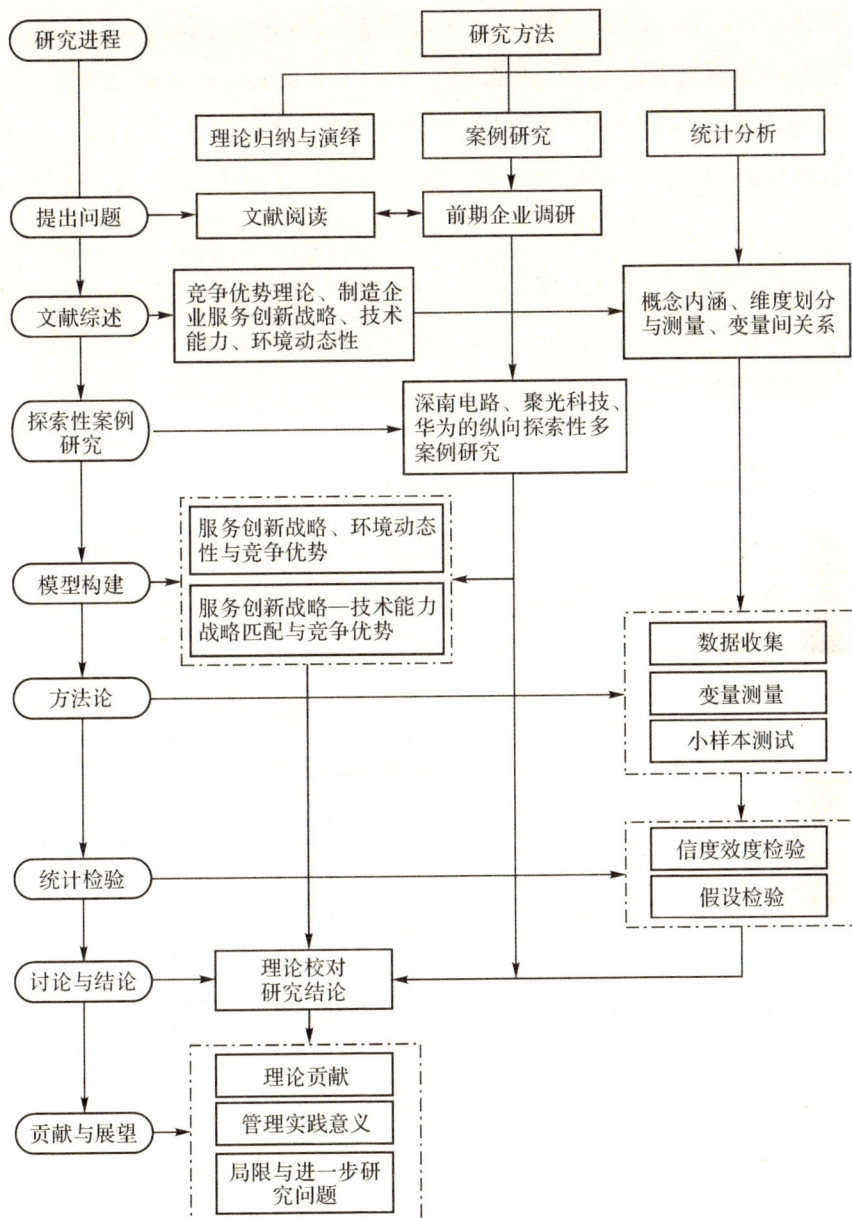

图 1.2　本研究技术路线图

假设。本章在第 3 章探索性案例研究的基础上进行理论研究,探讨制造企业服务创新战略维度划分及其如何与外部动态环境、内部技术能力匹配影响企

业竞争优势的机制,最后得到细化后的相关概念模型,并提出假设。

第5章为制造企业服务创新战略对竞争优势影响机制的研究方法论。该章从问卷设计、变量测量、小样本测试、大样本数据收集和样本描述及分析方法等方面对研究所采用的实证研究设计方法进行详细阐述,为接下来的数据分析工作提供支持。

第6章为制造企业服务创新战略对竞争优势影响机制的实证检验。本章主要运用验证性因子分析、回归分析、结构方程建模等统计分析方法,对第4章基于探索性案例和理论研究提出的概念模型和研究假设进行大样本实证检验。

第7章为研究结论与展望,结合现有理论研究成果对本研究得出的实证结果进行讨论,通过与该领域的现有文献进行对比分析,指出本研究的理论贡献及其对制造企业服务创新实践的指导意义,分析研究中存在的不足,在此基础上指出未来进一步深入研究的方向和建议。

1.5　主要创新点

本研究是在以往学者相关研究基础上的传承、补充与拓展。纵观前人的研究,以我国制造企业服务转型竞争为背景基础,深入分析"制造企业如何基于内部技术能力、外部环境动态性适配性地实施服务创新战略提升竞争优势"这一重要而又基本问题的研究却为数不多。基于此,本研究尝试性地对该问题展开较为深入的探究,研究预期的创新点主要有:

(1)遵循 Gremyr et al.(2010)等学者的建议,基于理论演绎和归纳逻辑,在回溯服务创新战略的理论根源的基础上,结合制造企业情境特征对服务创新战略内涵进行界定和维度划分,对制造企业服务创新战略构念清晰化做出贡献。由于目前制造企业服务创新战略的理论研究基本上还处于很不成熟的早期阶段(Jacob & Ulaga,2008),对基本概念的理论定位和界定方面还存在较大模糊性,这也是该领域实证研究较为缺乏的一个重要原因。本研究基于理论演绎和归纳逻辑,在回溯服务创新战略的理论根源的基础上结合制造企业情境特征对服务创新战略内涵进行界定,并结合创新程度和制造企业产品服务关系将制造企业服务创新战略区分为渐进式和突破式两个维度,通过案例研究和验证性因子分析验证了该研究概念的合理性和有效性,不仅有利于克服制造企业服务创新研究中的概念宽泛、难以观测等问题,推动定量研究的发展,这一工作还为创新战略研究添加了新的理论元素。

(2)区别于已有研究基于顾客价值视角对制造企业服务创新战略影响竞争优势机制理解的不足,本研究响应 Bolton et al.(2007)、Sawhney(2006)等学者的号召,基于动态能力理论视角,引入环境动态性这一重要的权变变量,对动态环境下制造企业服务创新战略对竞争优势的影响机制进行解析。制造企业服务创新战略的研究离不开组织外部环境因素。现有研究大多基于顾客价值视角探讨制造企业服务创新战略对竞争优势的直接影响作用(Gremyr et al.,2010;Neu & Brown,2005;Quinn et al.,1990;Wise & Baumgartner,1999),对于动态环境情境下服务创新战略对竞争优势的影响机制大多缺乏深入探讨(Sawhney et al.,2004)。因此,本书基于动态能力理论,分别探讨了市场动态性和竞争强度对制造企业服务创新战略与竞争优势关系的影响作用。进一步地,为了更为清晰地理解动态环境下不同服务创新战略的绩效结果,我们将竞争优势区分为企业相对市场绩效和财务绩效两个维度,深入分析在高市场动态和竞争激烈环境下不同类型的服务创新战略对竞争优势不同维度的影响差异。这一工作不仅增添了对制造企业服务创新战略如何作用于竞争优势的边界条件理论解释,而且有助于未来研究进一步探索制造企业服务创新战略在什么情况下,以何种程度、什么方式对竞争优势产生影响的内在机理。

(3)区别于已有忽视制造企业可能拥有不同资源特点,将制造企业视为同质化的研究,基于资源基础理论视角,本研究深入剖析了制造企业服务创新战略与技术能力匹配对竞争优势的影响机制,进一步深化了对于制造企业服务创新战略对竞争优势影响作用的理解,拓展了企业竞争优势来源的研究视野。已有研究大多从顾客价值理论单一视角出发讨论制造企业服务创新战略与竞争优势的直接关系,忽视了制造企业可能具有不同资源特点的影响。与这些研究不同,本研究基于资源基础理论视角,重点考察技术能力这一制造企业重要战略性资源,尝试性地将企业技术能力引入服务创新战略与竞争优势关系中加以研究,突破了以往研究中把制造企业视为同质化的假定,弥补了现有研究在解释服务创新战略与制造企业竞争优势关系时忽略企业不同资源基础的缺陷,既丰富了制造企业服务创新战略对企业竞争优势影响机制的研究,又从企业资源与战略匹配角度拓展了对企业竞争优势来源进行解释的视野。同时,通过考察动态环境对制造企业服务创新战略—技术能力匹配与竞争优势关系的影响作用,进一步为我国制造企业的服务创新实践提供引导。

2 制造企业服务创新与竞争优势相关研究综述

2.1 制造企业竞争优势理论发展脉络与研究进展

战略管理研究的核心问题就是企业如何获取可持续的竞争优势(Teece et al.，1997)。自 20 世纪 80 年代以来，围绕着企业竞争优势的主题出现了许多理论观点，形成了百家争鸣的局面。纵观企业竞争优势理论研究的发展脉络，依据对竞争优势产生及获取机理的企业内外部环境关注的侧重不同，竞争优势理论研究大致可以分为侧重于产业结构分析的以市场定位为基础的竞争优势观点、聚焦于企业内部的以资源和能力为基础的竞争优势观点以及最近强调以顾客价值创造为基础的竞争优势观点。

2.1.1 基于市场定位的竞争优势理论

基于市场定位的竞争优势理论观点(Porter，1980，1985)认为主要有两个因素共同决定企业竞争优势：一是企业所处行业的赢利能力，即行业的吸引力；二是竞争地位问题，即企业在行业中的相对地位。因此企业要获得竞争优势就必须选择有吸引力的行业，并在这一行业中占据有利的竞争地位。

以 Porter(波特)为代表的市场定位竞争优势观主要吸收了产业组织经济学的主要观点，并在此基础上进行拓展。以市场定位为基础的竞争优势观主要以现代产业组织理论的经典分析框架——SCP(structure－conduct－performance)分析范式为其经济学基础(Andrews,1987)。在此基础上,Porter提出著名的"五种竞争力模型"分析工具——分析供方砍价实力、买方砍价实力、潜在进入者威胁、替代品威胁、产业现有竞争对手之间的竞争等五种力量,认为产业内五种竞争作用力的此消彼长共同决定着产业的最终利润潜力及吸引力,因此企业首先需要对所处或需要进入的产业进行分析,选择有吸引力的行业。同时,Porter强化了企业的战略主动性作用,并引入价值链概念将企业的经营过程分解成为许多具有战略相关性的价值活动,在价值链分析的基础上他认为在五种竞争作用力抗争中,有两种提供成功机会的基本战略方法可能使企业建立竞争优势:总成本领先战略及差异化战略。企业能够通过以更加低廉或独特的方式对企业的价值链活动进行组织,来实现低成本、差异化竞争优势(Porter,1980)。

总之,以 Porter 为代表的市场定位学派的理论分析框架描述了企业获取并保持竞争优势的一个简单途径:进入一个有吸引力的产业,采用某种基本竞争战略在该产业中占据有利的竞争位势,然后通过设置进入壁垒阻止竞争者复制与模仿其竞争位势而获取持续的竞争优势。

以市场定位为基础的竞争优势观最大的局限是忽略了企业之间异质性的客观存在,难以解释为什么在面临相同市场条件的情况下,企业的竞争优势依然存在差别这一问题(Barney,1991;Peteraf,1993),因而遭到了许多学者的质疑。

2.1.2 基于资源能力的竞争优势理论

战略管理中的资源基础观(resource-based view,RBV)强调资源和能力对企业获取高额利润回报和持续市场竞争优势有重要作用。20 世纪 80 年代,研究者在继承 Penrose 的思想基础之上,开始发展资源的概念,并分析、阐释基于资源的企业竞争优势产生机制(Barney,1986;Rumelt,1984;Wernerfelt,1984)。如 Wernerfelt(1984)认为企业可以通过识别与获得开发新产品的关键资源赢得超额收益,并首先提出了"资源基础观"一词,将资源清楚地界定为竞争优势的基础。随后的 Barney(1986)主张战略性资源市场的不完全竞争,使企业能在产品市场上建立持久的竞争优势。直至 20 世纪 90 年代,以 Bamey(1991)、Perteraf(1993)等的研究为标志,资源基础理论开始从最初较为零散的讨论成为一个非常具有潜力的理论,在此之后,资源观研究在战略管理和相关学科领域迅速得到扩散。

随着对企业资源基础观研究的深入,学者们对于资源观把占有资源并利用资源创造价值看成不证自明的过程提出了批评(Priem & Butler,2001)。一些研究认为企业获取经济租金不仅仅是因为其有更好的资源,还因为其能够更好地利用资源的独特能力(Mahoney & Pandian,1992),或是对有价值的资源进行恰当的管理(Henderson & Cockburn,1994;Sirmon et al.,2007),或是对资源发展和部署的相机决断(Amit & Schoemaker,1993)。随着这些观点的出现,开始出现有关利用资源创造价值的研究。Newbert(2007)认为对利用资源创造价值过程的关注带来了资源观中两个理论流派的出现:一是以 Baney(1991)、Perteraf(1993)等为代表的侧重于分析资源异质性与竞争优势关联的相关研究。这类研究重点是识别能够产生持续竞争优势的关键资源特征以及基于资源的竞争优势产生条件(Barney,1991;Peteraf,1993)。另一个是相对较新的研究流派,从关注资源特质转向关注资源利用过程,试图打开资源观静态截面的方法所产生的因果关系黑箱(Hult et al. 2005;Ketchen Jr et al.,2007;Sirmon et al.,2007)。以下分别对两个理论流派进行简要回顾。

(1)侧重于资源特征的资源基础理论

这类研究主要基于 Ricardo 的稀缺资源能够为其所有者带来经济租金的逻辑,认为资源如果具有异质性、不完全流动性、价值性、稀缺性和不可替代性等特征,则能够为企业带来持续的竞争优势(Barney,1991;Peteraf,1993)。围绕着识别能够带给企业持续竞争优势的资源特征,形成了分析企业资源特质与竞争优势的关系这一重要理论分支,其中主要以 Barney(1991)、Peteraf(1993)等人的研究为代表。

Barney(1991)在对先前的资源观点进行重新整合的基础上,通过论证指出,当资源有价值性(value)、稀缺性(rareness)、不可模仿性(inimitability)和不可替代性(non-substitutability),即 VRIN 特征时,该资源就成了企业获取与保持竞争优势的源泉(图 2.1)。同时 Barney(1991)对企业的资源进行了界定:资源包含企业控制的所有资产、能力、组织过程、企业属性、信息和知识等,这些资源使企业能够构思并实施提高其效率和效果的战略。同时他指出并不是所有的资源都和战略相关,只有那些具备能够有效地改善企业战略制定和实施功能属性的资源才是该理论范畴内的资源。

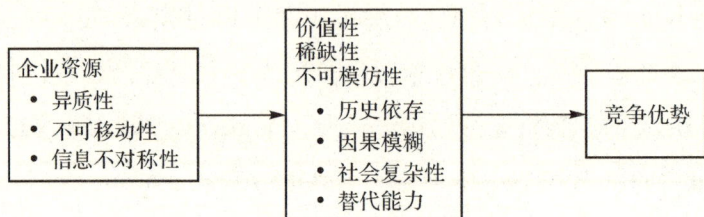

图 2.1 企业资源与竞争优势

资料来源:Barney(1991)。

Peteraf(1993)提出来一个与 Barney(1991)相类似,又存在一定差异的资源和企业竞争优势的分析模型。Peteraf(1993)直接以个体企业的资源而不是战略作为基本分析层面,并对不同类型的租金进行经济分析。他指出了企业通过所控制的资源为企业带来持续竞争优势需要满足的四个条件,分别是:企业能够依靠资源的异质性获取租金,凭借对竞争的事前限制以低于租金的成本获取到优质资源,依靠资源的不完全流动性将租金保持在企业内部,最后要凭借对资源竞争的事后限制来保持住这些租金(Peteraf, 1993)(图 2.2)。

总体上,以 Barney(1991)和 Peteraf(1993)为代表的资源基础观强调资源分析在创造竞争优势方面的重要性,目的在于寻找能产生或为企业带来竞争优势的资源特征和类型。他们的研究告诉人们,并不是所有的资源都能够为企业创造竞争优势,只有那些能够使企业向顾客提供优质价值的资源才能够产生竞争优势(Barney, 1991)。另外,与上述资源观点一脉相承的还有基于知识的观点,即知识基础观(knowledge-based view, KBV)。知识基础观主张企业是"知识的独特集合体",特别是企业所拥有的默会知识(技能、技术诀窍和情境化的知识)具有难以转移的特性,具有 Barney、Peteraf 等人描述的 VRIN 特征,企业对这些知识的创造、存储以及应用是企业长期竞争优势的源

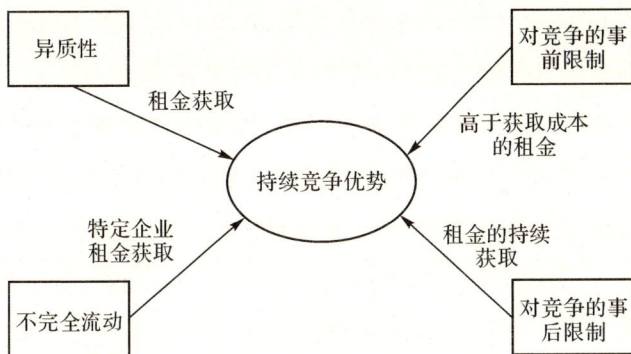

图 2.2 基于资源的竞争优势分析框架
资料来源:Peteraf(1993)。

泉(Grant,1996;Kogut & Zander,1992,1996;Spender & Grant,1996)。可见,知识基础观重点从知识的角度对资源基础观理论框架进行了拓展与完善,对竞争优势的根源给予更深刻和抽象的解释。

随着研究的深入,学者们逐渐认识到资源观的静态性以及资源与竞争优势关系之间存在着因果黑箱,转而开始关注利用资源的过程与能力(Barney,2001;Sirmon et al. ,2007)。

(2)侧重于利用资源的能力和过程的资源基础理论

一些学者发现资源观静态截面的分析方法导致资源与竞争优势关系之间出现了断层,形成在资源与竞争优势之间因果关系的黑箱(Ketchen Jr et al. ,2007;Priem & Butler,2001;Sirmon et al. ,2007)。这些学者转而关注从资源利用到价值创造的过程,他们认为在竞争对手具有相同资源组合的情况下,显然优势并不仅仅是由资源本身所带来的,企业配置及利用资源的能力、过程和行动对竞争优势的作用更为重要(Hult et al. ,2005;Sirmon et al. ,2008;Sirmon & Hitt,2009;Teece et al. ,1997)。这些学者进而开始关注利用资源的能力和过程。

能力观的学者强调能力作为对资源配置的方式,是企业特有的过程,通过企业资源的长期相互作用而产生与发展(Amit & Schoemaker,1993)。这些对资源的配置方式体现了不同企业之间的异质性特征,同时其本身具有难以模仿和难以替代的特征,其可以使企业获得近乎垄断的地位而获取竞争优势

(Prahalad & Hamel，1990)。能力观认为，以企业资源为基础的观点把竞争优势的源泉定义在具体资源上，造成了资源与资源配置者之间的分离。决定企业竞争优势的能力是企业多方面的资源、技术和不同技能的有机组合，而不是单纯的企业资源，因此应该强调能力在获取竞争优势中的核心作用(Prahalad & Hamel，1990，1994)。Praharad & Hamel(1990)提出了"核心能力"的概念，他们认为企业的竞争优势最终取决于企业如何去发现、培育和利用其核心能力(core competencies)，并把核心能力定义为"组织内集合的知识，特别是如何整理各种生产技巧和整合多种不同的技术"。

进一步地，针对在激烈而快速变化的环境下，企业核心能力可能会产生"核心刚性"而无法应对进而丧失竞争优势的问题，动态能力理论观点开始出现(Eisenhardt & Martin，2000；Teece et al.，1997)。以 Schumpeter(熊彼特)的创新经济学及演化经济学的相关理论为基础，Teece et al.(1997)将动态能力归结为一种能力，他们认为动态能力是整合、重构企业内外资源和能力的能力，是企业的一种高阶能力。同时强调企业间的动态能力是异质的，因为动态能力受到企业特定的路径、独特的资源定位以及独特的过程的影响。与资源基础观不同，动态能力视角的基本分析单元不再是企业具体的资源，而是过程、定位和路径，企业资产定位及其演化路径塑造了组织过程，进而解释了企业动态能力及其竞争优势的本质(Teece et al.，1997)。管理与组织过程是指企业内部做事情的方式，或者可以说是长期形成的惯例，包括控制和整合、学习、重构和转型等。资产定位是指由企业的特定技术资产、难以交易的知识资产、声誉资产、结构资产、顾客与供应商关系资产等决定的战略地位。路径是指企业可以选择的战略，以及由此产生的收益和路径依赖。从而，Teece et al.(1997)认为竞争优势来源于企业自身卓越的管理与组织过程、特定资产决定位势及企业演化的路径依赖性。随着对动态能力理解的深入，Teece(2007)对动态能力概念进行更为深入的讨论和维度划分，把动态能力细分为：①感知机会和威胁的能力；②抓住机会的能力；③通过重新配置企业有形和无形资源保持持续竞争优势的能力。遵循战略管理对能力的一贯理解，Eisenhardt & Martin(2000)则是从流程和组织惯例的角度来阐释动态能力，认为动态能力是一系列特定和可识别的利用资源应对或创造市场变革的流程。这些过程体现为可以观察到的企业"最佳实践",如产品开发、战略决策制定和联盟。在动态市场环境下,企业可以通过这种过程对资源进行重构以获取新的战略性惯例,去适应甚至创造市场。

总之,在性质上,对于动态能力的认识不外乎上述两种观点:①动态能力被界定为一种能力;②动态能力被界定为组织过程或者惯例。其核心思想即是强调整合企业内外资源以适应动态环境变化,从而实现竞争优势,不过对于不同的环境条件下企业应该如何配置资源这一问题仍然缺乏具体的论述(徐松屹,2007)。

另一些学者也发现传统资源观中资源占用与价值创造过程中的断层以及被批评者所诟病的"语义反复"(apparent tautological nature)等问题,提出了一个更为复杂的资源基础观的核心概念框架。Hult et al.(2005)、Edelman et al.(2005)、Ketchen et al.(2007)等学者指出由于资源基础观学者们仅关注了"有价值的战略资源与竞争优势的直接关系",因而从表面上看起来是语义反复。而简单的资源—竞争优势关系显然缺乏表面效度(face validity)。他们认为"实际上资源观的核心概念模型远比批评者所理解的复杂"(如图 2.3 所示)。这些学者主张采用这一资源观理论框架更有助于人们全面理解资源基础观理论的真正含义,并且强调学者们应该从多个方面调查这一潜在框架中的"行动"成分以全面地理解资源产生竞争优势的过程(Edelman et al.,2005;Frynas et al.,2006)。Morrow Jr et al.(2007)等的研究也发现企业采取的有价值的、难以模仿的战略行动,以新的方式使用企业的存量资源,不仅能够获取新的资源,而且能够为组织带来竞争优势。

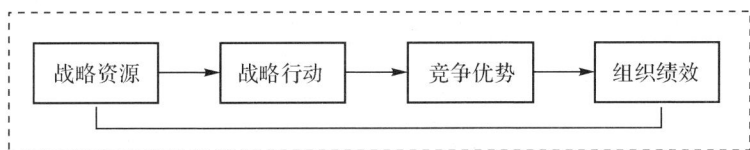

图 2.3　资源观理论的核心概念框架

资料来源:Ketchen et al.(2007)。

类似的,Sirmon et al.(2007)也针对传统资源观中资源占用与价值创造过程中的断层,从资源管理过程角度来阐释在动态的环境下企业如何利用资源创造价值。他们在研究中提出建构资源(structuring)、组合资源(bundling)与利用资源(leveraging)三个资源管理过程,这些过程都要受到环境不确定性的影响;并且主张资源管理是为顾客创造价值、获取竞争优势的关键(图 2.4)。对于那些拥有类似资源、面临类似环境的企业,资源管理过程能够产生不同的结果(Zott,2003)。

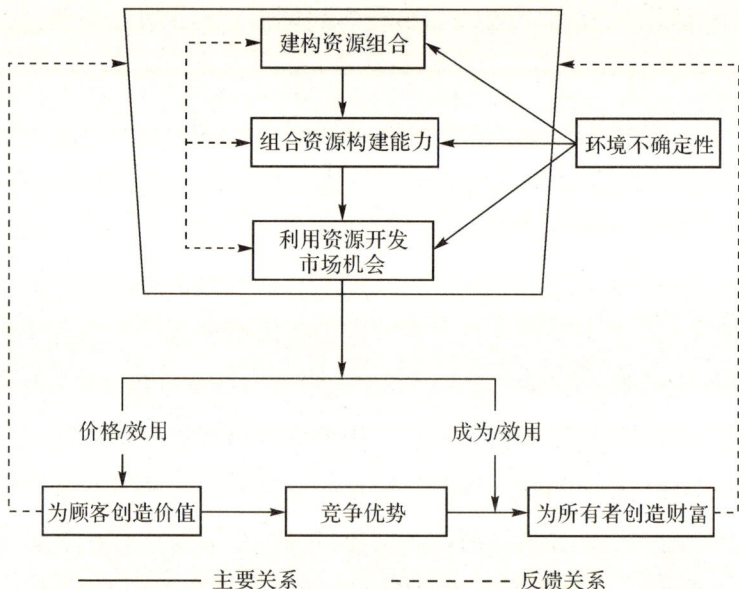

图 2.4 价值创造的动态资源管理模型

资料来源:根据 Sirmon et al.(2007)的研究整理。

建构资源指企业通过获取(acquiring)、累积(accumulating)和剥离(divesting)等过程管理企业的资源组合的过程。企业可以从战略市场获取资源,也可以在企业内部形成资源存量的增长,同时也可以剥离企业控制的资源,从而达到优化资源组合以适应环境变化的目的。组合资源(bundling)指的是整合资源形成或是更新能力的过程,通过稳固(stabilizing)、延展(enriching)和开创(pioneering)三个子过程对现有能力进行改进、拓展或者组合资源发展新的能力,每一能力都是独特的资源组合,使得企业可以采取特定的行动为顾客创造价值(Sirmon et al.，2007)。利用资源(leveraging)是指运用企业的资源和能力开发市场机会,为顾客和所有者创造价值的过程,包含调用(mobilizing)、协调(coordinating)、配置(deploying)等子过程。调用过程是识别追求市场机会与获取竞争优势所必需的能力的过程(Hamel & Prahalad，1994);协调过程的目的是有效整合所调用的能力从而形成有效率的能力结构;配置过程自然是利用结构化的能力支持企业的战略行动,如资源优势战略、市场机会战略、创新战略等,从而使为顾客创造价值的能力和竞争优势在资源管理过程得到实现。

2.1.3　基于顾客价值的竞争优势理论

战略管理领域近年来出现了整合顾客视角来理解竞争优势的趋势(Priem,2007;Srivastava et al.，2001)。这些学者认为"顾客感知收益本质上决定着企业成功。为客户提供独特收益并得到顾客支付的价值创造是价值获取的先决条件"(Priem，2007)。而上述两种解释竞争优势来源的主导视角过于强调企业的供应侧(supply-side)因素的作用,而忽视了顾客需求的作用(Adner & Zemsky，2006)。Adner & Zemsky(2006)指出不管是进入障碍(mobility barriers)(Porter，1980)、不完全要素市场(imperfect factor markets)(Barney，1986),还是隔离机制(isolating mechanism)(Rumelt，1984),其目的都是企业如何将竞争对手排斥在外而捕获更多价值,而对于如何从顾客感知视角理解创造价值和竞争优势却很少关注。

同时,随着对企业存在本质认识的回归以及强调顾客中心地位的时代到来,学者们强调需在战略管理理论中重新审视顾客视角,从顾客价值创造视角来理解企业的竞争优势(Jemison，1981;Priem，2007;Slater，1997;Woodruff，1997)。顾客价值作为企业竞争优势的本质要素越来越成为战略研究和实践者关注的焦点(Desarbo et al.，2001)。

以顾客价值为基础的竞争优势观的思想源头可以追溯到 Drucker 的研究。Drucker(1973)指出"满足顾客需求是每一企业的任务和目标",企业交付更多顾客价值就能产生顾客满意。企业能够生存,是因为企业能够提供满足顾客需求的产品和服务。该理论认为企业存在的本质目标是满足顾客需要，企业之间绩效存在差异取决于企业能否了解和把握顾客需求及其变化趋势，以及实施恰当的顾客价值基础战略（Slater，1997），超常绩效是企业为顾客提供超常价值的结果（Slater，1997；石盛林，2010）。企业获取竞争优势不是看企业拥有多少资源存量或者占据了什么样的市场位置，而是看其提供的产品或服务能够在多大程度上带给顾客超越竞争对手的感知收益（顾客价值）（Brush & Chaganti，1999；Chandler & Hanks，1994）。

学者们进一步提出了基于顾客价值的竞争优势分析框架（图 2.5）。当企业选择能够为顾客创造卓越顾客价值的战略行动，并为客户创造感知独特的价值时，会带来更多的顾客忠诚，从而获取竞争优势（Anderson & Sullivan，1993；Heskett et al. ，1997；Parasuraman，1997；Reichheld & Sasser Jr，1990）。

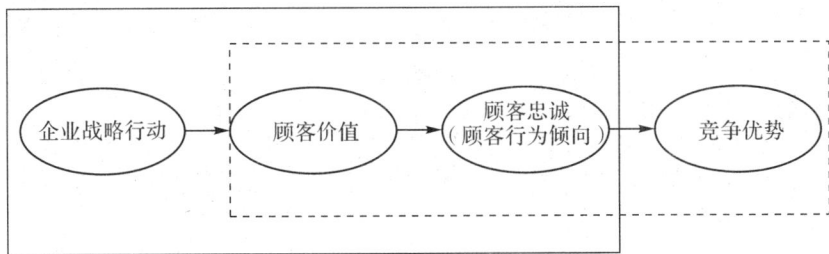

图 2.5　顾客价值创造与竞争优势

资料来源：根据文献资料整理。

这种价值可以是新的产品或新的服务，也可以是原有产品或服务的新品质和特性（Kim & Mauborgne，1997）。企业通过持续顾客价值创新而保持持久竞争优势。基于顾客价值的竞争优势观点强调企业获取竞争优势的着眼点，应从"竞争中心"转化为"价值中心"（Kim & Mauborgne，1997）。创新是价值创造的主要来源（Amit & Zott，2001）。顾客价值创新即是不断创造出新的满足顾客需求的不竭的利润源泉。同时，顾客价值是由顾客而不是企业决定的，因而顾客价值创新是以顾客为中心的（杨龙 & 王永贵，2002）。顾客价值实际上是顾客感知价值（customer perceived value，CPV），价值的大小取决于感知利得与感知利失的权衡（科特勒等，2002；白长虹，2001），因此企业在选择、实施为顾客设计、创造、提供价值的战略时应该以顾客为中心,把提升顾客对价值的感知作为决定因素。

随着企业所面临的竞争环境日益动荡和复杂,客户的需求也日益多样。企业的竞争说到底可以归结为顾客之争——顾客份额和顾客认知之争,因此,在动态、复杂多变的环境中,企业战略分析必须采用超越竞争的新思维,回归到企业成长的本源——顾客价值创新上来(Kim & Mauborgne,1997,1999)。

2.1.4　竞争优势理论未来研究方向

上述基于市场定位、基于资源能力以及基于顾客价值创新的竞争优势观点分别体现了不同的战略思想,呈现出"外部—内部—外部"的钟摆式摇摆(Hoskisson et al.,1999),在一定时期内推动了竞争优势研究的发展。这三种理论观点在解释企业竞争优势来源方面各有侧重,又都存在一定的局限性(见表2.1)。

表 2.1　三种竞争优势观比较

	市场定位	资源能力	顾客价值
研究视角	企业外部	企业内部	企业外部
理论基础	产业组织理论	新古典经济学企业理论	奥地利经济学派
分析单元	产业、企业与产品	资源、能力	顾客价值
关注焦点	产业结构条件和竞争定位	资源的异质性和不可替代性	顾客需求创造
基本内涵	通过产业结构选择和市场竞争策略实现竞争优势	通过企业内部有 VIRN 特征资源的累积实现竞争优势	通过创造顾客价值,带来顾客满意与忠诚,从而获取竞争优势
局限性	忽略了企业自身因素也能够造成相互之间的绩效差异	过于强调企业内部资源、能力,忽视市场需求机会	忽视了企业内部资源支持

资料来源:根据相关文献整理。

以市场定位为基础的竞争优势观局限于企业所处的外部环境,忽略了企业自身的因素也能够造成企业相互之间绩效的差异。而企业的资源和能力基础论在很大程度上将研究视野局限于企业内部,忽视了市场需求变化对企业竞争的影响。而顾客需求的个性化与多样性使特异资源的效用周期越来越短,并且一旦企业的核心能力与顾客的需求不匹配,或企业的差异化不被顾客所认识和接受,企业就会陷入困境。顾客价值基础观的提出,则再次将战略管理的思维起点推移到了企业外部,学者们开始关注如何通过顾客价值识别和管理,以及实施顾客价值基础战略获得超常绩效(Woodruff,1997)。虽然顾客价值基础观回归到了企业生存的本质,但是这一观点也同样存在不足,企业资源在这里仅扮演相对次要的角色,因而可能陷入单纯追求顾客价值创造而忽视企业资源基础作用所带来的风险的困境(石盛林,2010)。

由于知识外溢性、技术进步的加速,基于资源和能力差异的竞争优势受到越来越多的挑战。资源的相对优势可能会消散、衰退(Hunt & Morgan,1995)。在动态环境和强调顾客中心地位的时代,战略管理学者们呼吁为了深入理解企业竞争优势的来源,更需要从整合的视角进行探索(Priem,2007;Srivastava et al.,2001)。一方面,市场上顾客偏好的变化可能使企业有价值的资源变得无价值;另一方面,企业独特资源的价值性要通过企业的顾客价值创造战略转化为能够为顾客创造独特价值的产品或服务来反映。资源基础理论虽然主张有价值的资源是企业竞争优势的来源,但是"企业必须能够使用这些资源创造满足顾客需求的价值",而且价值"是由客户所感知、体验和理解的",因此为了深入理解竞争优势,需要整合资源基础观和顾客价值理论思想(Srivastava et al.,2001)。可见,战略管理竞争优势观的"内部—外部—外部"的钟摆式摇摆最终会朝内外部平衡的方向发展。

2.2 制造企业服务创新战略理论溯源、内涵界定与分类[①]

随着服务主导竞争趋势的兴起,制造企业服务创新日益受到管理者和学术研究的关注,出现了大量学术文献。制造企业服务创新战略作为本研究的

---

① 本节核心内容已发表在《外国经济与管理》。

核心概念,迄今为止在理论继承、概念界定等方面仍然存在很大模糊性。鉴于此,本部分在充分阅读已有文献的基础上,首先梳理创新理论的发展,对制造企业服务创新战略研究的兴起与发展进行简要回顾;其次回溯制造企业服务创新战略的理论起源,在此基础上对服务创新战略的内涵加以界定,并结合制造企业情境对服务创新战略进行分类,最后对制造企业服务创新战略与竞争优势关系进行评述。

2.2.1 服务创新研究兴起

自 Schumpeter 提出创新概念以来,创新理论随着时代的发展逐渐分化出技术创新和服务创新等理论分支。技术创新理论体现了技术进步与变革对经济社会的重要影响,而服务创新理论分支的出现则反映了服务对当代经济发展的重要作用,激发了学者对"服务创新"的关注,形成了服务创新研究这一热点和分支。

20 世纪初,Schumpeter 立足于经济学意义,明确地将经济发展与创新联系起来,认为经济发展可以定义为"执行新的组合",把"创造性的毁灭"过程视为经济增长的精髓,划时代地提出了创新是经济增长最重要的驱动力的论断。20 世纪 50 年代以后,随着技术进步和变革对人类社会和经济发展影响的加深,许多经济学领域的学者如索罗(R. Slow)、罗默(P. M. Romer)、卢卡斯(R. Lucas)等沿着 Schumpeter 的思路对技术进步与经济增长的关系进行研究,逐渐认识到技术创新是经济增长的内生因素[转引自许振亮(2010)]。从这一时期开始,创新被打上了"技术烙印",创新的研究主流开始了对技术创新规律的探索和理论研究,形成了技术创新理论分支(叶明,1990)。

最近一二十年,在经济全球化和信息化浪潮推动下,全球产业结构开始从"工业型经济"向"服务型经济"转型,在国家经济中,服务的贡献越来越大。这引起了学术界和产业界对"服务创新"的广泛关注,针对服务创新的研究日渐成为创新研究的新热点(Coombs & Miles, 2000;蔺雷 & 吴贵生,2005)。在理论和实践中,服务创新存在着广义和狭义之分。广义范畴的服务创新是指服务企业的创新(Gallouj & Weinstein,1997;Miles,2001),这类研究主要围绕"技术导向、服务导向、整合"三种视角(Coombs & Miles，2000；Gallouj & Weinstein，1997)，旨在解答"服务业务是否存在创新"、"服务创新是否具有独特性"、"服务创新是否具有自身的范式"三个核心问题(魏江 & 胡胜蓉，2007)，试图从服务企业与制造企业创新活动的差异入手，主张发展服务业的创新模式(Gallouj & Weinstein，1997；Miles，2001)，为服务企业如何通过创新获取竞争优势提供理论指导。

狭义的服务创新主要是指在"服务产品"和"服务过程"方面所展开的创新活动(Gallouj & Weinstein，1997；Howells & Tether，2004)，是涉及服务本身的创新，与行业无关(许庆瑞 & 吕飞，2003)。随着制造企业与服务业融合趋势的出现，制造企业服务创新活动日益增多，作用也越来越大，这一狭义视角的服务创新内涵有利于在服务业与制造业相互融合的现实背景下建立起更具适用性的研究框架(魏江等，2008)。具体讲，狭义的服务创新就是服务过程中应用新思想和新技术来改善和变革现有的服务流程和服务产品，提高现有的服务质量和服务效率，扩大服务范围，更新服务内容，增加新的服务项目，为顾客创造新的价值的活动过程(许庆瑞 & 吕飞，2003)。

进一步地，随着制造企业内外部环境的深刻变化，尤其是经济全球化、竞争日益激烈、消费需求模式的变化以及新技术导致的交易成本较低等原因，服务创新对于制造企业的生存和发展也起到重要作用，成为重要的和有效的竞争工具(Levitt，1980；蔺雷 & 吴贵生，2003)。制造企业不仅可以通过技术创新向市场提供新的、可接受的产品参与竞争，同样也可以通过服务创新为顾客提供高价值的服务来获取竞争优势。正是在这一背景下，制造企业服务创新也得到了广泛关注，日渐成为创新和战略管理领域的研究热点。

2.2.2 制造企业服务创新的相关研究脉络

随着服务经济的兴起以及服务创新理论分支的出现，制造企业服务创新也逐渐成为研究热点。从文献研究的数量来看，有关制造企业服务创新的研究开始飞速发展，通过在 Web of Science 中的 SCI 和 SSCI 引文索引数据库中进行检索发现，1996—2011 年，特别是 1998 年以来，学术界关于制造企业服

务创新研究的文献数量呈现快速上升的趋势(图2.6)

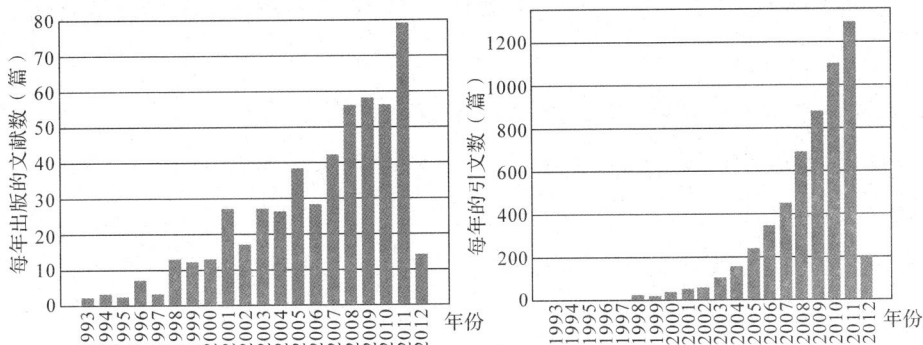

图2.6　SCI及SSCI收录的管理领域制造企业服务创新研究文献汇总

资料来源:ISI Web of Knowledge数据库。

从现有文献看,与制造企业服务创新这一议题相关的研究存在两条相对清晰的主线:一是从过程视角出发的研究主要集中于制造企业新开发服务的影响因素,二是从战略视角探讨服务创新战略模式以及对制造企业的竞争作用。

从过程视角出发的研究主线主要集中于识别影响制造企业新服务开发过程和效率的组织要素(Brax & Jonsson,2009;Kelly & Storey,2000;Ordanini & Rubera,2010),这些影响因素包含如确立市场导向和清晰的服务开发过程(Gebauer et al.,2005)、共享服务标准和价值的组织氛围和文化(Heskett,1987)、服务导向的人力资源管理(Brentani,1991)、适合提高服务创新质量的组织结构设计(Voss,1992)以及企业内部资源和能力与企业间的关系等方面。例如,研究者认为以"人"为中心的文化是服务开发成功的关键要素(Bharadwaj et al.,1993),制造企业更应该创造服务导向的氛围和文化(Bowen et al.,1989;Martin Jr & Horne,1993)等。Baines et al.(2009)的研究以一家全球性制造企业(Whilst ServitCo)作为典型案例样本,提出了新服务开发影响因素的分析框架。他们的分析框架包含了两个关键特征:①结构特征(structural),包含组织过程和技术、能力、设施、供应链定位、计划和控制等要素;②基础设施(infrastructural),包含人力资源、质量控制、服务范围(service range)、新服务引入（new service introduction）、客户关系管理等要素。

Santamar Maria et al.（2011）的研究发现，除了与服务企业创新影响因素类似的活动，如员工培训活动、与客户紧密合作、先进信息技术的采用等会显著影响制造企业的新服务开发外，与服务企业的服务开发有所不同的是，制造企业 R&D 活动的强度对其新服务开发存在显著影响。Ordanini & Rubera（2010）的研究也表明冗余资源、创新导向和外部关系资源作为企业的业务资源，以及企业的 IT 能力、HR 技能等是制造企业成功开发新服务的重要影响要素。Ceci & Prencipe（2008）通过多案例探索影响服务方案开发的成功要素，发现制造企业开发整体解决方案需要甄选、整合来自企业内部、外部多种不同技术成分，制造企业已有技术能力至关重要。其他的还有 Eisingerich et al.（2009）的研究，指出企业间的业务关系显著影响制造企业开发客户解决方案。他们认为企业间关系的特征：关系承诺（relationship commitment）和关系多样性（relationship diversity）对企业成功开发新服务的影响不同。长期承诺关系有助于企业深入获取客户需求知识，促进成功开发、销售新服务（Tuli et al.，2007），同时可以降低服务开发的不确定性，提升合作开发的效率。关系多样性是指与企业建立关系的交易伙伴的差异程度，交易伙伴企业在规模、年龄、能力或产业上差异越大，关系多样性程度越高，企业越难以把握不同客户企业的需求。尽管多样性关系可以给企业带来不同的市场机会，但当这些客户属于不同产业时，企业需要花费大量的时间和精力获取客户特定知识（customer-specific expertise），并且对机会的开发利用效果会受限，企业服务方案开发效率会降低。

从战略视角出发的现有研究多采用定性分析和案例研究方法研究制造企业服务创新的战略模式（Gebauer，2008；Gebauer et al.，2008；Gebauer et al.，2010；Wise & Baumgartner，1999）及其对制造企业的竞争作用。如Wise & Baumgartne（1999）提出了三种服务创新战略模式：①提供围绕整个产品生命周期服务的战略模式；②提供面向顾客互动关系服务的战略模式；③提供整体解决方案的战略模式。在这些模式中，Wise 等学者更为推崇"整体解决方案"战略模式，该战略模式强调制造企业与客户合作开发（co-creation）定制化的整合服务和产品的"高价值"解决方案,满足顾客的特定需求。Mathieu (2001)区分了支持产品(support the supplier's product,SSP)的服务开发战略和支持客户流程(support the client's action,SSC)的服务创新战略两种模式。SSP战略是指制造企业开发并向市场提供确保其产品发挥功能的服务,例如安装、监测、维修、维护等。SSC战略则是开发并提供可以作为产品的服务,例如,流程导向(process-oriented)的培训服务、业务导向(business-oriented)的咨询服务等。其他的还有Gebauer(2008)的研究,其以西欧国家的195家制造企业为样本,通过聚类分析方法识别了四种服务创新战略模式:售后服务战略、客户支持服务战略、外包伙伴战略及开发伙伴战略。类似的研究还有Oliva & Kallenberg (2003)、Kumar & Kumar(2004,2007)、Bolton et al.(2007)等。

在制造企业的竞争作用方面,学者们或通过案例研究或通过理论分析,研究了服务创新战略对制造企业获取竞争优势的机理。Salonen(2011)通过对一家典型制造企业的深入调查,发现在需求和技术日益动态的环境下,单纯地通过技术领先维持竞争优势变得越来越困难,通过服务创新开发整体解决方案的战略能够有效提升市场竞争力,使制造企业摆脱核心产品市场同质化、增长缓慢的困境。Homburg & Garbe(1999)的研究指出基于服务创新竞争的制造企业,主要通过提升服务质量影响顾客关系,进而发挥服务作为竞争工具的战略作用(strategy roles)。Robinson et al.(2002)深入调查了三家化工生产企业,他们的研究发现"服务开发和客户关系管理是制造企业获取竞争优势的关键战略",能够拉近企业和客户的距离,通过建立持续的客户关系获取关系租金,进而有助于企业获取竞争优势。与之类似的还有Brady et al. (2005)、Gebauer et al.(2005)等学者的研究。其他的一些研究则从理论上分析制造企业服务创新产生竞争优势的机理,如有助于形成产品差异化(蔺雷 & 吴贵生,2007)、建立对竞争者而言不可逾越的进入障碍(Vandermerwe & Rada,1988)、提高顾客忠诚度获取关系价值等(Palmatier et al.,2006; Schmenner,2009)。

战略视角的研究大多是对具体实践现象作表面化的描述,局限于服务创新战略某一方面的特征,如竞争战略特征和行为特征,缺乏对其内涵的整体把握和理解。

总体上,有关制造企业服务创新的现有研究仍然受到服务营销、服务管理学科的影响,对成功影响因素着墨较多,而对于制造企业服务创新战略的内涵和机制还缺乏深入的探究,对于制造企业服务创新战略具体包含哪些决策"内容",其影响竞争优势的内在作用机制等问题,目前研究仍然没有明确的回答,这给未来的理论研究留下了探索和补充的空间。

2.2.3 制造企业服务创新战略理论溯源与内涵界定

从上述可知,服务创新已成为制造企业的重要战略问题。但关于制造企业服务创新战略的现有研究多来自于服务管理和营销管理领域,主要从管理实践的角度展开讨论,忽略了概念界定、维度划分等基本理论问题,而这些恰恰是制造企业服务创新战略研究的重要基础性问题。因此,本研究希望在梳理现有文献的基础上,对这些基础性问题做出解答,为相关理论研究的开展提供支撑。

本书认为,制造企业服务创新战略与创新战略概念内涵是一脉相承的,是随着创新理论演进发展和新竞争范式的出现对创新战略概念内涵的延伸,既体现了时代发展的特征,又体现了服务创新对制造企业参与市场竞争的重要战略作用。因此,本部分以时间发展脉络为主线,首先回溯创新战略内涵演进和服务创新战略萌芽过程,从现有理论出发演绎出制造企业服务创新战略概念的内涵,并在下一节结合制造企业服务转型特征探讨服务创新战略类型。

(1)服务创新战略的理论溯源

自 Schumpeter 提出创新概念以来,创新理论随着时代的发展分化出技术创新和服务创新等理论分支。技术创新理论的出现体现了技术进步与变革对经济和社会发展的重要影响,服务创新理论分支反映了服务对当代经济发展的重要作用。类似的创新战略从早期关注技术发展到逐步成为企业经营战略的核心,从以技术创新为主到技术创新与服务创新并重,并逐渐分化出服务创新战略这一发展路径(图 2.7),既体现了创新作为制造企业面对市场竞争的一种战略性工具成为战略管理核心的趋势(程源 & 傅家骥,2002),又体现了理论发展的时代特征。

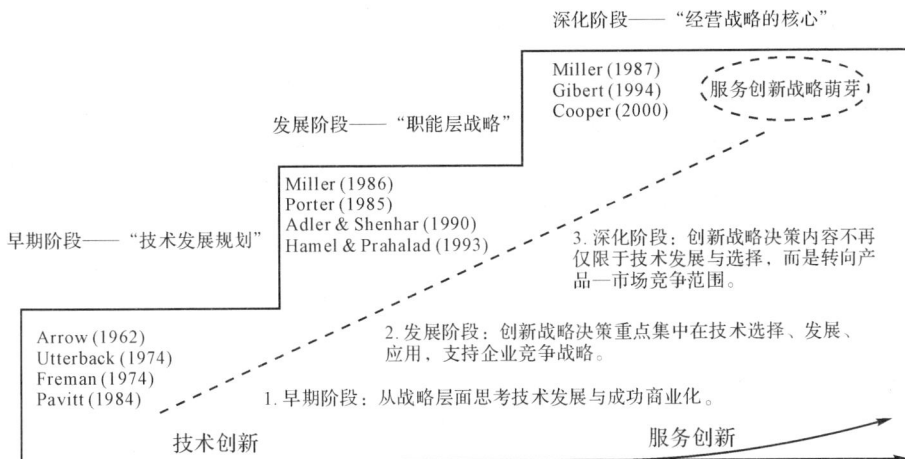

深化阶段——"经营战略的核心"

Miller (1987)
Gibert (1994)   服务创新战略萌芽
Cooper (2000)

发展阶段——"职能层战略"

Miller (1986)
Porter (1985)
Adler & Shenhar (1990)
Hamel & Prahalad (1993)

早期阶段——"技术发展规划"

3. 深化阶段:创新战略决策内容不再仅限于技术发展与选择,而是转向产品—市场竞争范围。

Arrow (1962)
Utterback (1974)
Freman (1974)
Pavitt (1984)

2. 发展阶段:创新战略决策重点集中在技术选择、发展、应用,支持企业竞争战略。

1. 早期阶段:从战略层面思考技术发展与成功商业化。

技术创新   服务创新

图 2.7 服务创新战略的理论起源
资料来源:根据相关文献整理。

在早期阶段,创新战略仅关注了技术创新,并没有考虑服务创新。20 世纪六七十年代,技术对企业发展的重要性增强,学者们开始关注如何发展技术并实现成功的商业化。创新研究主要集中在如何有效地实现技术创新(Arrow,1962),并吸收战略管理思想制订企业的技术创新发展规划,形成了创新战略的萌芽。这一时期研究的内容框架也比较狭窄,主要集中在技术选择和发展方面,如研发项目选择和优先级划分(Utterback,1974),通用技术与专门技术、产品技术与工艺技术、技术领导者与技术跟随者之间进行选择等(Freeman,1974;Pavitt,1984)。实际上这一时期的创新战略是一种技术发展规划。

在发展阶段,战略管理学者认识到技术创新是业务确定和竞争战略中的重要元素,把技术创新作为企业战略执行中的重要问题(Hamel & Prahalad,1993)。Porter(1985)指出技术创新是决定竞争规则最重要的因素之一,通过分析如何在价值链中应用技术创新,以及如何支持企业的基本战略,搭建了连接创新战略与竞争战略之间的桥梁(Porter,1985)。他主张针对每一种不同的竞争战略类型,技术创新要有所差异。技术创新成为企业战略决策的基石(Adler & Shenhar,1990)。企业不同发展阶段业务重点不同,随着业务领域的更替和竞争规则的改变,技术创新在产品和过程中的应用都会发生变化,因此企业在决定战略后,要考虑企业如何占有、开发、使用技术与技术创新来支持企业经营战略(Hamel & Prahalad,1993)。可见这一时期创新战略也主要集中在技术创新方面,本质上是支持企业经营战略的职能层战略。

在深化阶段,学者们对创新战略的理解逐渐从支持企业战略的职能层战略,转变为企业经营战略的核心维度(Hardaker et al.,1998;Miller,1987),其战略目标直接指向了捕获市场机会,建立竞争优势(Dyer & Song,1998;Gilbert,1994)。以 Miller(1987)的研究为代表,他的研究指出创新战略是企业最为常见的经营战略的四个重要维度(创新、市场差异化、市场范围、保守控制)之一。Miller(1987)认为创新战略就是企业决定以何种创新频率和创新程度的新产品/服务参与市场竞争,来追求市场新机会。创新战略作为企业决定在哪些市场、提供何种创新程度的产品和服务达成特定组织目标的相关决策(Dyer & Song,1998;Gilbert,1994;Rieck & Dickson,1993),与作为支持企业经营战略的职能战略不同,这些决策导致企业资源配置、市场竞争范围、产品、过程和系统都发生了根本性变化(Akman & Yilmaz,2008)。而且创新战略直面企业的竞争优势,更多的是与产品—市场竞争策略相关,通过创新来创造全新的业务和竞争领域,改变现有竞争领域的竞争规则,或是支持拓展现有业务,迎合市场增长机会获取竞争优势(Vanhaverbeke & Peeters,2005),这些业务和竞争领域既包含基于技术创新的有形产品,也包含基于服务创新的服务产品。可见,这一时期的创新战略决策已经不再局限于技术创新层面,而是同时包含了技术创新和服务创新,这就为服务创新战略理论分支的出现奠定了基础。

进一步地,随着服务经济兴起,竞争的逻辑观发生转变,开始由产品主导逻辑(goods-dominant logic,G-D)转向服务主导逻辑(service-dominant logic,

S-D)(Lusch & Vargo，2006；Vargo & Lusch，2004)。在产品主导逻辑下,产品(goods)处于中心位置,服务被认为是"次优"产出,价值主要通过有形产品来创造(Vargo & Lusch，2004)。服务主导逻辑则是把服务看成是企业运用能力(知识和技能)为另一方创造价值的过程,并不依附于产品(Vargo & Lusch，2004；Vargo & Lusch，2008)。在服务主导逻辑下,产品仍然重要,但服务是无可替代的(诸雪峰等,2011)。正是在这一背景下,制造企业越来越重视服务创新的战略性竞争作用,服务创新战略这一概念开始萌芽。遗憾的是,到目前为止,尽管时有文章对制造企业服务创新战略的相关话题进行讨论,但事实上,理论界对于制造企业的服务创新战略是没有进行过清晰界定的。为此,下文将对其内涵进行探讨。

(2)制造企业服务创新战略概念内涵

市场营销理论中不同竞争逻辑观对顾客价值的理解和顾客中心地位的认识不同,随之制造企业的创新战略决策也有所不同。制造企业服务创新战略的出现既体现了企业主导竞争逻辑的转变,又体现了对顾客中心地位和顾客价值创造方式的重新认识。

首先,对于制造企业来说,服务与有形产品一样都是提供给顾客的创新结果(Miles，2001；Sirilli & Evangelista，1998)。服务和有形产品的创新都能够为顾客创造收益,并能够与竞争对手形成差异而取得产品溢价的超额回报(Porter，1985)。因而,制造企业不仅可以提供新的或改进的有形产品,同样也可以选择为现存市场创造新服务,或者改进现有服务来追求市场机会,从而建立新的竞争优势(Matthews & Shulman，2005；Osborne，1998)。在产品主导逻辑下,制造企业虽然也强调顾客导向,强调为顾客创造价值,但以企业为中心的价值创造观念占据主导地位,顾客被置于从属与被动地位。因此,制造企业的创新战略决策焦点更有可能集中在企业内部的技术创新层面,通过增加技术创新、改进产品的某些属性,实现价值创造和增值(刘林青等,2010)。而服务主导逻辑视顾客为主角,价值创造的重点从过去由制造商提供转移到各方共同创造的过程中,价值最终由顾客来裁决,而无法事先嵌入在设定的产出中。因此,基于服务主导逻辑观的制造企业更有可能通过服务创新与顾客共同创造价值,追求市场机会。

其次,制造企业服务创新战略体现了以顾客为中心的经营理念。服务主导逻辑在本质上是以顾客为中心的(Grönroos & Ravald,2009)。以顾客为中心作为市场导向的本质或关键要素(Wright et al.,1997),表现为企业协调资源和行动深入地理解顾客需求和问题的努力(Narver & Slater,1990;Slater & Narver,1998)。从这一点上理解,制造企业服务创新战略是对以顾客为中心这一经营理念的具体化,是一种致力于协调组织资源和能力,以提供卓越服务的方式来解决顾客问题,为顾客创造价值的战略努力。学者也指出,服务创新战略作为制造企业战略性地利用服务创新建立竞争优势的战略谋划(Gremyr et al.,2010;Matthyssens & Vandenbempt,2008),建立的基础是"以顾客为中心"经营理念的确立,实质上是制造企业从以产品为中心向以顾客为中心的经营哲学和理念的转变(Brax,2005;Oliva & Kallenberg,2003)。

至此,我们可以清晰地发现,制造企业服务创新战略这一概念源于创新战略,同时吸收了市场导向的理论思想。依据创新战略和市场营销理论文献,并在参考 Miles & Snow(1987)、Gilbert(1994)、Dyer & Song(1998)等学者对创新战略概念界定和解释的基础上,我们认为作为制造企业经营战略的重要部分,服务创新战略是制造企业以顾客为中心做出的在何种程度上、如何运用服务创新为顾客创造更多价值、提升竞争优势的相关决策。

服务创新战略的一个非常重要的意义,就是制造企业可以在技术创新之外,通过服务创新创造全新的业务和竞争领域,建立新的竞争优势来源。在许多竞争领域,制造企业的竞争结果是由技术创新决定的,而在新的竞争逻辑下,服务创新同样也能影响其在产业中的竞争地位。当然这并不表明服务创新可以替代技术创新。简言之,服务创新战略是制造企业建立竞争优势的新途径和驱动器。

2.2.4 制造企业服务创新战略分类研究

一个理论的建立需要经历现象描述、分类研究、关系构建三个基本阶段。根据前文的论述,在概念分析之后,对服务创新战略进行分类就显得非常必要和重要。因此,在上述对制造企业服务创新战略概念界定的基础上,本部分首先归纳现有创新战略的主流分类标准及服务创新战略常用的分类标准,在此基础上,结合制造企业服务转型过程中产品—服务关系特征对制造企业服务创新战略进行分类。

(1)确立分类标准

目前,国内外学者对创新战略的分类没有形成统一的意见,主流分类标准包括创新程度、创新努力程度、战略姿态、创新对象以及创新来源等(表 2.2)。

表 2.2 创新战略分类方法

分类方法	文 献 出 处
创新程度(突破/渐进)	Richard et al.(2007);He & Wong(2004);Morgan & Berthon(2008);李剑力(2009)
创新努力程度(市场领先/市场跟随)	Freman(1974);Miles & Snow(1978);Zahra & Covin(1994);彭灿 & 杨玲(2009);孔宁宁等(2010)
战略姿态(前瞻/反应)	Gilbert(1994);Zahra & Covin(1994)
创新对象(产品创新/过程创新)	Porter(1980)
创新来源(自主创新/合作创新)	Veugelers et al.(1999);郭俊华 & 万君康(1998)

资料来源:根据相关资料整理。

服务创新战略的常用分类标准是创新程度(Chen et al.,2009;McDermott & Prajogo,2012;Menor et al.,2002)。Menor et al.(2002)根据创新程度区分了突破式和渐进式服务创新战略,讨论了这两类创新战略的含义,并总结了各自所包含的内容(表 2.3)。

表 2.3　服务创新战略不同维度的代表性变量

战略类型	描　　述
突破式服务创新战略	
重大创新(major innovation)	对市场而言是新的服务
创始业务(start-up business)	在现有市场中引入新的服务
在当前所服务市场中引入的新服务	为现有顾客和组织提供的新服务(即使该服务在其他公司也可能得到)
渐进式服务创新战略	
服务产品线扩充(service line extensions)	现有服务的扩展,如增加新的菜单项,以及新的过程
服务改进(service improvements)	所提供服务的特性在某种程度上的变化
风格和形式变化(style changes)	对顾客感知、感情和态度有影响的形式上的适度变化,不改变服务基本特性的风格或者外形变化

资料来源:Menor et al.(2002)。

上述基于创新程度对服务创新战略进行分类有其合理性,本研究拟采用这一方法。但是上述分类主要针对服务企业情境,而对于制造企业,其提供的创新产品同时包含了有形产品和服务,在其不同产品竞争阶段,服务创新战略的决策内容和战略目标不同,有其特殊性。因而,不能简单地套用上述服务创新战略分类,需要进一步结合制造企业情境来识别服务创新战略的具体"决策内容",深入理解不同类型战略的竞争作用。Gremyr et al.(2010)等学者的研究也认为"最好基于制造企业的'服务转型'(service transition)的阶段特点,在整体产出(offering)情境下来理解服务创新战略"(Gremyr et al.,2010)。因此,以下部分首先对制造企业服务转型阶段中产品—服务关系进行阐述,在此基础上识别制造企业服务创新战略类型。

(2)基于制造企业产品—服务关系的服务创新战略分类

制造企业"服务转型"或"服务化"文献指出沿着有形产品和服务的连续谱,可将制造企业分为两种类型(图 2.8):第一类为产品主导的制造企业,在他们的产出中有形产品占主导,服务作为有形产品的附属(appendix)。第二类是服务主导制造企业,在整体产出中,服务作为核心价值创造活动占据主要位置。这些服务可以是基于有形产品如整合产品和服务的系统解决服务方案,也可以是并不基于有形产品,像针对顾客业务运营的服务如技术咨询、培训服务等(Galbraith, 2002; Gebauer, 2009; Gebauer et al., 2005; Neu & Brown, 2005; Oliva & Kallenberg, 2003a; Wei et al., 2010)。

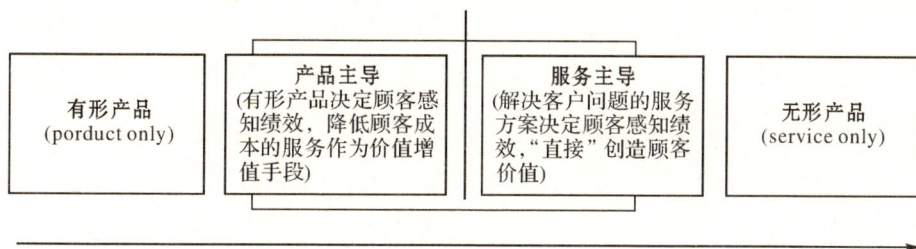

有形产品 (porduct only)	产品主导 (有形产品决定顾客感知绩效，降低顾客成本的服务作为价值增值手段)	服务主导 (解决客户问题的服务方案决定顾客感知绩效，"直接"创造顾客价值)	无形产品 (service only)

图 2.8 制造企业服务转型

资料来源:根据 Gebauer(2009)、Oliva & Kallenberg(2003)等资料整理。

在不同服务转型阶段,制造企业提供的服务存在很大差异,相应地,服务创新战略的侧重点和目标也有所不同(表 2.4)。

表 2.4 不同服务转型阶段制造企业服务创新阶段

	制造企业服务转型阶段		
	产品主导阶段	服务主导阶段	
产品—服务关系特征 (Mathieu, 2001; Vandermerwe & Chadwick, 1989)	服务是产品外设(peripheral)或者附属	服务依赖于有形产品 物质产品与服务共同构成"服务包",服务作为"核心"	服务并不依赖于有形产品 服务主要针对顾客业务流程(商业服务)
服务内容	设备安装、维修、检修、零部件供应和管理等	系统解决方案等	技术培训、咨询等
服务创新战略内容	①完善服务流程、体系 ②对现有服务内容进行扩展、提升,如增加新的菜单项,以及新的过程 ③使得所提供服务的特性在某种程度上发生变化	①不断开发对市场而言是新的服务 ②向新的市场引入现有服务并且不断开发新服务	
战略目标	促进产品销售	获取新的市场机会	
价值创造程度(Kim & Mauborgne, 1999)	价值增值:通过渐进式创新提升服务品质,增加核心产品价值	价值创新:超出产品本身的限制对现有产品和服务重构,是对顾客价值的创造性提升	

资料来源:根据相关文献整理。

在产品主导阶段,顾客价值的核心价值由有型产品的物理功能特性决定(Afuah,2002),服务作为有形产品的补充,如安装、设备维修与检修及零部件供应与管理等,起到降低顾客使用产品成本、增加核心有形产品价值的作用(格罗鲁斯,2008)。该阶段制造企业服务创新战略主要体现为:①完善服务流程、体系。②对现有服务内容进行扩展、提升,如增加新的菜单项,以及新的过程。③使得所提供服务的特性在某种程度上发生变化。例如,三一重工逐步完善全国的服务网络,大幅缩短客户问题响应时间,在接到客户电话后3分钟之内做出回应、24小时内完工等。华为公司引入新的工具和软件,分解、规范各服务环节的内容和时间,并在已有服务内容的基础上增加服务环节或服务过程等,实现为客户提供全天候"保姆式的、终身的、免费的"优质服务,增加客户感知价值。由此可知,在产品主导阶段制造企业服务创新战略主要是一种价值增值战略,目标是通过持续的渐进式服务创新完善服务流程和体系,对现有服务内容进行扩展,为市场提供优质服务参与竞争。

在服务主导阶段,服务成为制造企业价值创造的核心(Gremyr et al.,2010),通过技术咨询、设计方案、开发解决客户特定业务问题的整体解决方案等服务,"直接"为客户创造价值。服务创新战略主要表现为:①不断开发对市场而言新的服务,如华为不断开发新的网络部署服务、咨询服务,如移动阅读整体解决方案、彩铃业务服务方案、智能网运营系统分析服务等。②向新的市场用户引入并不断开发新服务,如华为公司除了为电信行业提供服务方案外,还不断向金融行业、交通行业等新的领域拓展,根据不同行业特点开发新的服务方案。聚光科技从主要业务领域钢铁行业向化工、生物制药等多个行业拓展,开发针对不同行业的在线气体分析系统服务、测温系统服务等。可以看到,该阶段制造企业的服务创新战略是制造企业超出产品本身的限制对现有产品和服务重构,不断开发新的服务方案,甚至提供新的设计和创造新的市场,为客户创造独特收益(Kim & Mauborgne,1997,1999),因而也是一种价值创新战略。

2.2.5 制造企业服务创新战略与竞争优势

服务创新战略作为制造企业在何种程度上、如何运用服务创新提升竞争优势的相关决策(赵立龙 & 魏江,2012),最重要的目标是帮助制造企业建立竞争优势,追求长期收益的最大化(Fischer et al. 2010;Quinn et al. 1990)。然而现有研究中关于制造企业服务创新战略与企业竞争优势之间关系的认识并不明晰。

一方面,一些学者主张制造企业服务创新战略能够有效利用产品制造及特定用户知识和资源(Fang et al.,2008;Galbraith,2002;Gebauer et al.,2011),形成知识和资源的溢出效应(Markides & Williamson,1996),发挥制造和服务的协同作用,产生成本节约和差异化优势,从而为制造企业竞争成功带来可能性。例如,当制造企业实施服务创新战略进入服务领域,其可以通过共享有形资源和无形资源带来成本节约的优势。进一步地,这些在有形产品和服务之间的知识和资源溢出有助于增加其资源禀赋的复杂性和因果模糊性,保护其不受竞争对手模仿(Reed & DeFillippi,1990)。这样,仅是产品竞争对手或者仅是服务供应商都将难以通过模仿来降低企业形成的市场差异化优势。

更为直接地,学者们主张实施服务创新战略能够建立顾客忠诚、增加顾客满意,创造对竞争者而言不可逾越的进入障碍,从而建立竞争优势(Anderson,Narus,1995;Lynn et al.,2000;Sawhney et al.,2004;Storey & Easingwood,1998;Watanabe & Hur,2004;Weerawardena & McColl-Kennedy,2002;蔺雷 & 吴贵生,2007)。Baines et al.(2009)在总结相关文献的基础上指出,服务创新战略的最关键的特征是以顾客为中心(customer centricity),企业的战略焦点从产品导向的内部视角转向以顾客为中心的外部视角,通过服务创新拓展为客户创造价值的战略机会。作为服务创新战略的结果,企业的总体供应品特征发生改变,使得无形的关系、资源变得更有价值(例如降低感知风险,增加交易柔性),从而创造更高客户忠诚度,提升议价能力,增加与客户的合作(Fang et al.,2008)。顾客忠诚使客户合作和知识共享程度提高,同样能够提升制造企业通过资源重构对变化的环境做出快速反应的能力。Robinson et al.(2002)的案例研究发现,服务创新作为制造企业获取竞争优势的关键战略之一,能够拉近企业和客户的距离,通过建立持续的客户关系获取关系租金(Dyer,1990),进而获取竞争优势。

另一方面,也有学者指出,服务创新战略也会为制造企业带来不利影响,如带来组织冲突、模糊战略焦点(Brax,2005;Fang et al.,2008;Johansson et al.,2003)。企业运营要受到资源约束,采取服务创新战略可能会降低投入核心有形产品和制造能力的资源水平(Bourgeois,1981),从而可能导致每一业务所需资源都难以得到保障,最终导致企业整体竞争优势下降。另外,服务创新与有形产品制造业务需要不同的组织过程、文化、领导和结构(Deshpandé et al.,1993;Vargo & Lusch,2004)。研究者主张以"人"为中心的文化是服务创新成功的关键要素(Bharadwaj et al.,1993),而有形产品更多依赖于强调技术创新和产品标准化的组织文化。服务创新战略的实施意味着制造企业要在同一组织实体内整合混合组织要素(例如过程、文化),从而可能会产生内部的混乱,甚至是冲突(Krishnamurthy et al.,2003)。组织内部的这些冲突会削弱员工动机和努力,破坏资源利用率和生产率,并且引发资源部署和重构决策的冲突,进而破坏企业创造新价值的能力。另外,一些经验研究也表明,实践中制造企业服务创新战略实施会遇见大量的挑战,甚至会导致企业的整体财务绩效下降(Brax,2005;Gebauer et al.,2005;Neely,2007;Neu & Brown,2005;Oliva & Kallenberg,2003)。

从上述可以看出,制造企业服务创新战略与企业竞争优势之间的关系并不清晰,并且现有对服务创新战略与竞争优势关系的研究多是采用规范分析或是案例研究方法,相关的实证研究还比较缺乏,总体上对于这一关系尚未形成清晰一致的认识,有待进一步考察。因此,基于战略的权变理论与资源基础理论,我们认为与制造企业特定内、外部环境因素匹配的服务创新战略能显著提升竞争优势。关于此点,后文将会进行详细的阐述。

2.2.6　研究小结

本节首先回顾了创新理论的发展和服务创新理论分支的出现,介绍了制造企业服务创新战略研究现状,并运用理论演绎逻辑对制造企业服务创新战略内涵进行界定,同时结合创新程度和制造企业服务转型特征对其维度进行划分,并对现有服务创新战略与竞争优势关系的研究进行归纳和整理。通过这部分文献回顾发现,已有制造企业服务创新战略与竞争优势之间关系的研究结论并不清晰,对于影响机制的分析尤为缺乏,后续研究需要对其进行深入分析。

2.3　技术能力研究综述

理论界对于技术能力的讨论起源于 20 世纪 80 年代第三世界国家作为技术引进方如何提高自主技术能力的研究,以后逐渐深入到微观层面研究企业如何获得核心技术优势,并最终与战略管理领域中企业的核心能力理论、动态能力理论相交融。经过几十年的发展,在管理理论和实践中基本达成了共识:技术能力是能够使企业获取竞争优势的重要战略资源(Duysters & Hagedoorn,2000;Henderson & Cockburn,1994;Kim,2000;Nelson,1991)。

2.3.1　技术能力的概念与研究层次

"技术能力"概念自 20 世纪七八十年代提出以来,在过去几十年得到了快速的发展,吸引了国际经济学、技术管理、创新管理、战略管理等不同领域学者的目光,目前已经成为创新管理和战略管理领域的主要研究主题之一。从文献研究的数量来看,以"主题(检索范围)＋technological capability"或"标题(检索范围)＋technological capability",在 Web of Science 中的 SSCI 引文索引数据库进行检索后发现,在 1991 年以前,将技术能力作为关键词列出的期刊文献共有 52 篇,在 1990 年该领域的研究文献数量仅为 3 篇,而 1991—1999 年则达到了 539 篇,2000—2011 年则达到了 2349 篇,可见技术能力的文献研究数量明显处于逐年上升,并在近十年间快速发展的趋势(图2.9)。

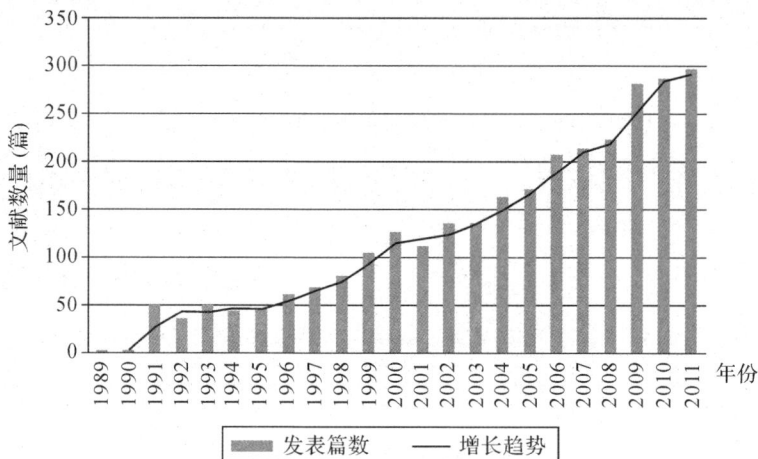

图 2.9　1989—2011 年国际技术能力研究趋势

然后,以"篇名(检索项)+技术能力(检索词)",在中国期刊全文数据库中的"经济与管理"专辑进行检索,发现我国学者从 1984 年开始关注技术能力的研究,到 1990 年共发表文献 8 篇,1991—2000 年 10 年间共发表研究文献 42 篇,而 2001—2005 年 5 年间共发表研究文献 124 篇,2006—2011 年 6 年间发表文献 436 篇,这表明中国学术界对技术能力的理论研究一开始就与国际范围内的研究同步,并从 2001 年开始进入快速发展期,目前方兴未艾(图 2.10)。

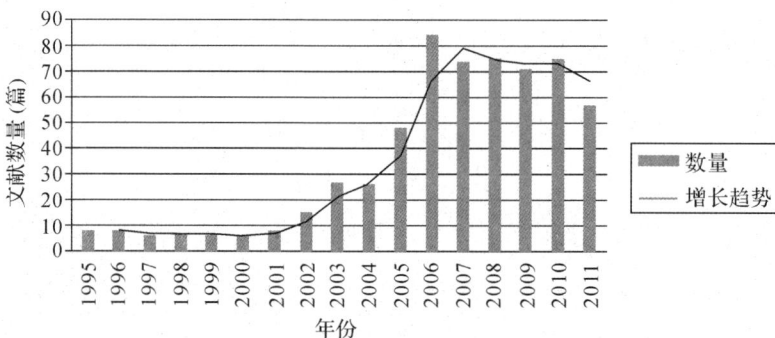

图 2.10　1995—2011 年中国技术能力研究趋势

注:由于 1995 年之前技术能力研究的文献较少,此处的趋势统计从 1995 年开始。

随着该主题研究的深入，许多学者从不同的角度提出了对技术能力概念的理解和描述（表2.5）。通过对这些概念的辨析可以发现，伴随技术能力研究的深入发展，学者对技术能力概念主要存在两类不同视角的理解：①主要从企业获取和提高技术能力的过程视角来理解技术能力；②从资源视角，吸收了核心能力、资源观、知识观等理论观点，把技术能力视为企业的战略资源，从而把技术能力的内涵与企业的竞争优势联系在一起，拓宽了技术能力的研究，也使得技术能力的研究得以深化。以下详细阐述两种视角的理解：

（1）技术能力提升的过程视角。这一视角的研究主要受到宏观层面落后国家技术能力追赶、获取、提升等相关研究的影响，学者们主要从企业获取和提高技术能力的过程来理解技术能力。例如Desai(1984)把技术能力定义为企业获取技术的能力、操作运行的能力、复制和扩展的能力与创新的能力，明确将技术能力概括为从技术购买、使用、模仿到创新四个层次。另一学者Dore(1984)将技术能力定义为技术搜索能力、学习能力、技术创造能力三者的综合体现，并把它们表述为"搜索技术—学习技术—创造技术"的链式过程，并明确了学习在技术能力提升过程中的作用。Kim(1999)通过对韩国半导体行业等的研究，提出著名的"技术引进—消化吸收—自主创新"的技术能力提高过程模式。国内的研究如许庆瑞和魏江(1995)等也采用相同的视角，认为技术引进与R&D结合模式是我国企业提高技术能力的主导模式。

（2）资源视角。资源基础理论作为战略管理领域的主流研究框架得到了学者的广泛认同，并渗透到企业管理的大部分领域。从资源基础视角来看，技术能力是核心能力的重要组成部分和基础(Prahalad & Hamel, 1990)，同时，技术能力的建立通常源自组织学习与经验积累，是一种动态环境下不断变化的高阶能力，对企业的竞争优势有重要作用(Kogut & Zander, 1992)。拥有较强技术能力的企业能够确保企业通过创新产品和过程对市场环境做出快速反应，建立效率和差异优势(Teece & Pisano, 1994；Verona, 1999)。因此，技术能力对企业来讲是必须理解的一种关键资源。

表 2.5　技术能力代表性概念

来　源	概　念　描　述
Dore(1984)	技术能力是技术的学习能力、创造能力和搜索能力的综合表现
Desai(1984)	将技术能力定义为企业获取技术的能力、操作运行的能力、复制和扩展的能力与创新的能力
Westphal et al.(1985)	将技术能力定义为生产能力、投资能力、创新能力
Panda & Ralnanathan (1995)	技术能力体系有三个组成部分：第一，战略技术能力，包括创造、设计和工程、构造能力；第二，战术技术能力，包括生产、市场营销和服务能力；第三，辅助技术能力，由获取和辅助能力构成
Kim(1997,2001)	技术能力指在生产、工程和创新中有效使用技术知识以支撑价格和质量竞争力的能力，这种能力不但使企业能够消化吸收、使用、调整和改变已有技术，而且使企业为了响应快速多变的市场环境而创造新技术及开发新产品和工艺
郭斌等(1996)	以学习过程为核心，对组织技术资源（包括组织拥有的知识存量和硬件资源）的处理能力
Estade & Ramani (1998)	技术能力是指企业开发利用其资源来创造与其需要相关的特定技术的能力
Kim(1997)	技术能力是指企业有效使用技术知识来吸收、使用、调整和改变现有技术，这种能力同时能够促使创造新技术、开发新产品与新工艺来应对经济环境的变化
Kumar(1999)	从技术转移出发，认为技术转移有可能提供接受者三类技术能力，即投资能力、运营能力和动态学习能力
Reed & Walsh(2002)	直接定义技术能力为技术创新和预知未来技术需求的能力
魏江(1995,1998)	企业技术能力指企业从外界获取先进的技术与信息，并结合内部的知识，创造出新的技术与信息，实现技术创新与扩散，同时又使技术与知识得到储备与积累的能力，进而认为技术能力的本质是企业拥有的知识和信息
Acha(2000)	将技术能力定义为鉴别、开发及使用技术所需的知识和技能
安同良(2004)	将企业技术能力定义为企业在持续的技术变革过程中，选择、获取、消化吸收、改进和创造技术并使之与其他资源相整合，从而生产产品和服务的累积性学识（或知识）
Casanueva(2001)	将技术能力理解为一种资源，这种资源作用于企业工艺和生产组织、产品、设备和工程项目的开发或改进过程
Afuah(2002)	技术能力反映了企业利用不同技术资源的能力

续表

来　源	概　念　描　述
Reed & Walsh(2002)	把技术能力描述为与创新活动相关的知识和技能,并能够为企业带来竞争优势
Bergek et al. (2008)	将技术能力阐释为企业辨识和解决问题的能力,具体体现在技术战略和技术活动两个方面
Figueiredo(2008)	技术能力是创造和管理技术变革所需的资源,它们累积和体现于技能、知识、经验和组织体制

资料来源:根据文献资料整理。

与资源基础观点相一致,一些学者从知识资源角度对技术能力进行理解。国内学者魏江从知识资源角度把企业技术能力理解为企业为支持技术创新实现,附着在内部人员、设备、信息和组织中的所有内生化知识存量的总和(魏江,1998;魏江 & 许庆瑞,1996)。郭斌等(1996)也指出技术能力的本质是知识,并具有静态和动态双重特性:①从组织角度来说,在其他条件相同的情况下,它所拥有的知识存量越多,其技术能力相对就越强;在组织拥有同等水平的知识存量时,组织对知识存量运用和操作的能力越强,则组织的技术能力也就相对越强。因此,组织的知识储存水平是组织技术能力的基础,也是其技术能力的静态表征;而对知识存量的应用和操作,则涉及知识存量的递增和重组过程,以及组织及个体对知识操作技巧的积累和提高过程,是组织技术能力的动态表现(郭斌等,1996)。Cohen & Levinthal(1990)认为企业的技术能力包含内部研发创造知识的能力以及吸收外部知识的能力两个方面,概括起来讲就是企业理解信息的价值(这些信息可能存在于企业内部或外部)并能够应用于商业化目的的能力。Kim(2001)把技术能力视为开发和使用源于科学研究的知识的能力。与之类似,Acha(2000)把技术能力定义为鉴别、开发及使用技术所需的知识和技能,并强调其能够使企业在产品市场获取竞争优势。在最近的研究中,Figueiredo(2002,2008)把技术能力视为企业能够促进产品、过程和工程项目创新的知识资源。Reed & Walsh(2002)的研究也把技术能力描述为与企业创新活动相关的知识和技能,并能够为企业带来竞争优势。技术能力是企业能够充分利用、发展已有技术知识,并创造新技术知识的能力(饶扬德,2007)。Afuah(2002)认为技术能力反映了企业利用不同技术资源的能力,其技术能力概念包含了企业所有的技术资源。在其他一些研究中,技术能力也都被描述为与企业的创新活动所需的知识技能相关,并主张这一能力能够为企业带来竞争优势(Carayannis & Alexander, 2002; Cohen & Levinthal, 1990; Coombs, 1996; Duysters & Hagedoorn, 2000)。从上述分析可以发现,随着对技术能力认识的深入,这类对技术能力的界定揭示了技术能力的本质是企业的知识资源,同时强调了技术能力作为吸收外部知识、利用已有技术知识资源的技能,能够显著增强企业竞争优势。

至于技术能力的研究层次,总的来看,已有研究主要从两个层面展开:一个是宏观层面,宏观技术能力研究的焦点主要以发展中国家为对象,研究发展中国家如何通过技术引进与消化吸收提高自主技术创新能力,实现对发达国家的技术赶超,即宏观层次的技术能力(魏江,2000),这类研究以 Martin Fransman 和 Kenneth King 主持的"第三世界技术能力"的专题研究报告,以及泰国技术能力研究小组(The Technology ALTAS Project)在 1989 年完成的"基于技术的发展"课题为标志。另一个是微观企业层面。这类研究主要从企业层面研究企业如何获取技术知识并消化吸收,以实现企业技术能力增长的内在机制,以及与战略管理领域中企业的核心能力理论、动态能力理论相交融,把技术能力视为企业重要的战略资源,探讨其对创新和竞争优势的影响(魏江,2000)。

因此,结合本研究的研究问题,我们将研究基准界定为企业层次的技术能力,并顺承资源基础理论视角的研究思路,认为技术能力是企业能够有效地开发、吸收、利用技术知识的能力,这一能力能够对企业竞争优势产生重要影响(Afuah, 2002; Tsai, 2004)。简单地说,技术能力即是企业利用技术知识的能力(Afuah, 2002)。

2.3.2 企业技术能力理论发展脉络

随着知识经济、现代产业组织理论与企业理论的发展,技术能力相关研究发展迅速,研究领域也得到了扩展。总体来看,现有关于企业技术能力的理论研究主要集中在两大方向:一是关注技术能力的建立和增长机制,二是基于资源基础理论视角关注技术能力与创新绩效、竞争优势的关系。后者已经成为技术能力理论发展的重要方向。

其一,关于技术能力的建立和增长机制。这类研究大致包含以下两个方面:

(1)通过探讨技术学习机制来研究技术能力的发展与增长。技术能力作为支撑技术处理活动的知识组合,是长期学习和积累的结果(魏江,1997)。Kim(2001)指出技术能力是指某一时间的组织能力的水平,而技术学习是用来描述获取技术能力的积极过程。魏江(1997)基于对国内企业的实证研究指出,企业技术能力的提升可以通过三种基本模式来实现,分别是:①技术引进—消化吸收—自主创新模式,是为"基于技术引进的能力演化模式";②自主研制开发—渐进创新—基本创新模式,是为"基于完全自主创新的能力演化模式";③技术合作—消化吸收—自主创新模式,是为"基于技术合作的能力演化模式"。

(2)技术能力提升途径与影响因素研究。赵晓庆(2004)提出根据知识的来源,将技术能力增长的知识源分为内部知识源(内部 R&D)和外部知识源,并指出技术能力的构建是内外部途径交替的双螺旋过程。Rousseva(2008)指出技术能力的提升过程是后发者从单纯获取外部知识和技能逐步过渡到开发和掌握新技术的有意识的发展过程。在获取、消化吸收外部知识的过程中,存在两个重要的影响因素——已有的知识基础和努力的程度(Kim,1999),已有知识的累积增强了理解、吸收和使用新外部知识的能力。除此之外,技术能力发展还会受到如企业的技术环境、市场结构、企业主体复杂性发育程度、企业家行为、企业的资源投入等内、外部因素影响(安同良,2004;肖媛,2006)。

其二,基于资源基础理论视角的企业技术能力研究。基于资源基础理论视角的技术能力研究主要基于对技术能力概念的扩展,把技术能力视为企业的战略资源,研究技术能力对创新、绩效等的影响。大量的研究从理论和实证上证明了技术能力对企业创新的影响作用。例如,Cohen & Levinthal(1990)研究表明,技术能力促进组织学习和产品创新;Moorman & Slotegraaf(1999)发现技术能力不仅能促进新产品开发,同样有助于加快产品开发速度。

Montoya-Weiss & Calantone(1994)对 40 项与新产品成功要素有关的实证研究进行元分析,分析结果表明技术精通(technical proficiency)是新产品成功的重要影响因素之一。寿涌毅 & 孙宇(2009)的研究证实面对不同技术来源,技术能力发挥关键的中介作用,并对企业创新绩效产生正向影响。

技术能力对企业竞争优势的积极作用在理论界也基本取得一致。一方面,资源基础理论把企业看作是一系列独特的资源和能力的集合,认为企业战略和经营的成功在于它的资源的内容与结构,不同企业拥有不同的资源禀赋,因此企业可以凭借其异质性资源提供有别于竞争对手的独特产品或服务。当这些异质性资源是有价值、难以模仿、难以替代的,并成为产生超正常利润的源泉时,它们就能为企业带来持续的竞争优势(Wernerfelt,1984;Barney,1991;Peteraf,1993)。技术能力作为企业一种与技术知识和资源相关的组织能力,嵌入在组织管理惯例中,从而变得更有价值、难以模仿并难以替代(Hamel & Prahalad,1994),因而代表了竞争优势的潜在来源。

另一方面,企业技术能力作为一种与技术资产、技能和知识相关的组织能力,在企业技术创新活动中发挥着不可替代的作用(Figueiredo,2002;Morrison et al.,2008)。技术能力作为企业实现技术创新并产生竞争优势的基础,能够使企业在动态的环境下,比竞争对手执行创新行动更有效率(Acha,2000),通过产品和过程创新对市场环境做出快速反应,建立效率和差异化优势(Teece & Pisano,1994;Verona,1999)。Lieberman & Montgomery(1988)在对先行者优势的研究中指出,"技能和技术的熟练,影响新产品的成功和企业利润";"技术水平高的企业能以低于竞争者的成本制造产品"。他们的研究指出了技术能力提升企业获得竞争优势的可能性。García-Muiña & Navas-López(2007)从产品创新和战略管理角度,提出了战略技术能力的概念,认为这一能力让企业整合、调动不同科学和技术资源,从而成功开发创新性产品或/和新的生产工艺,并能够在特定环境中通过执行竞争战略来创造价值。这些研究都表明,技术能力能够促使企业的创新活动创造独特的产品或服务来获取竞争优势。

另外,随着企业技术能力理论研究的不断深入,从多种角度研究技术能力与企业绩效关系的也越来越多,关注技术能力和企业组织资源方式(战略行动)之间关系的也逐渐增多。根据资源基础理论视角,企业能否真正获得高的生产效率,既取决于其资源察赋状况,又取决于是否采用了合适的战略行动来开发这些资源(Peteraf,1993)。Ketchen et al.(2007)、Edelman et al.(2005)等学者在"资源—战略行动—绩效"理论框架中也阐述了这一重要观点,并提出企业资源并不能单独解释企业绩效,与企业资源组合相匹配的战略行动才能提升组织绩效。因此,为了更深入地理解技术能力如何产生绩效这一问题,还需要进一步地探索技术能力对企业绩效的影响方式和途径,尤其需要关注技术能力与企业战略行动选择的影响作用,这类研究必将是未来重要的研究方向(Wiklund & Shepherd,2003)。

2.3.3 制造企业技术能力与服务创新战略

现有关于制造企业服务创新战略与企业技术能力相关的研究并不多见,少数一些研究也主要是通过案例研究识别技术能力作为企业重要的战略资源对制造企业服务创新战略和创新活动的影响作用。如 Ceci & Prencipe(2008)的研究发现制造企业服务创新行动是对客户复杂需求的响应,其为顾客提供的整体服务方案,具有创新性、高技术的特征。制造企业开发"产品服务包"同时需要来自技术、顾客和市场等更广泛的知识(张文红等,2010;赵亚普 & 张文红,2012),顾客需求越复杂,服务解决方案就越复杂,也越需要特定层面的技术能力来甄选、整合来自企业内部、外部的多种不同技术成分(Davies & Brady,2000;Spiller & Zelner,1997),因此,制造企业实施服务创新战略提供整体服务方案"必须基于硬件领域的技术能力"(Allmendinger & Lombreglia,2005)。Eisingerich et al.(2009)的研究也发现,当制造企业为不同领域的客户提供服务方案时,由于这些客户属于不同产业,企业要花费大量的时间精力获取客户特定知识(customer-specific expertise),这会限制对机会的开发利用效果,降低服务方案开发效率,而具有较强技术能力的制造企业能够有效克服这一问题。SantamarMaria et al.(2011)的研究也表明了制造企业研发活动强度显著影响其新服务开发。进一步地,Windahl & Lakemond(2006)以大型设备制造企业 Alpha 为样本的案例研究发现,在缺乏服务经验的情况下,凭借以往硬件制造的技术能力取得客户的信任是 Alpha 服务创新战略得以进行的关键。由上述可见,制造企业服务创新战略会受到企业技术能力的影响和制约。

总体上,从上述可以发现制造企业的服务创新战略与企业自身技术能力水平存在一定的关联。但是现有研究缺乏对制造企业技术能力与服务创新战略决策之间关系的深入探讨,我们难以获悉企业如何根据自身技术能力差异选择不同的战略行动,从而有目的地通过战略行动利用资源创造顾客价值,建立竞争优势。因此,二者之间的关系有待于进一步考察。

2.4 环境动态性研究综述

2.4.1 环境动态性的分析视角

根据 Duncan(1972)对企业外部环境的界定,企业的外部环境是指"组织在决策过程中必须考虑的,在组织边界之外的物质及社会因素的总和"。外部环境是针对组织而言的,包含组织范围之外的所有相关实体及社会因素(Mintzberg,2003),具体由消费者、供应商、竞争者、社会政策因素及技术等构成。由于环境要素本身的复杂多样,以及组织决策制定者在信息收集和加工方面存在有限理性,很难将环境作为一个整体进行分析(Fahey & Narayanan,1986)。考虑到上述困难以及研究目的的不同,组织和战略管理研究领域对环境的研究形成了两种不同的思路:

一种思路是分析环境的某一具体内容对组织行为和结构的影响,如政治环境(Kuipers et al.,2008)、产业环境(Amit & Schoemaker,1993;Jaworski & Kohli,1993)及波特的五种竞争力量(Porter,1985)等,这一思路暗含了客观解构的思想。客观解构思想认为环境是组织必须适应、匹配、控制或被控制的事物或力量,是独立于主体之外客观存在的,组织根植于外在而独立的环境之中(Child,1972)。根据这一观点,产业内的企业所面临的环境是相同的也是具体的,因此需要对企业所处的具体环境进行具体分析。

另一思路则是分析环境被感知的某一特征对组织行为和绩效的影响,这一思路本质上属于主观建构主义视角。主观建构主义视角主要强调决策者对环境的判断。该视角认为环境是一种认知的思维结构,环境本身并不重要,关键在于管理者的感知(Oreja-Rodríguez & Yanes-Estévez,2007)。例如,就环境的动态性特征而言,不同的企业对它的感知是不同的,环境动态特征对这些企业的影响也就不同。战略管理领域的学者较多关注的是感知的环境特征,一些学者更是主张管理者感知环境的方式比环境本身更重要(Miller & Friesen,1983)。因此只有当管理者感知到外部环境对组织的绩效有影响时,才会对外部环境感兴趣。学者也认同使用"感知的环境"衡量环境比客观衡量指标更具效度(Miller,1993),而且环境内容具有太大的个体差异性,而环境特征则具有一定程度的共同性(李大元,2008),采取主观建构的研究更具有传承性,更适合学术研究拓展。因此,本研究也采取主观建构主义的视角来分析环境动态对组织绩效和行为的影响,即以管理者的主观认知来衡量环境动态程度。

2.4.2 环境动态性理论概述

环境动态性是被广泛使用的反应感知环境特征的一个重要变量,在大量的组织理论和战略管理领域的研究中都有所涉及。国外许多学者对环境动态性的概念和内涵进行了界定与描述,其中一些较为典型的环境动态性概念具体如表 2.6 所示。

环境动态性可理解为产业环境中创新与变化的速度以及对竞争者和顾客行为预测的不确定性,重点强调变化的持续性而不是某段时期内稳定频率的变化(Miller & Friesen,1982,1983)。Dess & Beard(1984)提出环境动态性是指环境变化的频率、不可预测性以及无固定的模式可循等特性,可以通过环境变化的速度和环境变化的难以预测性两个方面来进行分析。高的环境动态性往往表现出环境变化的高频率性、无固定模式可循性、难以预测性等特性,这些特性是环境稳定与非稳定的重要测量要素(Priem et al.,1995)。环境动态性着眼于环境变化的速度以及环境变化时所带来的不可预测性程度:若环境要素发生了剧烈的变化,则环境动态性高;若变化很小,渐进式或缓慢进行,则环境动态性低。在这些环境动态性特征中,企业外部环境可以处于从稳定到非常动态这个连续体中的任何位置。

表 2.6　环境动态性有代表性的概念界定与描述

来　源	描　述
Dess & Beard (1984)	环境动态性通常是指企业所处环境变化的不可预测程度以及环境变化频率的大小
Miller & Friesen (1982,1983)	环境动态性可理解为产业环境中创新与变化的速度以及对竞争者和顾客行为预测的不确定性,重点强调变化的持续性而不是某段时期内稳定频率的变化
Jaworski & Kohli (1993)	环境动态性指的是环境变化速率大小及环境变化的难以预测性程度,且环境动态性正向影响环境不确定性,即环境动态性越高,则往往会伴随越大的环境不确定性
Glazer(1991)	环境动态性表现为事件数量的急剧增长、知识资源的频繁流动及幅度和方向上的显著变化、需求和成长的明显间断
Zahra & Bogner (2000)	环境动态性指产业中变化的不可预测性和变化率,这些变化主要指由竞争者的进入和退出导致的消费者需求的变化和技术条件的变化
Lumpkin & Dess (2001)	环境动态性主要指变化率和行业创新速度,也包括竞争者与消费者活动的不可预期性,以及这种不可预期性与不确定性对企业决策者决策时产生的影响
李正卫(2003)	环境动态性是指环境变化的不稳定性与不可预测性,越高的动态性往往表现得越不稳定与越难以预测,且不稳定性与不可预测性具有密切关联

资料来源:根据相关资料整理

　　竞争者进入或离开、消费者需求变迁等均可能导致环境动态性的变化(Dess & Rasheed,1993)。现有文献也多从市场动态(market turbulence)、竞争强度(competitive intensity)等特征来分析环境动态性(Li & Calantone 1998; Voss & Voss, 2000; Zhou et al. , 2005; Moorman & Miner, 1997)。市场动态性主要是指市场的顾客构成和顾客消费偏好的变化速度(Jaworski & Kohli, 1993)。竞争强度是指企业面临的产业竞争程度,在市场环境动态性高、竞争激烈的情况下,企业需要根据环境的变动不断地调整自身的战略策略、产品范围以及服务质量,以便更好地满足顾客不断变化的消费偏好,对竞争对手的行为做出及时有效的反应(Jaworski & Kohli,1993)。

环境动态性变化所带来的不确定性及不可预见性将影响企业在新产品上的投资额度与产品投放上的时间选择(Zahra & Bogner,2000),使得企业可能会在现有市场上锁定一个新的利基,并通过改变产品结构与工艺流程去满足它,抑或企业可能通过拓展其业务范围,甚至采用完全的新产品和新工艺,去满足在传统市场之外的一个利基/缝隙市场(Zahra,1993)。也就是说,这可能会推动企业在已有市场或新的市场中开发机会,并促使企业通过创新进行自我重新定义,决定其新的经营范围,以及通过解除、紧缩或重构已有组织对业务进行大幅度重整(覃蓉芳 & 马昆姝,2008)。

2.4.3 环境动态性与企业战略

组织环境与组织战略之间的关系如何这一问题始终占据着组织和战略管理研究的焦点位置。现有对于组织环境与组织战略之间关系的研究主要存在于信息基础理论(Lawrence & Lorsch,1967)、资源依赖理论(Pfeffer & Salancik,2003)和权变理论(Burns & Stalker,1961;Ven & Astley,1981;Hofer,1975)等流派中。

基于信息基础理论视角,学者认为环境动态性会影响企业的战略制定与选择。信息不确定性的观点(Daft & Weick,1984;Duncan,1972;Weick,1979)认为组织环境能够为组织战略决策者提供必要的信息,动态环境给企业识别与理解环境信息带来困难,会导致所需信息不足,从而给管理者决策带来困难(Aldrich,2007)。Li & Simerly(1998)的研究指出由于环境的动态性,企业决策者会面临不明朗的情形,无法制定成熟的战略,因此,他们认为环境动态性会限制管理者对环境进行评价并做出反应。Baum & Wally(2003)认为环境的动态性是环境中的不稳定因素带来的。动态环境带来了识别与理解因果关系所需信息的不足(Keats & Hitt,1988;Carpenter & Fredrickson,2001),从而会影响企业管理资源创造顾客价值的过程(Sirmon et al.,2007),以及影响企业采用什么样的竞争战略(Miller,1988)。

资源依赖理论认为环境动态性的真正原因在于缺乏对关键资源的控制,而非缺乏信息。环境是企业成长的资源池(Salancik & Pfeffer，1978)，决策者的目标就是通过采取战略行动降低对环境的依赖程度，或者增强对资源的控制能力，保持组织的有效性。Tan & Litschert(1994)的研究表明与环境动态性相适应的战略能够为企业带来较高的绩效。他们的研究发现中国的经济转型带来了较高的环境动态，并且由于市场机制不健全，环境所能提供的资源和选择非常有限，在动态复杂和资源相对贫乏的环境下，企业采取防守型战略可以为企业带来更高的利润和绩效。Li & Atuahene-Gima(2001)基于资源依赖理论，认为管理者在进行战略选择时需要考虑组织内部和其他外部关系，改变组织面对的约束和依赖系统，企业采取相应的关系战略能够显著降低对环境的依赖程度，并有效提升产品创新战略的绩效结果。

权变理论同样强调组织与环境之间的权变关系，认为战略管理的任务就是让组织更好地与环境相匹配(Burns & Stalker，1961；Ven & Astley，1981)。这一理论流派认为组织可以通过采取不同的结构和战略行动对环境作出适应性反应。Miller(1988)实证研究揭示了组织战略与环境之间的权变关系，他认为组织战略和结构要与环境相匹配才能为企业带来良好的绩效。具体来说，他认为与动态环境相匹配的创新战略，以及与稳定的、可以预测的环境相匹配的成本领先战略，都能为企业带来高绩效结果。另外一些研究也表明，环境动态性会影响企业的创新战略。在动态的环境中，企业倾向于采取寻求新资源、新机会的探索式创新战略，从而更有利于捕获环境变化带来的机会；而在稳定的环境中，企业倾向于采取开发利用现有资源与能力的开发式创新战略，最大化利用现有资源开发市场机会，从而为组织带来高绩效结果(Benner & Tushman，2003；李忆 & 司有和，2008)。Priem et al.(1995)以制造企业为样本，也证明了动态环境能调节战略决策过程与企业创新绩效之间的关系。

2.4.4 研究小结

通过对环境动态性已有文献研究的回顾，这一部分首先确立了环境动态性的分析视角。其次，在对环境动态的概念、内涵进行回顾的基础上，考虑到竞争者进入或离开、消费者需求变迁等均可能导致环境动态性的变化,而且这两方面变化对企业经营战略和竞争绩效之间关系的影响更为直接,因此研究将重点关注市场动态性、竞争强度这两个环境特征。最后,对基于信息基础理论、资源依赖理论和权变理论视角探讨环境动态性与组织战略之间关系的相关研究进行梳理,指出环境动态性是组织战略决策者需要关注的重要情境因素。

2.5   本章小结

承接上一章的研究概述及后续研究内容及要求,本章重点对研究内容中涉及的相关理论研究进行了系统回顾。资源基础观和顾客价值基础观以及动态能力理论是本研究的重要理论基础,服务创新和技术能力理论等是研究所涉及的重要概念。

在重点对服务创新理论研究进行综述的基础上,研究提出了制造企业服务创新战略的概念,结合制造企业服务转型特征辨析了维度构成,并对制造企业服务创新战略与技术能力、环境动态以及竞争优势之间的关系进行了归纳和梳理,指出欠缺和不足,并在此基础上进一步明确本研究的切入点和后续研究的理论基础。基于这些工作,我们认为制造企业服务创新战略会对企业竞争优势产生重要影响,但是其在不同技术能力、环境动态下影响机制会有所不同。在接下来的四章中,本研究将继续通过探索性案例研究、理论分析和实证检验的方式探究制造企业服务创新战略影响企业竞争优势的作用机制。

3 制造企业服务创新战略对竞争优势影响机制的案例研究①

本研究的研究问题是分析制造企业服务创新战略对竞争优势的影响机制,该研究问题属于热点现实问题,不同于那些易于从现实背景中抽象出来的理论研究问题。在前两章的基础上,本书初步建立了制造企业服务创新战略对竞争优势的作用会受到企业内部技术能力和外部环境因素的影响这些基本理论认识。但是,由于相关研究尚处于兴起阶段,现有学术研究领域对制造企业服务创新战略内涵和维度还缺乏清晰的认识,对其在不同技术能力水平与动态环境下对企业竞争优势有何种影响等问题还不能较好地解答。基于此,本研究在这一部分试图通过探索性案例厚实的描述,来确定制造企业服务创新战略"是什么"及其"怎样"影响企业的竞争优势(Eisenhardt,1989),以为后续理论模型构建以及大样本实证研究奠定基础。

3.1 案例选择与研究方法

3.1.1 案例选择

案例选择是案例研究中非常重要的环节,根据 Eisenhardt(1989)和 Yan & Gray(1994)等学者的建议,案例选择的基本要求是要保证案例企业相关指

---

① 本文核心内容已发表于《科研管理》2015 年第 5 期,名为《制造企业服务创新战略与技术能力的匹配——华为案例研究》。

标的测量所对应的数据与信息具有较高的可获得性,案例企业具有足够的代表性与典型性。对于案例样本的选择,不需用采取统计抽样方法随机选择案例。相反,为了深入剖析特定现象,在选择案例时可以基于理论抽样原则选择极端案例(Eisenhardt,1989)。由于本研究是为了发展理论而不是验证理论,因此采取理论抽样方法选择案例是合适的(Eisenhardt,1989)。另外在案例的数量选择上,Easton(1995)认为案例选择不能只考虑案例数量,大量来源相同的案例只能增加研究广度而无助于提高研究深度,如果研究问题是较为复杂的变量关系,就需要对一个案例进行深入分析。此处遵循上述案例选择的基本建议与要求,兼顾案例选择的理论抽样和数据可获得性的原则,最终选取了深圳华为技术有限公司(以下简称"华为")、深南电路有限公司(以下简称"深南电路")、杭州聚光科技股份有限公司(以下简称"聚光科技")作为本研究的案例企业。

在"案例企业具有足够的代表性与典型性"方面,华为作为成功通过服务创新战略建立竞争优势的中国制造企业典范之一,当前服务收入占到公司整体业务收入的35%以上[①],获得2011年的"年度全球电信管理服务增长与创新奖"等,其丰富的服务创新实践为我们提供了较好的研究机会(Yin,2003)。更为重要的是,在华为20余年的成长历程中,随着自身技术能力和市场环境的变化,其服务创新战略目标、内容也发生了明显的变化,这更有利于我们观察服务创新战略在何种情况下对企业的快速发展发挥作用。深南电路作为一家从事高端印制电路板(PCB)研发、生产和电子装联的多元化企业,自2003年实施服务创新战略以来,取得了良好业绩,目前已发展为全球前五大通信设备制造商、前三大航空航天电子厂商,并为全球500强企业提供产品与服务。深南电路开始实施服务创新战略的环境动态变化非常明显,有利于我们观察、理解外部环境与服务创新战略的关系。类似的,聚光科技作为我国分析仪器行业和环保监测仪器行业的龙头企业,从成立之初到快速发展阶段,其服务创新战略发挥了重要作用。经过不到10年的发展,聚光科技就已成为环境与安

---

① 数据来源:《华为技术有限公司2011年年度报告》。

全监测等领域世界级综合解决方案及服务供应商,其以先进的检测、信息化软件技术和产品为核心,为环境保护、工业过程、公共安全和工业安全等行业客户提供分析测量、信息化和运维服务的综合解决方案及服务。可见,这三家企业具有足够的代表性和典型性,分析这些服务创新成功企业不仅能得到一些重要启示,也符合案例研究中的关键性案例要求。

在满足典型性的基础上,案例选择还要满足"案例相关指标的测量所对应的数据与信息具有较高的可获得性"这一要求。首先,以上三家案例企业都已经创建并运营较长一段时间,华为和深南电路都经历了超过 20 年的快速发展,经营时间最短的聚光科技成立于 2002 年,也已经取得了近 10 年的快速成长,它们都可以较好地满足采集案例企业相关指标的历史数据要求。其次,华为和深南电路作为国际知名企业,相关的新闻报道、专著、研究论文和企业内部出版物等二手资料极为丰富。而且笔者有多位同学和校友长期在华为和深南电路任职,凭借"关系优势"有利于获取访谈和实地调研等一手数据。聚光科技虽然成立年限较短,但其在 2011 年登陆创业板,信息披露得非常详细。另外,聚光科技与笔者单位处于同一城市,便于开展实地调研。笔者通过积极努力已与公司及其利益相关者建立了良好的关系,这在一定程度上能保证研究所需数据的可获得性。

表 3.1　案例企业简介

	深南电路	聚光科技	华为
主要产品	集成电路板(PCB)	高端监测仪器	通信设备
主营业务所属行业	其他电子设备制造业中的电子器件制造子行业	专用仪器仪表制造业	通信设备制造业
成立年份	1984	2002	1987
主要产品市场	全球	国内市场	全球市场

3.1.2　数据收集

本研究主要通过文档收集和实地调研访谈两种途径获取研究所需的案例数据:

(1)文档资料收集。文档收集的来源主要有：①公司网站主页；②中国知网、维普网等国内著名的学术文献数据库；③有关行业、企业人员及企业领导人的专著；④国内一些著名的财经类网站、报纸以及数据库，如和讯财经、经济观察网、国研网、《中国证券报》、《证券时报》、《21世纪经济报道》等。研究收集的文档类型主要有：①公司年报、公告；②有关企业的案例分析类文章或报道；③公司董事长或总经理的重要讲话；④一些行业分析报告。通过以上途径收集文档资料的目的是核对访谈中获得的事实数据，补充在访谈中被访者因为时间限制而没有详细阐述，但特别指明在文档资料中有详细记载的事实数据。

(2)实地访谈。实地调研访谈是最主要的数据收集方式，在所有的访谈中，除去两例是在随机场合的非正式交流外，其余均为研究者与受访人员面对面的正式访谈或是通过电话进行的深度访谈。在正式访谈中，效果最好的是到企业办公地点与中高层管理者进行面对面的访谈交流，通常企业安排的受访人员会是两名以上，因此在这类正式访谈过程中可以更为深入地了解企业的信息，而且便于对同一企业的不同受访者对同一问题所提供的信息进行比较。但是获得这样安排的机会比较困难，在案例研究中两家企业都安排了这类比较正式的访谈，每次访谈时间都长于2个小时。其余的正式面谈通常是通过个人关系网络来进行，一般会安排在僻静的场所，如咖啡馆、茶吧等场所与受访者进行交流，如对深南电路、华为这两家企业就是在这类场所进行的访谈，一般来说这种访谈效果也比较不错，访谈期间受访者一般比较放松，会引申出很多实例。这类的访谈每次时间都超过3个小时。由于时间和空间的限制，本研究也采取了另一种比较正式的访谈方式，即通过电话与企业中高层管理者进行半结构化式的访谈交流，每人访谈时间不长于1个小时。

案例的访谈基本上分为两个阶段：第一个阶段，访谈为半结构化方式，采用以开放式问题为主的访谈提纲，访谈问题主要包括企业发展背景及主营业务情况，企业如何看待客户的需求变化，主要为客户提供哪些形式的服务，以及对服务创新作用的认识和具体采取的服务创新行为等。第二个阶段，在对访谈和收集的资料进行初步整理并与文献比较后，开始聚焦于询问企业的服务创新与现有有形产品业务之间的关系、对企业市场竞争的作用,以及影响服务创新战略的一些关键因素等问题。在两个阶段的实地访谈过程中,我们还根据不断涌现的新发现对访谈提纲和访谈问题进行滚动式的修正和补充,因此访谈提纲的结构化程度随着研究进程的深入而有所提高。所有的访谈均进行了现场笔录,70%以上的访谈内容同时进行了现场录音(除去被访谈者明确提出不许录音外)。

表 3.2 案例企业访谈工作开展情况

	调研时间	访谈类型	访谈时间	受访者任职部门或职位
	2010 年 10 月	电话访谈	合计 4 小时	战略部;全球技术服务部
深圳华为	2011 年 4 月	电话访谈	合计 2 小时	营销服务部;技术服务部
	2011 年 11 月	实地访谈	合计 6 小时	营销部;技术服务部;技术服务欧洲部
深南电路	2010 年 10 月	电话访谈	合计 3 小时	战略规划部;技术服务部
	2011 年 11 月	实地访谈	合计 4—5 小时	技术服务部;营销总监;技术副总
聚光科技	2010 年 11 月	实地访谈	合计 2.2 小时	副总裁
	2011 年 7 月	实地访谈	合计 3 小时	市场总监

注:按照被访者要求,此处隐去被访者姓名及具体职位信息。

3.1.3 数据分析

数据分析是案例研究的核心(Eisenhardt,1989)。根据 Yin(2003)和 Eisenhardt(1989)的观点,多案例研究如同进行了多个实验,因而能够对相同的逻辑过程进行重复,并且每个案例的结论都可以相互验证。因此,我们数据分析时先逐一进行单案例分析:首先构建每个案例企业的发展历史,接着分别对每一案例进行分析,识别每个案例企业的服务创新战略及其与竞争优势的关系以及影响因素;然后进行跨案例的分析,对案例发现进行总结。

对访谈数据和文本资料,首先进行归类并分析浮现出来的概念和思想(Miles & Huberman,1984),并不断对这些概念进行比较,目的是从大量的定性资料中识别、提炼共同的主题。然后以这些浮现的主题和构念为参考,对数据进行分析,把与每一不同主题相关的句子进行分类,并逐渐发现识别新浮现的主题。一些早期阶段浮现的主题,在后续的访谈过程中如果被发现缺乏理论意义或者应看作其他的理论主题,则被放弃。在第一阶段,资源基础观视角并不是数据分析的焦点。然而,随后浮现出来的一些与服务创新战略和组织结果相关的主题明显与技术能力相关。因此,在后续阶段开始聚焦服务创新战略与企业技术能力之间的关联。数据分析表明,在企业的不同发展阶段,企业技术能力与所采取的服务创新战略及组织竞争收益之间存在关系。

在具体的分析过程中,我们忠于数据,如果从不同的数据源得来的数据不一致,则采用与被访谈人电话联系的方式对数据进行确认与修改,并且根据相关案例研究的建议(Yan & Gray, 1994),采用与其他研究人员共同进行案例分析的方式,即由笔者和所在研究团队其他两名博士研究生共同对案例数据进行分析,并在大团队中汇报案例研究报告,就一些关键议题的理解进行讨论和交叉检验。同时基于三角测量的原则,每一阶段的访谈数据,都与通信设备产业的研究报告、学术研究报告和华为内部刊物等公开数据进行对比验证(Eisenhardt, 1989)。由于案例研究的时间较长,为避免回溯性释义(retrospective sensemaking)带来的误差(Eisenhardt & Graebner, 2007),案例分析过程中对于一些历史性的事件较多以公开数据进行证实。

值得指出的是,除了深南电路只表现出一种服务创新战略外,另外两家案例企业明显存在两种不同类型的服务创新战略,并分别对应企业的不同发展阶段。除了深南电路发展阶段特征不明显外,另外两家案例企业的不同发展阶段,不仅服务创新战略的类型存在差异,企业的技术能力水平和市场环境也存在差异,而这正是本研究所关心的重点。因此,为了使研究更有意义,本研究将这两家案例企业都划分为两个不同发展阶段进行案例分析。这种阶段划分是实施研究规划、访谈指导设计、材料组织和分析以及案例研究写作等研究活动的重要的方法论工具(Figueiredo, 2002;江诗松等, 2011)。

3.1.4 变量衡量

学者们指出,案例研究是归纳式的,主要概念应该由数据中涌现而出(潘绵臻 & 毛基业,2009),而为了有利于知识积累,研究者又应该尽量应用现有文献中的衡量方法,调和这两者的关键在于从现有文献中选择与数据最为匹配的一种方式(江诗松等,2011)。本研究在第 2 章的基础上,通过对原始数据、总结和文献之间的多次迭代比较,产生了用于构建理论的变量(Greenwood & Suddaby,2006),并最后确定了变量的衡量方式。当然,这里变量衡量主要采用定性描述的方式。

其一,对服务创新战略的衡量。根据第 2 章"制造企业服务创新与竞争优势相关研究综述",服务创新战略作为制造企业经营战略的重要部分,是制造企业以顾客为中心做出的在何种程度上、如何运用服务创新为顾客创造更多价值、提升竞争优势的相关决策。根据 Menor et al. (2002)与 McDermott & Prajogo(2012)的研究,依据创新程度不同,服务创新战略可以分为渐进式和突破式两类。渐进式服务创新战略主要体现为企业强调通过完善服务流程、体系对现有服务内容进行扩展,为市场提供优质服务参与市场竞争。突破式服务创新战略强调企业开发新的服务,甚至提供新的设计和创造新的市场,为客户创造独特收益(Menor et al.,2002;McDermott & Prajogo,2012)。采取上述分类方法,应用案例研究中提供的定性数据,通过评价制造企业所采取的战略行动对两种服务创新战略进行度量。

技术能力包含生产能力和技术创新能力(Jonker et al.,2006)。具体而言,技术能力表现为焦点企业的产品质量、可靠性等性能和新产品开发两个方面。此外,我们根据已有文献中的惯例采取量化的专利数据来补充衡量技术能力。综合以上指标,并根据与竞争对手的差异,本部分的研究将案例企业的技术能力分为"国内较弱"、"国内一般"、"国内领先"以及"国际先进"四个层级。

环境动态性是指外部环境带来的不确定性的大小(Mendelson,2000;Baum& Wally,2003),是表征企业的外部环境的一个重要指标。Zhou et al. (2005)、李忆 & 司有和(2008)在研究创新与企业绩效的关系时,把企业所处环境分为市场动态性和竞争强度两个方面。借鉴上述研究,我们重点关注市场动态性和竞争强度这两个基本的环境动态性构成维度对制造企业服务创新战略与竞争优势关系的影响作用。市场动态性主要是指顾客构成和顾客偏好的变化速度(Jaworski & Kohli,1993;Slater & Narver,1994)。竞争强度主要是指市场竞争的激烈程度(Zhou et al.,2005)。综合以上指标,本部分的研究将案例企业的环境动态性分为"相对较高"、"相对中等"、"较为稳定"三个层级。

其二,对竞争优势的衡量指标。竞争优势作为服务创新战略实施的结果,体现服务创新战略在帮助制造企业获得和保持有利的市场位势方面的重要意义,决定了企业能否获取更高的财务绩效和市场优势(Barney,1991;Grant,1991)。Day & Wensley(1988)也认为在财务指标的基础上辅以市场优势指标,能够更为全面地理解企业竞争战略的绩效含义。因此,在研究中竞争优势操作化为企业市场绩效和企业财务绩效。根据 Lee et al. (2001)、Park & Luo(2001)、Calantone et al.(2002)的研究,采用企业销售额增长情况、产品市场竞争力等非财务指标衡量市场绩效,用财务状况指标——利润率来衡量财务绩效(Andersson et al.,2002;Rowley et al.,2000)。采用财务和非财务指标相结合代理测量竞争优势也是现有文献中最为常用的方式(Hunt & Morgan,1995),这两类指标通常能反映企业竞争优势的全貌,并且两者之间具有较好的一致性(Day & Wensley,1988;刘雪峰,2010;Zhou et al.,2009)。

3.2　深南电路案例分析

3.2.1　企业概况

深南电路有限公司(以下简称"深南电路")成立于 1984 年,1987 年开始正式投产,1991 年正式更名为"深圳中航企业集团深南电路公司"。目前,深南电路已逐步发展成为集高端印制电路板(PCB)工艺研发和生产、电子装联为一体的多元化企业,年生产高端印制电路板能力达 75 万平方米。近年来,深南电路围绕"一个核心、三个重点、两个关注"的市场定位,形成了以通信设备为核心,以航空航天电子、工控/医疗、汽车电子为重点的战略格局,为全球前五大通信设备制造商、前三大航空航天电子厂商等企业提供产品与服务。

从深南电路的发展路程来看(参见表 3.3),1991 年至 2001 年,深南电路的发展比较缓慢,其技术水平处于中游,在全国众多的 PCB 厂商中缺乏竞争力,好在作为中航集团的下属企业,其产品中的 80% 得以被集团消化。2001 年后,随着中航集团的市场化改革,深南电路正式更名为深圳市深南电路有限公司,开始真正面向市场,并以技术创新和服务创新作为促进公司发展的有力手段,于 2003 年成立了管理创新办公室,推进服务创新战略实施。2005 年其即被认定为深圳市企业技术中心,并下发了《市场服务管理体系建设推进管理办法》。2008 年,该企业服务创新、服务管理经验在中航集团得到推广。

表 3.3　深南电路关键事件

年份	具体关键事件
1984	深圳市深南电路有限公司宣布成立
1990	正式更名为"深圳中航企业集团深南电路公司"
1991	成为 IPC 会员,产值达到 2310 万元
1997	公司随中航实业捆绑在香港及 H 股上市
2000	正式更名为"深圳市深南电路有限公司"
2001	被深圳市人民政府评为"深圳市 2000 年度质量工作先进单位"
2003	"混合材料高频多层印制电路板"项目顺利通过科技成果鉴定;公司成立了服务管理创新办公室,推进市场、服务创新战略实施
2005	12 月,成为深圳市首家 PCB 企业技术中心
2006	9 月,公司被评为"深圳电子信息产业自主创新优秀企业";11 月,"高多层通讯背板"产品被列入"2006 年度国家重点新产品计划";12 月,公司被评为第四届"深圳知名品牌"
2008	获深圳市首批"自主创新行业龙头企业"认定
2009	获全国企业创新成果一等奖、深圳百强企业称号
2010	荣获国家认定"企业技术中心"

3.2.2　企业外部环境、技术能力与服务创新战略

2000 年以后,随着中航集团市场化改革的启动,深南电路开始真正面对开放的市场竞争,企业的外部市场环境发生了明显变化。首先,与深南电路原有环境相比,竞争激烈程度发生了明显变化。当时,我国 PCB 行业企业数量众多,竞争非常激烈,市场集中度即可反映这一点。2005 年国内 1000 多家 PCB 生产厂商中尚未出现市场的主导者,整体处于高度分散的状态,最大的 PCB 厂商市场占有率也仅有 3.12%,多数企业的市场份额不足 1%。① 深南电路所从事的高密度、多层 PCB 研发制造业务,正属于竞争最为激烈的中端市场。其次,与以往深南电路单一的市场相比,顾客构成和需求偏好发生了明显变化。深南电路原来的客户主要是航天集团等军工企业,顾客结构和需求都较为稳定。而现在,深南电路要面对的客户分布在如医疗、通信、汽车电子和工控等各个不同行业。

在企业技术能力方面,作为老牌的国有企业,深南电路虽然从成立至今已经快 30 年,但是技术能力水平一直比较低,属于"国内一般"水平。在产品性能和质量方面,受访者指出,"在质量上能够有保证,毕竟我们原来是做军工产品的",但是"产品性能与竞争对手相比还差一些,特别是多芯片封装技术和信号完整性方面","像汽车电子、掌上电脑、手机等便携式或小型化设备,就需要有很强的高密电路设计实力,这方面我们也比较弱"。另外,从专利申请数量上也可以发现深南电路技术能力水平较低(参见表 3.4)。在 2005 年之前,深南电路没有一项专利申请,研发投入比例也不到销售收入的 1%。根据受访者介绍,"少量的研发投入也主要投向生产工艺改进、质量控制等方面,基本上没有进行技术上的发展研究"。企业在 2005 年才成立技术中心,逐步重视技术能力的培育和积累。整体上,"与竞争对手相比,在技术实力方面深南电路并不具备明显的优势"。

---

① 资料来源:英大证券研究所行研报告:跟随下游需求动态,把握技术创新趋势——电子行业之 PCB 投资策略(2011.03.28)。

表 3.4　深南电路专利情况

年份	专利申请情况
2005	发明专利 1 条
2006	发明专利 4 条
2007	发明专利 5 条,实用新型 2 条
2008	发明专利 3 条,实用新型 2 条
2009	发明专利 38 条,实用新型 48 条
2010	发明专利 89 条,实用新型 164 条
2011	发明专利 42 条,实用新型 2 条

数据来源:中华人民共和国国家知识产权局网站(http://www.sipo.gov.cn/)。

当真正面对市场时,深南电路发现自己在激烈的市场竞争中"有点找不到方向"。受访者坦言:"当时压力非常大,拼技术我们几乎没有什么优势,而且短期内提升技术也不太现实,拼价格让我们的利润很低……公司想了很多办法,虽然效果不大,但是至少我们明白等待客户订单的时代已经过去了。"

正是在这样的情况下,深南电路开始真正关注客户需求,并意识到有效识别、提供独特的客户价值和正确定位目标市场是企业市场价值实现的关键。然而企业在技术能力不足的情况下,短期内实现产品技术性能上的突破为客户创造独特的价值也不现实。而与技术创新相比,服务创新能够快速执行(Voss,1992),并能为客户提供独特的收益和价值(Miller,1986),进而提高客户感知满意程度,将之转化为良好的客户关系(Storbacka et al.,1994;Hu et al.,2009),从而增加交易量(Anderson et al.,1994)。因此,深南电路决定通过服务创新"锁定客户、开发客户和保持客户"。公司在 2003 年成立了服务管理创新办公室,开始全面推进服务创新战略。

深南电路最初的服务创新战略主要体现为:对服务过程的改进创新,提升服务质量和服务效率。在服务创新战略实施之前,深南电路只是按照行业惯例提供客户维护和产品交付两个方面的客户服务,而且在执行这些服务过程中,服务质量不高,常出现如订单交付延迟、客户问题解决拖延等问题,客户经常抱怨。经过分析后,深南电路发现造成这些问题的一个主要原因是企业与客户之间的交互界面和企业内部不同功能主体间的交互界面之间是割裂的。

服务界面作为一个交互的服务运作系统(Delene & Lyth，1989)，包括外部界面和内部界面两个层次：外部界面是顾客与企业之间的交互界面，顾客与企业外部界面要素接触时所发生的交互障碍是显性交互障碍。内部的交互界面主要表现为服务体系内部的员工、管理者、产品部门、功能部门等之间所发生的两两交互，由这种两两交互所产生的交互障碍是隐性交互障碍(Burke，2002)。深南电路内部界面所产生的隐性交互障碍转化成了企业与顾客界面的显性交互障碍，影响了外部界面交互行为的具体表现和质量，从而导致顾客无法获得稳定、一致的服务体验和服务感受(Burke，2002；Patrício et al.，2008)。

深南电路立刻针对这些问题对原有服务流程改进创新。当第一时间接触客户的服务人员向组织内部传递顾客需求、顾客问题等信息时，启动包含 T(技术)、Q(质量)、R(响应)、D(传递)四个单元的服务团队，而且在服务过程中统一了界面接口，"客户现在从一个接口就可以了解到全面的信息"，从而有效解决了原有外部服务界面与内部服务界面脱节的问题，既保证了沟通的顺利，又保障了服务质量，提升了顾客的服务感知体验。

除此之外，深南电路还引入了新的工具和软件，分解、规范客户服务流程中各个服务环节的工作内容和时间，以保证服务质量和服务效率。具体做法上，以订单交付服务为例，首先，深南电路采用六西格玛管理工具和青铜器管理软件对服务流程进行创新改进：①定义订单交付服务过程的关键事件点，把顾客订单交付服务分为 A0 到 A9 十个节点；②制定各节点间的目标时间；③规定各节点详细服务内容；④明确各节点起始时间；⑤完备各服务节点记录及应用条件。其次，深南电路在服务内容方面也不断进行创新，增加新的菜单项或是新的环节。如在原有订单交付服务中，增加订单追踪服务这一新的环节，在订单交付后定期回访客户，询问并了解客户使用产品中的问题和建议等。

3.2.3　服务创新战略的绩效结果

经过这些服务创新努力,深南电路的服务风格、服务效率和质量等有了明显的改善,也得到了客户的认可。霍尼韦尔航天航空亚太区采购经理韩先生评价说:"深南电路是我们亚太区主要的供应商之一,我们明显能够感受到深南电路对客户问题认真负责的态度,其专门的客户服务团队保证了问题解决的高效、及时,使我们之间的业务合作不会因为各种意外而受到干扰⋯⋯这几年我们之间的产品订单基本保持了50%的增长速度。"

访谈中,受访者也指出,深南电路实施服务创新战略带来的最大收益就是客户订单数量的增长,"华为的订单从2004年的2000多万元快速增长到2009年的1.47亿元"。深南电路"相继成为诺西、华为、阿朗、ANALOGIC、TTM等客户的重点或金牌供应商"。这使得深南电路在技术能力较弱、市场竞争度高、产品价格大幅下降的趋势下,实现了销售收入持续快速增长,保持了年均25%以上的增长速度(如图3.1所示)。在访谈过程中,受访者指出:"服务创新战略肯定会对营业利润有影响,我们的产品定价会高一点,虽然投入的成本也较大⋯⋯但具体效果没有进行财务统计,不好说。"

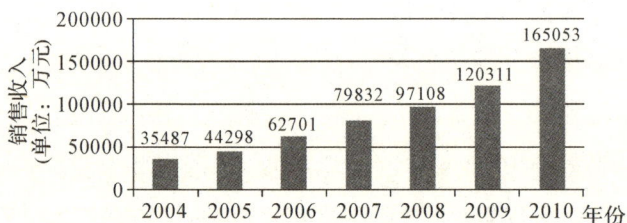

图3.1　深南电路销售收入:2004—2010

3.2.4　案例小结

从上述案例分析中可以看出,深南电路主要存在这样一类较为明显的服务创新战略(见表3.5),具体表现为拓展现有服务与服务流程、改进服务界面。这一服务创新战略能够通过提升服务质量和效率,降低客户产品使用成本,从而增加客户感知价值收益,增强产品竞争力。

表 3.5　深南电路服务创新战略内容

深南电路服务创新战略	具 体 表 现
服务改进	统一并理顺企业与顾客交互的服务界面,常态化内部协调机制,缩短对客户问题的响应时间 引入新的工具和软件,分解、规范客户服务流程中各个服务环节的工作内容和时间,改进服务质量和服务效率等特性
扩充服务产品线	增加新的菜单项或是新的环节,如在原有订单交付服务中,增加订单追踪服务这一新的环节等,在订单交付后定期回访客户

此外,在案例分析过程中发现,深南电路从较为稳定和缺乏竞争的环境突然转入需求存在很大的波动、竞争激烈的市场环境时,适时地选择、实施服务创新战略,在市场上建立了新的竞争优势,弥补了技术能力不足所带来的竞争劣势,使得企业产品销售收入快速增长(参见表 3.6)。

表 3.6　深南电路案例分析结果

环境 动态性	竞争强度	市场竞争强度高。证据:市场集中度较低;产能增长过快,供需失衡
	市场动态	市场动态性较高。证据:目标市场从较为单一、稳定的航天工业市场进入到汽车电子、通信、工控医疗等行业的民用市场,顾客构成和偏好发生明显变化
技术 能力	国内较弱	国内一般。证据:"产品性能与竞争对手相比还差一些";2005 年前公司尚无一项专利申请,至 2009 年仅有发明专利 13 项;研发投入低于销售收入的 1%
服务创 新战略	渐进式	改进服务流程,提高服务响应和服务质量;改进服务界面,使提供服务特性在一定程度上发生变化;扩展现有服务,增加新的服务过程
竞争 优势	市场绩效	2006—2010 年,深南电路实现市场销售额 25% 的年均复合增长
	财务绩效	存在影响,有助于提高产品定价

3.3　聚光科技案例分析

3.3.1　企业概况

聚光科技(杭州)有限公司(以下简称"聚光科技")成立于 2002 年,注册资本 40 万美元,主要从事应用于环境监测、工业过程分析和安全监测领域的仪器仪表的研发、生产和销售，以先进的检测、信息化软件技术和产品为核心，为环境保护、工业过程、公共安全和工业安全提供分析测量、信息化和运维服务的综合解决方案及服务。经过近10年的发展，聚光科技从成立初期不到30人的创业团队发展到目前拥有8家下属企业和分公司，员工人数约1500人的分析仪器行业和环保监测仪器行业的龙头企业，产品和服务解决方案广泛应用于环保、冶金、石化、化工、能源、交通、水利、制药、食品、酿造、农业、航空等众多领域，出口美国、日本、英国、俄罗斯等20多个国家和地区，并于2011年4月在创业板上市（股票代码300203）。

聚光科技最初创立时主要从事工业过程气体分析仪器设备的研制与开发，目前其主营业务逐步拓展到环境监测仪器设备与系统、工业过程分析仪器设备与监测系统及安全监测仪器与系统三大领域，直接为行业用户提供专家式服务、个性化解决方案，满足客户的特殊需求。

从聚光科技的发展历程来看，业务范围和增长状况存在较为明显的变化。从公司的主营业务范围看，最初公司主要以激光在线气体分析仪器单一产品在钢铁领域的销售为主，后期才进入多行业多领域进行多产品及个性化服务解决方案的开发与销售；从公司的业务增长状况看，前期公司刚刚成立，主要是以产品研发为主，业务规模不算很大，发展速度还不是很快，后期随着产品和服务方案业务领域的拓宽，销售收入不断扩大，公司处于快速发展期。以此为依据，本研究在咨询公司管理层意见的基础上将公司大致划分为两个阶段：第一阶段，2002—2005年，为公司初创成长阶段；第二阶段，2006—2010年，为公司快速发展期。

在这两个发展阶段中，聚光科技的市场环境、技术能力水平以及服务创新战略都发生了一定程度的变化。为了更为清晰地理解各个变量之间的关系，以下部分主要按照聚光科技发展的纵向历程进行分析。

3.3.2 初创成长阶段(2002—2005)

环境动态性。聚光科技成立之初，主要是面向我国钢铁行业开发气体分析仪器。首先，从当时的市场情况来看，钢铁行业的在线气体分析仪器市场基本上被一些跨国巨头如西门子、ABB、美国哈希公司等公司垄断。而且仪器仪表行业生产厂商众多，虽然聚光科技从一开始就立足于高起点，但是同样面临着国内外先进企业的挤压，竞争比较激烈。其次，作为市场的新进入者，聚光科技面临的市场需求存在很大的不稳定性和模糊性。半导体激光在线气体分析仪器是生产企业工艺控制、安全生产的重要技术手段，与企业的生产工艺流程紧密相关，专业性较强，不同行业、不同企业客户需求的差异性较大。顾客对新产品了解不多，对价格不敏感，但对产品的利益很看重。由于对产品性能不太信任，客户是否愿意承担转换风险，接受这一新的技术和产品还存在很大的不确定性。可见，聚光科技面临的市场动态性较高。

技术能力。 初始阶段，聚光科技虽然从成立开始就立足于高起点，进行先进技术产品的开发和研制，公司的第一代产品主要是在半导体激光吸收光谱技术平台上开发激光在线气体分析系统。从 2002 年年初公司成立到 2003 年6 月，公司完成了半导体激光气体分析仪样机开发，并通过省级鉴定（为国内首创，达到国际先进水平）。2003 年 11 月，半导体激光气体分析仪通过 CMC 认证，获制造计量器具许可证，开始小批量试生产，并开始投放市场。产品虽然在产品技术上较为先进，对工作温度、湿度、粉尘和流速等要求远低于传统气体分析仪器，但也"面临着产品性能、质量不稳定的困扰"，产品在"可靠性、稳定性"方面的问题依然突出。在产品开发能力方面，聚光科技从 2003 年完成了半导体激光气体分析仪样机开发后，又陆续开发了四款产品，并在 2005 年年底完成了所有关键技术的开发。另外从专利上来看，截至 2005 年，聚光科技发明专利申请共 8 项（2003 年 2 项，2004 年 3 项，2005 年 3 项），实用新型专利 5 项（2004 年 4 项，2005 年 1 项）。可见，聚光科技作为初创企业，虽然起点较高，并且经过艰苦努力逐步积累了一定的技术能力，但在整体上技术能力仍属于一般水平。

服务创新战略选择。 激光在线气体分析仪器作为客户企业工艺控制、安全生产的重要技术手段，一旦发生故障，可能对客户正常的生产运营造成极大的影响，因此，客户选择产品时十分重视供应商"产品的可靠性、稳定性"，往往因为担心转换到新产品会带来质量不确定性等风险而拒绝使用新进入者的产品(Schmalensee，1981)。并且新进入者需要在产品操作方式、安装调试、维修保养等方面提供培训和指导等增值服务降低顾客风险(Zeithaml，1981)，以克服市场在位者建立的先发优势。

正是在这一情况下，聚光科技为了消除客户对公司新兴技术产品的疑虑和担心，同时弥补企业技术能力方面的不足，选择实施渐进式服务创新战略，为客户提供及时、完备的服务。这一时期聚光科技的服务创新战略主要表现在改进和完善服务体系以及拓展服务内容两个方面：①在服务流程体系方面进行创新，聚光科技逐步完善服务网点，先后在14个省市设立了技术服务网点，覆盖了主要客户地区，并构建了三级垂直服务体系，每一网点都配置专业技术服务团队，由公司的工程服务部统一协调管理；制定现场服务标准，规范服务流程，并对技术服务人员开展培训，以保证服务质量和风格的一致。②在服务内容方面，聚光科技在技术交流、现场勘察、订单交付、现场安装、调试服务的基础上，逐步增加了备件支持、客户操作培训、技术应用培训等服务，帮助客户解决产品使用方面的问题；建立并完善客户服务呼叫中心，设立400700755客户专线等，并做到国内客户48小时内现场服务等。正是通过这一战略努力，聚光科技形成了较为完善的服务网络和及时专业的服务风格，并能够为顾客提供优质、高效的客户服务。

服务创新战略的绩效结果。从聚光科技服务创新战略实施效果来看，聚光科技在2003年半导体激光气体分析仪研制成功后开始向钢铁行业市场投放，在高质量的安装、维护、现场指导等服务的支持下，短短的两年时间就实现了销售收入的快速增长，销售收入从2003年的100万元，迅速增长到2005年的5000万元，市场份额快速上升，在钢铁行业市场占有率超过50%，并取得较高的顾客满意度。在营业利润方面，作为新进入市场者，聚光科技在开拓市场、研发、管理费用等方面支出巨大，受访者也指出"会有贡献，但是很难具体评价对营业利润的影响"。

3.3.3 快速发展阶段(2006—2010)

环境动态性。这一时期，聚光科技所面临的市场环境发生了明显的变化。

首先,市场竞争强度增加。随着市场拓展,国际国内知名企业都相继把拓展高端市场作为重点。随着跨国巨头的原有垄断逐渐被打破,如西门子等跨国企业改变了以往的竞争策略,开始在国内市场拿出技术先进的产品参与竞争,也使得竞争呈现加剧的趋势。其次,顾客构成和需求偏好也发生了明显变化。随着公司业务的拓展,产品应用行业非常广泛,包括石化、煤化工、钢铁、医药、食品、燃气、交通管理、科研、建筑等行业。由于涉及行业众多,需求趋向复杂多变。而且聚光科技的产品作为客户工艺控制、安全生产、环境保护的重要技术手段,与每一客户的生产工艺流程紧密相关,"即便是同一细分行业内客户的需求也千差万别","但是在技术发展上未出现明显变化"。

技术能力。这一阶段聚光科技通过精心培育,基本形成了行业领先的核心技术能力。从产品质量和性能上看,聚光科技于 2005 年年初通过 ISO9001,2009 年 7 月通过了 CMMI 3 级评估,通过对 FQC 检验规范的严格评审与检验人员的资格认证,确保了产品的质量可靠。随着公司关键技术的开发成功,产品性能方面也得到很大提升,"与竞争对手相比毫不逊色"。在新产品开发方面,聚光科技公司逐步掌握了光谱类、分析化学类、色谱类、电化学类、光纤传感类等分析技术平台,能够自主开发技术先进、适应性强、具有自主知识产权的系列产品和解决方案。另外,从专利数量上看,2006—2011 年共取得发明专利107 项(参见表 3.7),登记计算机软件著作权 77 项,增长显著。

表 3.7　聚光科技专利申请情况(2006—2010)

年份	专利申请情况
2006	发明专利 5 条,实用新型 6 条,外观专利 2 条
2007	发明专利 6 条,实用新型 7 条
2008	发明专利 20 条,实用新型 24 条
2009	发明专利 23 条,实用新型 18 条
2010	发明专利 42 条,实用新型 37 条

数据来源:中华人民共和国国家知识产权局网站(http://www.sipo.gov.cn/)。

服务创新战略。在进入快速发展时期后,聚光科技的服务创新战略的重点和目标也发生了明显的转变。聚光科技的服务创新战略之所以发生明显的变化,与市场竞争和需求的变化以及企业技术能力的提升有关。新阶段竞争变得越来越激烈。同时市场需求也发生明显变化，更希望获得能够符合其生产特点的行业应用方案。但国外先进企业由于进入国内市场方式的限制对这方面的需求关注不足，这就为聚光科技提供了新的机会。受访者也谈道："国外厂商通常是通过国内的代理商来销售仪器，这种方式对于国外企业来说资源利用率高……但是由于合作厂商不掌握仪器的核心技术，缺乏针对不同细分行业的应用开发，很难满足客户深层次的定制化需求。"公司利用掌握的关键技术，进行应用服务方案的开发，不仅可以在较短时间内实现进口仪表无法满足的特殊需求，避开"硬碰硬地与跨国公司竞争"，还能尽可能地发挥自己的技术优势。这一阶段聚光科技的服务创新战略主要表现为：

（1）根据客户个性化要求，不断地向环境监测市场推出新的服务产品和服务方案。

聚光科技为了更有效地开发适合客户需求的服务产品，在研发部下增设行业解决方案部负责新服务开发，并将新服务开发纳入企业已建立的 PLM 一体化产品开发平台，基于市场需求进行开发设计，采取跨部门、跨系统的协同并行工作方式，以利于对客户需求的快速响应。目前，聚光科技经过不断努力，已经形成了多层次的服务产品，如针对各地政府希望能对本地环境进行监测和管理的需求，为政府用户开发了"城市大气复合污染监测服务方案"、"地下水监测服务方案"、"VOCs 在线监测服务方案"、"空气质量在线监测服务方案"、"数字环保信息系统"等服务产品。

如图 3.2 所示，公司"数字环保信息系统"服务方案采用先进的通信技术构建了环境气体监测、环境水质监测以及视频监控等多种环境监控网络，整合排污收费、环境统计等数据信息，建立环保信息数据仓库，实现数据资源的共享和开发利用，为环境管理核心业务提供数据协同和挖掘服务，快速生成各类图表、报表、专题图，同时结合环境模型、评价方法等为环境管理决策提供信息支持。

目前，聚光科技已经完成了沈阳市环保局环保监控服务方案、河南省环保厅水质污染源监测服务方案和湖南省建设厅环保厅污水处理监测系统服务方案等多个城市级综合环境监测服务方案的开发项目。除了为政府部门提供城市级环境监测服务方案外，聚光科技还为四川五粮液集团、山西太原钢铁集团

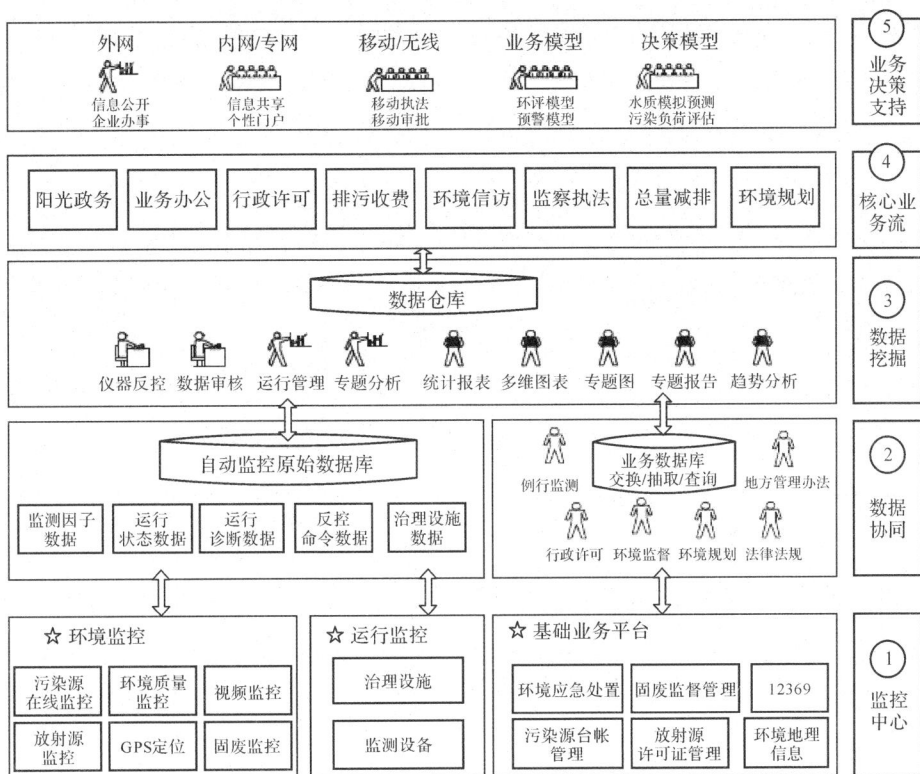

图 3.2 聚光科技"数字环保信息系统"服务方案

和内蒙古乌海德晟化工集团等公司开发企业级环境监测服务方案,如为山西太原钢铁集团开发的"水污染源在线监测服务方案",包括水污染源在线分析仪,数据采集、数据处理和应用平台设计与管理、维护系统的运营机制三大部分。

此外,聚光科技还开发了环保运营维护等新服务,对客户的环境监测系统进行统一的维护和运营管理。目前,公司的环保运营维护服务产品主要包含:环境监测设备运维服务(涵盖废气污染源监测设备运维、废水污染源监测设备运维、环境空气质量监测设备运维、地表水质监测设备运维)和数字环保信息系统运维服务两大类。

(2)向新的行业市场用户引入并不断开发新服务。

随着新服务开发的经验和知识积累,聚光科技开始不断向新的行业市场引入并开发新服务方案。如针对钢铁、化工等工业企业开发的"循环水系统节能服务方案"、"工业炉节能服务方案",工业安全领域的"油库安全监控和信息管理系统服务方案"、"隧道消防服务方案",工业过程领域的"炼油石化过程分析解决方案"、"煤化工行业过程分析服务方案"、"天然气行业气体分析服务方案"、"有色金属过程分析服务方案"等。近年来,聚光科技正在向食品安全和医疗以及未来的实验室仪器市场等新领域拓展,开发新的服务和产品。

上述服务创新战略的实施都是以企业强大的技术能力为支撑的。受访者指出新服务方案的开发不仅需要企业"有较强的技术能力把客户需求翻译成可行的方案,而且需要全面理解不同客户生产工艺、流程的技术特点和要求"。聚光科技的工程师强调:"设计出既符合客户想象的功能,又能够满足客户企业工艺技术要求的方案,还要保持技术先进性,对我们的要求是很高的。"正是聚光科技在技术能力方面所具有的优势,奠定了其新服务方案开发关键的技术基础。

服务创新战略的绩效结果。聚光科技自从实施这一价值创新型服务创新战略以来,市场占有率快速提升,2009 年在环境在线监测市场以 8.3% 的市场占有率排名第一。在工业过程气体分析仪器仪表行业以 14.6% 的市场占有率位居第一,西门子和 ABB 名列第二和第三[①]。(参见表 3.8、3.9)

表 3.8　2009 年聚光科技环境在线监测系统市场份额

行业排名	公司名称	市场占有率
1	聚光科技	8.3%
2	美国哈希	7.9%
3	深圳宇星	6.6%

数据来源:《中国仪器仪表》杂志 2010 年 07 期。

表 3.9　2009 年聚光科技工业过程气体分析系统市场份额

行业排名	公司名称	市场占有率
1	聚光科技	14.6%
2	西门子	8.2%
3	ABB	7.3%

数据来源:《中国仪器仪表》杂志 2010 年 03 期。

---

① 资料来源:中信证券:《聚光科技创业板上市招股说明书》(2011.3.31)。

聚光科技的服务创新战略在促进企业销售快速增长的同时,也帮助企业获取了高于同行业水平的利润率(如表 3.10 所示)。

表 3.10 聚光科技销售收入与营业利润

年 份	2007	2008	2009	2010
销售收入(亿元)	1.51	3.54	5.28	6.52
营业利润(亿元)	0.51	0.87	1.50	1.79
利润率(%)	33.8	24.6	28.4	27.4

资料来源:公司内部资源。

3.3.4 案例小结

从上述案例分析中可以发现,聚光科技存在两种不同类型的服务创新战略(参见表 3.11):一类是通过不断地创新完善服务体系,规范服务流程,拓展服务内容,为客户提供"及时、专业和完善的增值服务"的渐进式服务创新战略;另一类是不断地开发新的服务方案,并向新的市场引入并开发新的服务的突破式服务创新战略。

表 3.11 聚光科技服务创新战略

聚光科技服务创新战略	具 体 表 现
渐进式 服务创新战略	逐步完善服务网点,构建了三级垂直服务体系 规范现场服务标准和服务流程,对技术服务人员开展培训,保证服务质量和风格的一致 逐步增加备件支持、客户操作、技术应用培训等服务项目
突破式 服务创新战略	不断地向环境监测市场推出新的服务方案和产品 向新的行业市场用户引入并不断开发新服务

从案例中可以发现,不同类型的服务创新战略与企业技术能力水平和外部环境之间存在一定的匹配性,企业在拥有不同的技术能力水平和处于不同的外部环境的情境下,所采取的服务创新战略以及其对企业竞争优势的作用也存在一定的差异(参见表 3.12)。

在企业成立初期(2002—2005),技术能力不强,在产品质量不稳定、市场需求不确定的情况下,聚光科技根据自身条件,选择、实施为客户提供及时、完备的服务的渐进式服务创新战略,对市场环境变化做出有效反应,从而获取了较大的竞争优势。

在快速发展时期(2006—2010),随着聚光科技的市场范围拓展,竞争逐渐加剧,市场需求更为复杂多样。在这一动态环境下,聚光科技调整了服务创新战略,凭借自身积累的核心技术能力,不断开发满足客户个性需求的服务方案,对客户不断变化的偏好做出有效反应。这一战略实施有效抵御了竞争对手的侵蚀,使客户对公司的黏性增强、忠诚度提高,并促进了公司的销售快速增长,企业营业利润率也明显提升了。

表 3.12 聚光科技案例分析结果

发展阶段		初创期(2002—2005)	快速成长期(2006至今)
环境动态性	竞争强度	一般。证据:竞争对手少	较高。证据:国际国内知名企业都相继参与市场竞争
	市场动态	高。新市场,需求存在很大的不稳定性和模糊性	高。证据:行业众多,顾客构成和需求偏好发生明显变化
技术能力		技术能力一般。证据:产品单一,质量不稳定;专利8项	形成核心技术能力。证据:逐步掌握了光谱类、分析化学类、色谱类、电化学类、光纤传感类等分析技术平台;2006—2011年共取得发明专利107项,主导制定国家/国际标准4项
服务创新战略	渐进式服务创新战略	①完善服务流程、体系②对现有服务内容进行扩展、提升服务质量	
	突破式服务创新战略		①不断开发对市场而言是新的服务②向新的市场引入现有服务并且不断开发新服务
竞争绩效	市场绩效	销售快速增长。证据:销售收入由2003年的100万元快速增长至2005年的5000万元;在主要业务领域钢铁工业过程气体分析系统市场占有率超过50%	销售快速增长市场份额快速提升:2009年在环境在线监测系统和工业过程气体分析系统市场占有率均为第一
	财务绩效	存在影响	营业利润率保持在20%以上

3.4　华为案例分析

3.4.1　企业概况

深圳华为技术有限公司(以下简称"华为")是一家生产销售通信设备的民营通信科技企业,于1987年在中国深圳注册成立,注册资本仅2.1万元。经过近30年的发展,华为已经成为如今全球最大的电信网络解决方案提供商、全球第二大电信基站设备供应商,为世界各地通信运营商及专业网络拥有者提供硬件设备、软件、服务和解决方案。截至2010年年底,华为产品及解决方案已应用于全球140多个国家的500多家运营商,公司总资产达284亿美元,现有员工11000人,实现销售收入1852亿元,净利润达到238亿元,利润率为16.8%。

从华为的发展路程来看(参见表3.13),1992—2000年的近10年间,华为从一家技术落后的小通信设备生产厂商,以技术创新和服务创新作为打开市场、参与竞争的战略工具,从低端农村市场做起,并在1998年将市场拓展到中国主要城市,逐渐在市场竞争中发展成为国内领先的通信设备龙头企业,各个主要产品在国内市场上均占有绝对优势。2000年后,华为业务全面发展并开始向全球扩展。华为在坚持技术创新的基础上,进一步通过服务创新战略提供有竞争力的通信解决方案和服务,实现了自身稳健的增长。华为的全球服务业务从2005年起至2011年连续6年复合增长率超过60%。2011年华为获中国金融业客服中心优秀服务商大奖。

遵循纵向案例研究文献的建议及研究目标,需对案例企业进行阶段划分。本书在咨询受访者意见的基础上,依据华为销售增长速度和规模变化来划分发展阶段。研究剔除了1987—1992年,该时期华为主要从事香港和国外交换机在国内的销售代理业务。以1993年成功开发2000门程控交换机为标志,华为开始正式进入通信设备研发制造领域。发展至今,华为的产品与服务解

表 3.13　华为关键事件

年份	具 体 关 键 事 件
1987	创立于深圳,成为一家用户交换机的销售代理商
1993	推出 C&C08 数字程控交换机
1995	研发出万门交换机;销售收入达 15 亿元,主要来源于农村市场
1997—1999	1998 年将市场拓展到中国主要城市;全面进入通信网络的三大核心组成部分:核心交换层、骨干传输网、边缘接入层
2000 年	国内业务均占据绝对优势,各主要市场占有率均超过 40% 开始国际化扩张,海外市场销售收入达 1 亿美元
2003	与 3Com 合作成立合资公司,专注于企业数据网络解决方案的研究;全球市场销售同比增长 42%,达到 317 亿元,其中海外市场销售 10.5 亿美元,同比增长 90%
2004	与西门子合作成立合资公司,开发 TD-SCDMA 解决方案;获得荷兰运营商 Telfort 价值超过 2500 万美元的合同,首次实现在欧洲的重大突破
2007	被沃达丰授予"2007 年杰出表现奖",是唯一获此奖项的电信网络服务解决方案供应商;推出基于全 IP 网络的移动固定融合(FMC)解决方案战略,帮助电信运营商节省运作总成本
2011	华为获 2011 年中国金融业客服中心优秀服务商大奖

决方案服务全球超过 10 亿用户。因此,研究主要对华为 1993—2010 年的阶段进行考察,通过销售规模和增长速度刻画华为发展的阶段特征(参见图 3.3):①稳步增长的起步阶段(1993—1999 年);②增长停滞阶段(2000—2003年);③规模发展阶段(2004—2010 年)。最为重要的是,在三个发展阶段中,华为技术能力水平、服务创新战略的目标与表现以及对企业竞争优势的作用都发生了一定程度的变化。为了更为清晰地理解变量之间的关系,下面我们遵循 Dieleman & Sachs(2008)的方法,根据这三个阶段分别叙述故事,然后再回到概念和理论。

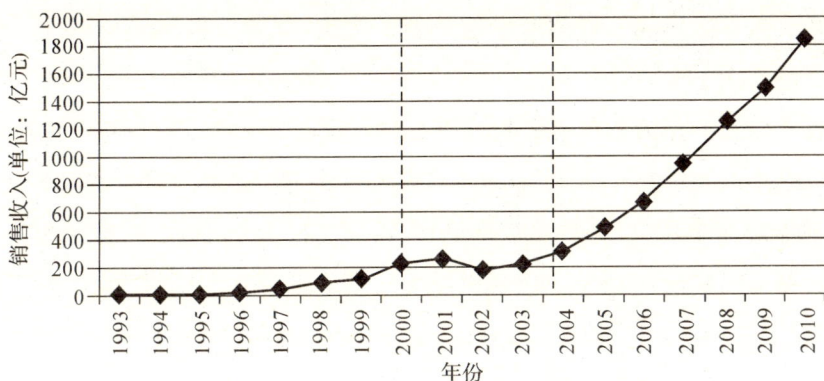

图 3.3　华为销售收入：1993—2010

资料来源：根据华为技术有限公司年报及公开资料整理。

3.4.2　稳步增长阶段(1992—2000)

环境动态性。首先,从市场竞争强度来看,在华为刚刚成立的 20 世纪 90 年代初期,正是我国通信市场大发展时期,广阔的市场空间使得众多厂家和科研机构都努力提升技术水平,引进国外先进生产线,进入大容量的数字程控机市场,同时大批合资厂商出现。至 1994 年我国共有用户机生产企业 122 家,生产能力 720 万线,而市场需求量只有 390 多万线。在深圳做交换机的企业就有 34 家,同行业的竞争非常激烈。"华为是由于无知,才走上通信产业的,当初只知市场大,不知市场如此规范,不知竞争对手如此强大。"[①]其次,在市场动态性方面,由于历史原因,我国电信市场需求环境极其复杂多样,国内程控交换机市场被国外交换机占领,各地电信局的交换机设备、通信基础设施条件等也都千差万别,"七国八制"就是这一时期的真实写照。正是由于我国各个地市电信局的基础设施和使用环境存在很大差异,需求和偏好也各有不同,新市场的培育和成长还需要一个过程,并且充满变数——移动通信市场的发展存在诸多不确定因素,需求往往难以预测。如 1994 年国家为了打破电信的

---

① 《目前的形势和我们的任务——在市场部整训工作会议上的讲话》,任正非,1995 年 12 月 26 日。收录于《华为文摘》第一辑。

垄断新成立了联通和吉通两家电信公司。可见，华为所面对的市场环境动态性处于较高水平。

技术能力。作为新进入程控交换机领域的生产小厂，华为几乎没有任何技术基础。十几名技术人员在对购买来的样机进行拆解、模仿的基础上，于1993年推出了2000门的局用交换机，并在此基础上于1994年开发出了万门网用大型交换机设备 C&C08 机，但主要还是对国外产品的模仿和"程控代码的改编"，开发能力非常有限。而且产品本身存在很多缺陷，功耗非常大，性能不仅与西门子等国际巨头的同类产品相差甚远，即便与国内的同行如上海贝尔、大唐电信、中兴通讯相比也毫无优势可言。原华为副总裁刘平回忆说："当 C&C08 和上海贝尔的机器放在一起，顿时让我们感到自惭形秽……机架导轨松软，电路板插进去拔不出来……在性能上那就更不能比了……能保证打通电话就谢天谢地了。"另外，从专利数量上来看，该阶段，华为直到1995年才首次取得发明专利授权，截至1999年，共获得授权的专利包括167项发明专利（1995年，发明专利5条；1996年，发明专利11条；1997年，发明专利19条；1998年，发明专利36条；1999年，发明专利96条）、72项实用新型专利以及76项外观设计专利。同期，国外先进企业如朗讯科技专利达4万项（毛武兴等，2006）。可见，该时期华为技术能力水平处于国内较弱水平。

服务创新战略选择。面对激烈的市场竞争，产品质量性能又处于劣势，华为不得不寻找新的出路。当时，国外先进企业和合资企业的产品质量高，技术性能稳定，占据了国内一线城市市场。但他们"对客户使用设备有严格的操作要求，在服务上墨守成规"。而当时中国各个地市电信使用环境复杂，对服务维护需求较高，设备一旦出现问题需要技术支持时，国外与合资厂商反应速度慢，不能提供优质服务的弱点便显现出来（刘世英 & 彭征明，2008）。另外，"当时很少有运营商方面的工作人员能够掌握通信设备的诸多性能并维护……哪怕只是极小的故障，也会寻求厂商的专业技术人员的帮助"（马宁，2007）。正是在这一背景下，华为提出"以周到服务争取市场"的战略。

在这一阶段，华为的服务创新战略主要表现为通过渐进式的服务创新为客户提供"终身的、免费的、保姆式"的服务。具体而言：①不断拓展已有服务项目,增加新的服务环节。华为在从最初对设备的现场安装、调试阶段和保修期内的设备提供技术支持和响应服务的基础上,增加了设备运行阶段、保修期外两个阶段,最终形成了围绕产品整个生命周期的支持服务。②优化和改进服务流程,提高服务质量和效率。以华为的远程技术支持服务为例(参见表3.14)。华为首先根据 TL9000 标准,依据设备问题的严重程度和影响程度的不同,将设备问题从低到高分为三个级别。远程技术支持服务主要处理客户不能解决的二级和三级问题,并根据不同级别问题设置不同的服务响应时间和标准,同时把整个服务过程分为服务建立和远程技术支持两个阶段,分解为 15 个紧密相连的服务环节,对每一服务环节环境的工作内容进行详细说明,并对服务过程中每一环节设定考核标准。③对服务风格和形式进行改进创新。为了给客户提供一致、优质的感知体验,华为逐步建立了 24 级专业技术服务任职体系,通过专业培训不断提高员工服务专业知识和技能,并编制了服务人员行为规范手册,对服务人员行为进行规范,保证服务风格和质量一致。通过这一战略努力,到 1995 年,华为就已经建立了覆盖全国的三级服务体系和上千人的技术服务队伍,形成了完备的服务内容。

表 3.14 华为远程技术支持服务环境内容与责任说明

编号	阶段	工作行为描述	华为	客户
01		通过电话、传真、电子邮件发起服务请求		R
02		响应	R	A
03		提供客户联系方式		R
04	服务建立阶段	提供问题详细描述,需描述技术和业务疑难的情况,以及地点、时间等相关信息		R
05		确认服务受理时间	R	A
06		指定工程师,并在华为客户问题管理系统中记录服务请求信息,系统将给该服务申请分配一个唯一的"客户问题受理单号",并告知客户	R	
07		确定故障级别(依据问题级别定义)	R	A

编号	阶段	工作行为描述	华为	客户
08		收集现场故障定位信息(包括但不限于设备告警信息、设备数据配置、设备操作日志等)	A	R
09		定位问题并提供解决方案	R	A
10	远程技术支持	向客户提交远程服务申请	R	
11		确认解决方案并批准允许远程实施		R
12		准备远程接入环境并确认是否可用	A	R
13		远程实施解决方案	R	A
14		业务测试或路测(方案实施过程中或实施后)	A	R
15		确认问题解决并闭环问题	R	R

资料来源:华为公司内部文件。

注:Responsibility(R)表示一方全面负责的工作;Assistance(A)表示一方协助支持的工作。

服务创新战略的绩效结果。 从华为服务创新战略的实施效果来看,"华为'保姆式'的服务成为制胜的法宝"。一方面,华为拉近了与客户的距离,建立了"朋友也不足以说明的"良好客户关系;另一方面,强大的"服务弥补了他们技术上的不足,在市场上取得不错的业绩"(郑文富,2002)。任正非回忆说:"创建初期,我们的产品质量不好,是靠遍布在全国的 33 个维修点及时的售后服务来弥补。"[①]华为在服务创新战略实施期间,销售收入增长极为快速,从 1993 年的 4.1 亿元,至 2000 年实现的 220 亿元,保持了 60% 以上的高年复合增长率。受访者也通过与中兴的对比给出了证据:"很多产品在稳定性和技术先进性基本相同的情况下,中兴的市场占有率只有华为的二分之一甚至是三分之一。"可见这种差异显然是受技术能力之外的因素影响,受访者也明确地指出是华为完善的服务发挥了重要作用。另外,访谈中明确询问管理者这一战略对营业利润是否有贡献时,受访者谈道:"对利润贡献肯定是有,但是有多大不清楚……我们的服务都是免费的……而且我们的设备说是保修期两年,不过任总非常强调服务,过保(修期)都会提供免费服务……成本也是很大的。"

---

① 《上海电话信息技术和业务管理研讨会致谢辞》,任正非,1995 年 6 月 18 日。收录于《华为人报》第 18 期。

3.4.3　增长停滞阶段(2000—2003)

环境动态性。首先,进入 2000 年以来,经过电信行业的冬天,世界各大电信设备企业经过了重新洗牌和业务调整,能够生存下来的公司更加关注产品技术、质量方面的改进,产品的同质化状况也越来越严重,通信设备市场的竞争加剧。其次,电信运营商需求也出现了新的变化。2000 年前,由于基础设施薄弱以及新的电信技术的推动,我国电信运营商主要以建设规模基础网络为主。进入 2000 年后,基础通信网络基本完善,从网络规模建设期转入网络服务期(杨青 & 张炎滨,2005)。随着语音业务呈现出“增量不增收”的局面,我国电信运营商的业务定位呈现出从“语音服务商”转向“语音+数据业务服务商”的趋势,电信运营商需求开始从通信网络建设转向网络优化、升级和新业务发展。可见,市场动态性处于较高水平。

技术能力。经过近十年占销售收入 10% 的持续高研发投入,这一阶段华为的技术能力发生了明显的变化,跨入了“国内领先”的地位。在数字程控交换技术的基础上,华为逐步掌握了“移动通信、光通信、接入网技术”。2001 年华为在接入网领域发布了全球第一款商用 IP DSLAM,同年,华为自主研发的 WCDMA 的 ASIC 技术完成了信息产业部 MTNet 第一阶段测试。2002 年,华为成为国内第一家能够独立开发设计并优化 WCDMA ASIC 套片的厂商,体现了较强的开发能力。在产品性能上,华为与国外先进技术企业的差距逐渐缩小,已经可以进行“正面比拼”。此外,从专利数量上来看,2000—2003 年,华为获得授权的专利数量快速增长,包括 3134 项发明专利、238 项实用新型专利及 206 项外观设计专利(参见表 3.15)。

服务创新战略。在这一阶段,华为的服务创新战略依然主要是渐进式服务创新战略。一方面,随着产品同质化竞争的加剧,竞争对手也都开始强化服务创新的竞争作用,如中兴从 1998 年开始,对其售后服务体系进行了一系列的创新,逐步建立并完善了三大客户服务平台。另一方面,随着电信运营商客户的日趋成熟,再加上企业技术能力提升,产品性能、可靠性得到很大提升,运营商对支持产品的服务不再敏感,而变得对价格更为敏感。这些都使得上一阶段华为通过渐进式服务创新战略形成的竞争优势逐渐被削弱。

服务创新战略的绩效结果。这一时期,从组织结果来看,华为增长势头减缓。2000 年华为实现销售收入 220 亿元,2001 年为 255 亿元,增长率下降到 16%。而在 2002 年华为实现销售收入 175 亿元,首次出现了负增长。[①]

3.4.4 规模发展阶段(2004—2010)

环境动态性。首先,该阶段华为面临的市场竞争强度依然较高,不仅需要面对国际巨头等的挤压,同时还要面对国内竞争对手如中兴通讯的侵蚀。其次,在市场动态性方面,随着技术的发展,电信运营商的业务定位再次发生转变,逐步定位为"信息服务商"的全业务经营的趋势(张炎滨,2009)。这些变化反映在运营商的需求上,呈现出多样化的趋势,包含了开发各类数据、多媒体业务,实现运营商业务定位转变的个性化需求。

技术能力。进入新的阶段,华为技术能力进一步提升,跨入"国际先进"行列。华为在 3G 领域取得重大突破后,"在移动技术领域已经树立了强者地位"。在光网络领域、宽带接入、第五代路由器等接入设备领域,华为也表现出较强的技术开发实力,实现了西欧、北美等主流市场的全线突破。从产品性能来看,华为和国际先进技术企业的差距也越来越小。电信分析权威机构 Heavy Reading 公司 2005 年发布的一份涉及全球主流电信运营商的调查报告中指出"应该注意华为等中国设备商的崛起",因为"他们在性能上一点儿也不逊色于欧美巨头"。此外,从专利上数量上看,华为专利授权呈现出井喷状态(参见表 3.15)。华为在国际专利的申请量及其全球排名都也在稳步上升。2006 年,华为 PCT 国际专利申请量为 575 项,处于全球第 13 位;2008 年华为 PCT 国际专利申请量为 1737 项,超过松下和飞利浦成为全球第一。[②]

---

① 数据来源:华为 2004 年年度报告。
② 中国知识产权资讯网:http://www.iprchn.com/。

表 3.15　华为授权的专利情况

年份	授权专利		
	发明专利	实用新型	外观专利
1995	5	0	0
1996	11	6	9
1997	19	14	13
1998	36	13	31
1999	96	36	23
2000	206	25	55
2001	459	15	31
2002	999	94	96
2003	1470	104	24
2004	2127	120	74
2005	3664	122	170
2006	6028	155	244
2007	4848	111	308
2008	4895	231	386
2009	3963	200	303
2010	2780	153	180

资料来源:CNIPR 检索结果。

服务创新战略。该阶段,华为服务创新战略发生了较为明显的变化,开始转向开发服务方案的突破式服务创新战略。从访谈中发现主要有两方面原因。一方面,设备的同质化竞争激烈,增长缓慢。华为的管理者认为"设备市场份额已经很大,再拓展新的市场非常困难","专业服务方案的利润要远远高于设备的利润",这对华为非常有吸引力。另一方面,提供电信服务解决方案意味着"要对运营商网络中运用的各类技术都非常熟悉才行……服务方案的技术性、专业性比较强……需要具有较强的技术能力"。而该时期,华为技术能力的显著提升,扩大了战略选择的空间,可以通过突破式服务创新战略寻找新的市场增长点。

这一时期华为的服务创新战略主要表现为:①为电信运营商设计、开发定制化的服务产品和服务方案。2004 年,华为开始开发针对电信运营商核心网的网络设计、网络优化和网络管理等服务方案和产品,并成功为我国昆明电信及中东、北非等地区的运营商提供服务。2005 年 10 月在中国国际通信展上,华为以"服务创造价值"为主题,展出了"通信网络安全、宽带 IP 网络运营、数据集成服务、ICT 集成服务"等领域最新的、完整的专业服务解决方案,这标志着华为的服务创新战略开始全面实施。除为电信运营商开发服务产品和方案外,华为还不断向交通、金融、电力、医疗等新的行业市场引入并开发新的服务产品。如 2006 年为上海地铁设计的智能化轨道交通通信服务解决方案,2007年为工银瑞信开发统一通信服务方案,2010 年为招商银行开发的远程银行服务方案等。2011 年华为更是荣获"中国金融业客服中心优秀服务商"奖项。

服务创新战略的绩效结果。这一阶段,从销售收入增长指标我们可以发现(参见图 3.3),经过短暂的停滞后,随着突破式服务创新战略的推进,华为 2004 年实现营业收入 313 亿元,相比 2003 年增长了 45%,开始走出竞争的低谷。在 2008 年全球金融危机的影响下,华为依然保持了过去 4 年来约 40%的增长速度,营业收入达到 1252 亿元。从 2004 年至 2010 年华为销售收入保持了 33.4%的较高年复合增长率。从营业利润率指标来看,华为突破式服务创新战略对利润增加贡献显著。华为受访者也指出"专业服务产品的利润远高于设备,利润率基本在 40%以上……这几年专业服务产品的规模销售,带来整体销售收入和营业利润率的提升"。2008 年,华为的服务创新战略取得良好市场效果,开发、交付了 45 个管理服务项目,为 180 个运营商提供网络设计、优化等服务,实现服务业务收入 226 亿元,公司整体营业利润率为 12.9%,已经居同行业首位。随着服务收入进一步快速增长,到 2010 年,华为服务业务收入为 315 亿元,营业利润率更是达 15.8%。① 另外,与行业内领先者的利润对比也可以发现,华为的营业利润远高于竞争对手(参见图 3.4)。

---

① 数据来源:华为 2010 年年度报告。

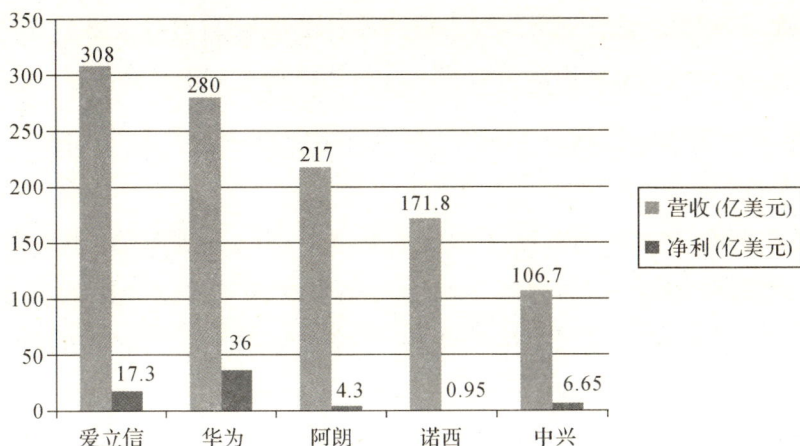

图 3.4　世界前五大通信设备制造商营业收入与营业利润(2010 年)

资料来源：wind 数控库。

3.4.5　案例小结

首先，通过上述案例分析可以发现，在华为案例中存在两种不同类型的服务创新战略(参见表 3.16)。

表 3.16　华为服务创新战略

华为服务创新战略	具 体 表 现
渐进式 服务创新战略	扩充服务产品线，增加新服务项及新服务过程；优化和改进服务流程，提高服务质量和效率；对服务风格和形式进行改进创新
突破式 服务创新战略	为电信运营商设计、开发定制化的服务产品和服务方案；向新的行业市场如金融、交通、电力、医疗等行业企业引入并开发新的服务产品

其次，在华为的不同发展阶段，随着环境和企业技术能力基础不同，华为的服务创新战略选择也存在明显差异(参见表 3.17)。在华为(1993—1999)阶段，市场竞争激烈，客户需求复杂，而且技术能力主要为模仿、组装能力。在产品技术性能和质量与竞争对手相比处于劣势的情况下，华为适时地选择、实施为客户提供终身的保姆式优质服务的创新战略，实现较高的竞争绩效水平。

在华为(2000—2003)阶段，产品同质化竞争激烈，市场需求也发生了较大变化。虽然华为的技术能力获得稳步提升，处于"国内领先"地位，但随着产品同质化竞争的加剧，竞争对手也都开始强化服务创新的竞争作用，而且随着企业技术能力提升,产品性能可靠性也得到很大提升,运营商对支持产品的服务不再敏感,而是变得对价格更为敏感。这些都使得上一阶段华为通过渐进式服务创新战略形成的非技术差异化优势逐渐被削弱,同期销售增长出现停滞,甚至是负增长。

在华为(2004—2010)阶段,在竞争日益激烈、技术发展迅速、客户需求变化较大的动态环境下,华为以自身强大的技术能力为基础,不断开发满足客户个性需求的服务方案,通过突破式服务创新战略对客户不断变化的偏好做出有效反应,又重新建立了竞争优势,市场和财务绩效都得到有效提升。

表 3.17 华为案例分析结果

		(1993—1999)阶段	(2000—2003)阶段	(2004—2010)阶段
环境动态性	竞争强度	低端市场激烈竞争	产品同质化激烈竞争	全球化激烈竞争
	市场动态	主要是国内电信运营商的设备需求	个性化网络优化升级需求;新业务发展需求	高;需求复杂,不仅限于技术先进的设备;不同行业市场需求变化较大
技术能力		国内较弱	国内领先	国际先进
服务创新战略		渐进式服务创新战略	渐进式服务创新战略	突破式服务创新战略
竞争绩效	市场绩效	市场销售额从 1993 年 4.1 亿元,至 2000 年实现额 220 亿元,保持了 60%以上的高复合增长率	2000 年市场销售额 220 亿元;2001 年为 255 亿元,增长率下降到 16%;2002 年销售收入 175 亿元,首次出现负增长	在激烈的市场竞争中,市场销售额保持年均 40%左右的复合增长率
	财务绩效	利润提升		营业利润率稳步提升,2008 年营业利润率为 12.9%,居同行业首位,2010 年达 15.8%

3.5 案例发现与命题提出

以上分别对三个单案例研究进行了独立分析,相当于做了三次独立的纵向实验。本节首先将上述三个单案例研究的分析结果进行概括总结(如表 3.

18 所示），以此更清晰地反映案例分析结果。然后在进行三个案例间横向对比及案例内的纵向对比分析基础上，归纳各变量之间的关系，总结研究发现。需要说明的是，在实际操作中案例研究遵循的是分析性归纳方法，即对三个案例重复进行分析归纳，此处不再详细叙述案例的故事线。

表 3.18 案例分析结果汇总

	变量	深南电路	聚光科技		华为		
时间阶段		2001—2010	2002—2005	2006—2010	1993—1999	2000—2003	2004—2010
环境动态性	竞争强度	高	较高	较高	很高	较高	高
	市场动态	很高	较高	高	较高	较高	很高
技术能力		国内一般	国内一般	国内领先	国内较弱	国内领先	国际先进
服务创新战略	渐进式	实施	实施		实施	实施	
	突破式	/		实施	/	/	实施
竞争优势	市场绩效	提升	提升	提升	提升	增长停滞	提升
	财务绩效	提升	提升	提升	提升	/	提升

3.5.1 制造企业服务创新战略维度识别

在案例研究中发现制造企业确实存在两个不同维度的服务创新战略（参见表 3.19）。

其一是表现为改进服务流程、扩充服务产品线和改进服务风格的渐进式服务创新战略。这在三家案例企业中表现得都很明显。如深南电路通过对服务流程的改进创新，统一服务界面接口，解决了原有外部服务界面与内部服务界面脱节的问题，引入新的工具和软件，分解、规范客户服务流程各个服务环节的工作内容和时间，并在已有服务内容的基础上增加服务环节或服务过程等，提升服务质量和服务效率。聚光科技、华为在初创发展阶段的表现也与之类似，除了上述内容外，华为（1993—1999）还通过设置 24 级专业技术服务任职体系以及完善的专业培训提升服务员工的服务素质和技术水平，规范服务人员行为，以保证服务风格和质量一致。此时，顾客的核心价值依然由案例企业有形产品的物理功能特性决定（Afuah，2002），案例企业提供的诸如客户问题响应、交付、安装、设备维修、检修等服务是作为有形产品的补充（complementary），用以增加核心产品的价值。

其二是表现为不断开发对市场而言是新的服务，以及向新的行业市场用户引入并不断开发新服务的突破式服务创新战略。这在聚光科技（2006—2010）和华为（2004—2010）阶段中表现得比较明显。如华为除了不断为电信市场开发全新的服务外，还不断向新的行业市场用户如金融、交通、电力、医疗等行业引入现有服务，并开发新的服务。从案例中可以发现，与渐进式服务创新战略不同，这一类型的服务创新战略是制造企业超出产品本身的限制对现有产品和服务进行重构，不断开发满足客户个性化需求的新服务方案或服务产品，其战略目标是"直接"为顾客创造新价值，来获取竞争优势（Kim & Mauborgne，1997，1999）。

表 3.19 制造企业服务创新战略

		深南电路	聚光科技	华 为
服务创新战略	渐进式	①统一服务界面，规范服务流程环节 ②增加新的服务环节和菜单项	①完善服务体系；规范现场服务标准和服务流程 ②逐步增加了备件支持、客户操作培训、技术应用培训等服务	①优化和改进服务流程 ②扩充服务产品线 ③改进创新服务风格和形式
	突破式		①向环境监测市场不断地开发新的服务产品和服务方案 ②向新的行业市场如石油、化工、食品安全和医疗等用户引入并不断开发新服务	①为电信运营商设计、开发定制化的服务产品和服务方案 ②向新的行业市场如金融、交通、电力、医疗等行业企业引入并开发新的服务产品

3.5.2 制造企业服务创新战略与竞争优势

上述对三家案例企业数据分析过程中，我们发现服务创新战略对企业竞争优势有明显的影响关系。

首先，案例表明渐进式服务创新战略明显有助于制造企业竞争优势的提升。具体而言,深南电路通过增加新的产品附属服务菜单项和改进服务流程、统一服务界面接口等,不仅保证了沟通的顺利和对顾客订单问题的快速响应,也保障了服务质量,提升了顾客服务感知体验。这些努力使"客户明显感觉到深南对客户问题认真负责的态度以及合作的诚意,也更愿意把订单交给我们"。聚光科技(2002—2005)阶段通过①改进、完善服务体系,②规范现场安装、调试服务标准和流程等,③逐步增加客户操作培训、技术应用培训服务等,有效地降低了客户转换新产品的风险,克服了在位者的先发优势,实现销售收入快速增长。类似的,华为案例的(1993—1999)阶段通过渐进式的服务创新战略为客户提供"终身的、免费的、保姆式"的服务,带来了销售收入的增长和市场份额的快速提升。基于顾客价值创造视角,已有研究也指出渐进式服务创新战略能够降低顾客获取、使用产品的成本,在市场上通过为顾客创造独特的感知价值来获取超额收益(Brax,2005;Miller,1987)。由上述我们可以推断,渐进式服务创新战略会对制造企业竞争优势产生正向影响。

其次,案例表明,突破式服务创新战略能够超出产品本身的限制对现有产品和服务进行重构,不断开发新的服务方案,为客户创造独特的感知收益(Kim & Mauborgne,1997,1999),从而为企业带来竞争优势。如聚光科技在(2006—2010)阶段不断向环境监测市场推出新的服务产品和服务方案,并不断向石油、煤化工、食品安全等行业领域和市场提供过程分析服务方案、工业安全服务方案,满足客户企业的特殊需求,不仅创造了新的市场增长点,而且带来企业利润的显著提升。类似的,华为在(2004—2010)阶段通过①为电信运营商设计、开发定制化的服务产品和服务方案,②向交通、金融、电力、医疗等新的行业市场引入并开发新的服务方案和服务产品,不仅为企业带来服务方案销售收入的快速增长,服务的高利润也带来了远高于竞争对手的企业整体利润。2010年华为服务业务收入达355亿元,营业利润率更是高达15.8%。案例数据都表明突破式服务创新战略有助于制造企业竞争优势提升。

基于上述探索性案例分析与理论分析,我们得到制造企业服务创新战略影响竞争优势的初步概念模型(见图3.5),并提出初始理论命题:

命题1:制造企业服务创新战略有助于企业竞争优势提升。

命题 1a：渐进式服务创新战略有助于制造企业竞争优势提升。

命题 1b：突破式服务创新战略有助于制造企业竞争优势提升。

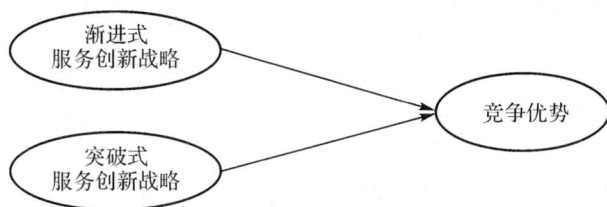

图 3.5　制造企业服务创新战略与竞争优势

3.5.3　制造企业服务创新战略与技术能力匹配

表 3.20 为案例研究的结果。通过对上述案例阶段的纵向比较分析，研究发现制造企业不同技术能力水平与服务创新战略之间存在一定的匹配关系，与企业技术能力匹配的服务创新战略能为企业带来良好的绩效结果。图 3.6 更为直观地总结了以华为三个阶段为主线的纵向案例对比研究结果。

表 3.20　技术能力、服务创新战略与竞争优势

变量		深南电路	聚光科技		华　　为		
时间阶段		2001—2010	2002—2005	2006—2010	1993—1999	2000—2003	2004—2010
技术能力		国内一般	国内一般	国内领先	国内较弱	国内领先	国际先进
服务创新战略	渐进式	实施	实施		实施	实施	
	突破式	/	/	实施	/	/	实施
竞争优势	市场绩效	提升	提升	提升	提升	增长停滞	提升
	财务绩效	提升	提升	提升	/	提升	显著提升

其一，通过纵向比较可以发现，在技术能力较弱的情况下，渐进式服务创新战略更有助于制造企业竞争优势提升。深南电路（2001—2010）阶段、聚光科技（2002—2005）阶段和华为（1993—1999）阶段都比较明显地表明在技术能力水平与竞争对手相比落后较大且快速提升技术实力并不现实的情况下，选择改进现有服务、完善服务流程体系的渐进式服务创新战略，为顾客提供优质

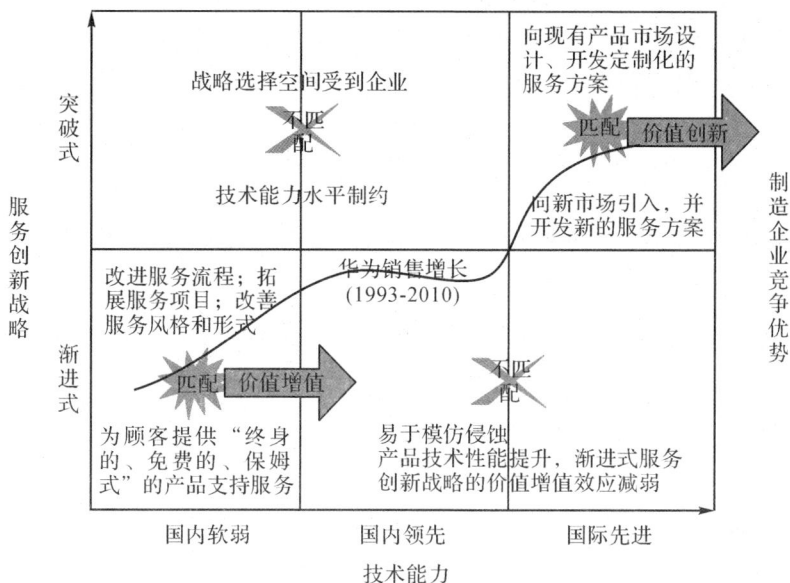

图 3.6 案例研究结果:服务创新战略与技术能力匹配

的产品相关服务,可以为企业带来竞争优势。

另外,从案例中也可以发现技术能力水平较低的情况下,三家案例企业几乎都没有实施突破式服务创新战略(参见表 3.20)。一方面,由于缺乏高技术能力的支撑,很难从事服务方案的开发。访谈中华为案例受访者指出:"开发服务方案的技术性和专业性比较强,客户所需要的是我们的技术实力和专业经验……早期我们缺乏技术基础……近年来我们的技术实力明显增强了,才开始尝试为客户开发专业服务方案。"另一方面,制造企业开发服务方案同样需要面临其他服务供应商和客户自身努力的竞争,缺乏技术能力支撑,即使开发服务方案,也难以得到市场认可。这一点深南电路的受访者深有体会:"现在我们也看到开发服务方案的高利润,但是由于我们(技术)能力还不够,(服务方案)得不到客户的认可。"因此,我们可以推断制造企业在技术较低的情况下几乎不会去实施突破式服务创新战略,即便实施该战略也难以对企业的竞争优势做出贡献。

再者,对华为的起步阶段(1993—1999)和增长停滞阶段(2000—2003)进行比较分析,可以发现在华为案例的增长停滞阶段(2000—2003)阶段,华为的技术能力已经处于"国内领先"水平,此时华为依旧选择渐进式服务创新战略,但绩效出现下降(参见图 3.6)。案例表明,随着华为技术能力提升,产品质量、性能也得到显著提升,相应地,客户企业对产品支持服务的敏感程度明显下降,并且变得对价格更为敏感。再加上竞争对手的模仿侵蚀,如案例中中兴通讯等竞争对手采取了类似的服务创新战略,在这种情况下,渐进式服务创新战略的"质量弥补"和"价值增值"效应明显被削弱。以华为(2000—2003)阶段的表现作为对照组,并结合以上分析,我们可以推断对于技术能力水平较低的制造企业,实施渐进式服务创新战略更有助于提升竞争优势。

其二,案例研究发现,在技术能力水平高的情况下,突破式服务创新战略更有助于制造企业竞争优势显著提升。这在聚光科技的快速发展阶段(2006—2010)和华为的规模发展阶段(2004—2010)都表现得非常明显(参见表 3.20)。随着案例企业持续的高研发投入和积累,在这一阶段案例企业的技术能力均处于"国际先进"水平,突破式服务创新战略成为两家案例企业的首要选择。较强的技术能力不仅有助于华为和聚光科技"理解客户企业的需求,开发出更符合企业客户预期的服务方案",而且能使开发的服务方案得到客户认可,拓展了战略选择的空间。从案例中也可看到,华为(2004—2010)阶段开发智能网运营系统服务方案、网络部署方案等,最大化地发挥了已有技术资源优势,为顾客创造了全新的价值,从而获取了远高于竞争对手的超额收益。最后,结合华为(2000—2003)阶段的表现——在技术水平较高时实施渐进式服务创新战略对企业竞争优势的作用下降,甚至带来绩效下降。以该阶段作为对照组,我们可以推断,在技术能力水平较高时,实施突破式服务创新战略更有助于制造企业竞争优势的提升。

基于上述案例分析和理论分析,研究得到不同技术能力水平与服务创新战略匹配的初步概念模型(见图 3.7),并提出理论命题:

命题 2:制造企业服务创新战略与不同技术能力水平的匹配对企业竞争优势有显著的影响。

命题 2a:对于技术能力较弱的制造企业,渐进式服务创新战略更能够发挥价值增值效应,促进竞争优势提升。而随着企业技术能力提升,渐进式服务创新战略的价值增值效应被逐渐削弱。

命题 2b：对于技术能力水平高的制造企业，采取为顾客开发服务方案的突破式服务创新战略，能够进一步地发挥企业技术优势，获取资源溢出收益和整合产品、服务的协同收益，促进企业竞争优势提升。

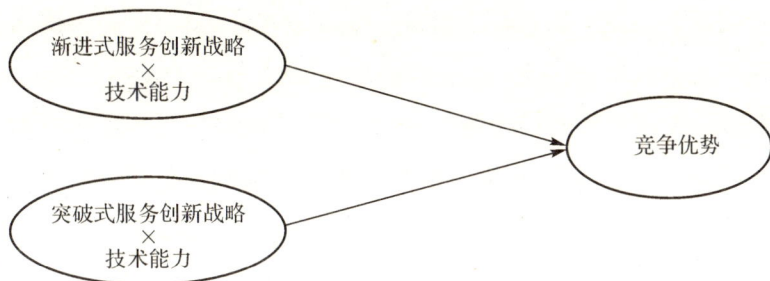

图 3.7 制造企业服务创新战略、技术能力与竞争优势

3.5.4 环境动态性、制造企业服务创新战略与竞争优势

在探索性案例中，我们发现，市场动态性和竞争强度都有助于制造企业服务创新战略有效地提升竞争优势。

其一，竞争越激烈，渐进式/突破式服务创新战略越有助于制造企业竞争优势提升。随着竞争强度加大，企业的生存和发展变得越来越困难，制造企业可以通过实施渐进式/突破式服务创新战略消除这种不利影响。如深南电路的案例，激烈的竞争让深南电路难以适应，"有点找不到方向"。正是在这一情况下，深南电路通过实施服务创新战略，不仅得以与客户深入接触，直观迅速地了解到顾客的需求，快速调整了产品和服务，而且能够让顾客感知到自己以顾客为中心的理念，从而更愿意和深南电路打交道，使订单稳定增长。类似的，在华为（1993—1999）阶段，在深圳做交换机的企业就有 34 家，同行业的竞争非常激烈。渐进式服务创新战略使得华为在市场上能够为顾客提供"终身的、免费的、保姆式"的服务，通过这一战略努力，华为与顾客之间建立了"朋友也不足以说明的"良好关系和高顾客忠诚度，有效地缓解了激烈竞争的压力，在激烈的竞争中实现了市场份额的快速提升。案例企业的这些表现一致表明了服务创新战略能够在一定程度上降低激烈竞争所产生的负面影响。

另外,在案例中我们也发现,在激烈的市场竞争环境下,制造企业实施突破式服务创新战略也更有助于企业竞争优势提升。这在聚光科技(2006—2010)阶段和华为(2004—2010)阶段都表现得比较明显。在聚光科技(2006—2010)阶段,随着市场拓展,国际、国内知名企业都相继把拓展高端市场作为重点。而且随着跨国巨头的原有垄断地位逐渐被打破,如西门子等跨国企业改变了以往的竞争策略,开始在国内市场拿出技术先进的产品参与竞争,使得竞争日益激烈。在激烈的市场竞争中,聚光科技适时采取开发应用服务方案的突破式服务创新战略,不仅在较短时间内满足了进口仪表无法满足的特殊需求,避开"硬碰硬地与跨国公司竞争",而且最大程度发挥出自己的技术优势,从而取得市场快速增长,利润也获得大幅增加。华为在(2004—2010)阶段由于"设备市场份额已经很大,再扩展新的市场非常困难",而且受到"专业服务方案的利润要远远高于设备的利润"吸引,开始通过突破式服务创新战略寻找新的市场增长点,不仅有效缓解了竞争压力,也带来企业市场销售和利润率的快速提升。

由上述案例分析可见,在激烈竞争的环境下,渐进式/突破式服务创新战略都能够弱化激烈竞争带来的不利影响,更有助于企业的竞争优势提升,也即越是在高度竞争的环境下,服务创新战略对制造企业提升竞争优势越重要。

其二,案例表明在市场动态性高的环境下,制造企业能够通过服务创新战略获取客户业务和需求的秘密知识,降低高度市场动态带来的不确定性风险。如深南电路案例中,市场改制后的深南电路要面对众多行业客户,如医疗、通信、汽车电子、工控等,顾客构成和需求偏好发生了明显变化。此时深南电路通过渐进式服务创新战略的实施,深入了解客户企业需求,快速调整企业的产品线与服务内容和风格,最终达成"锁定客户、开发客户和保持客户"的目标,带来市场份额的快速提升,有效降低了市场动态带来的不利影响。另外,在高度动态性的环境中,消费者偏好等频繁变化,这使得现有的产品很容易过时从而被淘汰。如华为案例中的(2004—2010)阶段,随着通信技术的快速变化,电信运营的业务定位和需求都发生了明显变化,诸如沃达丰、法电这样富有经验的企业也难以把握云计算、4G等新技术出现的影响,他们更希望获取一站式解决方案以满足自身业务发展需要,降低业务风险。在这种情况下,华为通过开发网络优化、运维服务方案以及新业务设计服务方案,不仅满足了客户企业的个性化需求,同时也找到了新的市场"利基",为企业创造了新的利润增长点。类似的,聚光科技在(2006—2010)阶段,针对不同细分行业的个性需求变化,开发满足客户的定制化服务方案,不仅有效促进了企业销售增长,而且带来了利润提升。可见,渐进式/突破式服务创新战略都能够弱化市场动态性产生的不利影响,增加企业的竞争优势,也即越是在高度市场动态的环境下,服务创新战略对制造企业提升竞争优势越重要。

综合上述分析,得到环境动态性与服务创新战略匹配的初步概念模型(见图 3.8),并提出初始理论命题:

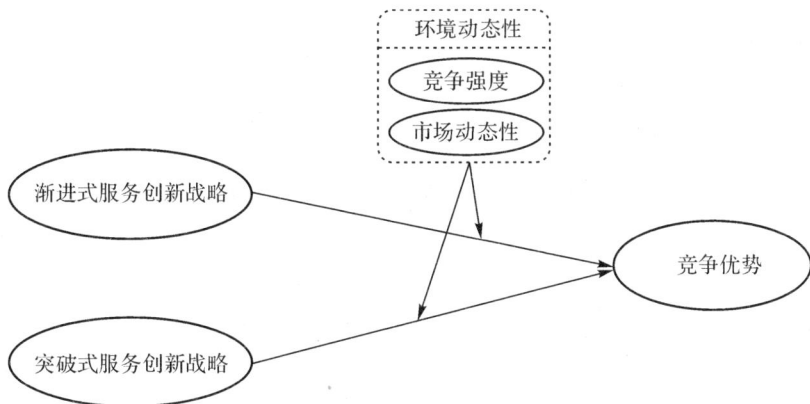

图 3.8　制造企业服务创新战略、环境动态性与竞争优势

命题 3:渐进式/突破式服务创新战略与制造企业外部环境的匹配对竞争优势有显著影响。

命题 3a:市场动态性越大,渐进式服务创新战略对企业竞争优势贡献越大。

命题 3b:市场动态性越大,突破式服务创新战略对企业竞争优势贡献越大。

命题 3c:竞争强度越大,渐进式服务创新战略对企业竞争优势贡献越大。

命题 3d:竞争强度越大,突破式服务创新战略对企业竞争优势贡献越大。

3.6 本章小结

本章运用探索性案例研究方法,对中国制造企业服务创新战略对竞争优势的影响机制进行了初探,选择了三个有代表性的典型案例,在对每个案例进行分析的基础上,通过案例内和案例间的纵向、横向比较分析,识别了中国制造企业服务创新战略的类型,并得到了关于制造企业服务创新战略与竞争优势的三个初步概念模型(见图 3.6 至 3.8)及三组初始理论命题(见表 3.21)。

表 3.21 基于探索性案例研究得出的初始理论命题

序号	初始理论命题(简写)
服务创新战略对竞争优势的影响	
命题 1a	渐进式服务创新战略有助于制造企业竞争优势提升
命题 1b	突破式服务创新战略有助于制造企业竞争优势提升
技术能力、服务创新战略与竞争优势	
命题 2a	对于技术能力水平较弱的制造企业,渐进式服务创新战略更有助于企业竞争优势提升
命题 2b	对于技术能力水平较高的制造企业,突破式服务创新战略更有助于企业竞争优势提升提升
环境动态性、服务创新战略与竞争优势	
命题 3a	市场动态性越大,渐进式服务创新战略对企业竞争优势贡献越大
命题 3b	市场动态性越大,突破式服务创新战略对企业竞争优势贡献越大
命题 3c	竞争强度越大,渐进式服务创新战略对企业竞争优势贡献越大
命题 3d	竞争强度越大,突破式服务创新战略对企业竞争优势贡献越大

4 制造企业服务创新战略对竞争优势的影响机制:模型构建

通过第3章的探索性多案例研究,研究提出了制造企业服务创新战略与企业内部技术能力、外部动态环境匹配影响竞争优势的三组命题。本章将在案例研究发现的基础上进一步结合已有相关研究探讨制造企业服务创新战略内涵和维度划分,并综合运用资源基础理论、动态能力理论、顾客价值理论和创新理论等理论,对制造企业服务创新战略影响竞争优势的内在机理及其与内外部环境匹配对竞争优势的影响机制进行深层次的理论探讨,最后得出细化的概念模型。

4.1 制造企业服务创新战略内涵维度及其与竞争优势的关系

4.1.1 制造企业服务创新战略内涵维度

近十几年来,服务创新作为一个新兴研究引起大量学者的重点关注,尤其是制造企业服务创新研究,更是成为战略管理和创新管理领域的研究热点。虽然大多数学者认同服务创新是制造企业的战略问题并展开大量研究,但现有研究中制造企业服务创新战略的概念一直以来并不清晰,并且实证研究比较缺乏(赵立龙等,2012),而这无疑是服务创新研究领域的一个不足,而这也为本研究提供了机会。

2.2节在回溯创新战略内涵演进的基础上,从现有理论出发演绎出制造企业服务创新战略的概念内涵。进一步结合案例研究发现，本研究认为制造企业服务创新战略是随着创新理论的发展和服务主导逻辑的出现，对创新战略内涵的延伸。作为制造企业经营战略的重要组成部分，服务创新战略是制造企业以顾客为中心做出的在何种程度上、如何运用服务创新为顾客创造更多价值、获得竞争优势的相关决策（赵立龙等，2012）。这一概念既反映制造企业主导竞争逻辑的转变，同时也体现了制造企业以顾客为中心的经营理念，其可以被理解为以顾客为中心这一经营理念的具体化，是一种致力于协调组织资源和能力，通过提供卓越的服务解决顾客问题，为顾客创造价值的战略努力（Schlegemilch，2006；赵立龙等，2012）。

在对制造企业服务创新战略维度划分方面，区别于已有仅以创新程度这一标准对服务创新战略进行维度划分的研究，遵循 Gremyr et al.（2010）的号召，我们进一步结合制造企业产品—服务业务关系对制造企业服务创新战略维度进行划分，通过第3章探索性案例研究识别制造企业服务创新战略测量维度。

总体上本研究区分了两类在提供创新服务内容、战略目标和侧重点等方面都存在明显差异的制造企业服务创新战略（表3.19）。与服务企业相比，制造企业服务创新战略比服务企业的服务创新战略更为复杂。因为制造企业的服务创新战略不仅需要考虑在何种程度上、如何运用服务创新为顾客创造更多价值以获取竞争优势，还需要考虑与有形产品的关系，具体来说：

渐进式服务创新战略主要体现为制造企业强调通过完善产品销售服务的流程和体系，对现有服务内容进行扩展，为市场提供优质服务参与竞争，其战略目标是通过持续的服务创新为顾客提供优质的产品支持服务，实现有形产品的价值增值，提升产品竞争力（McDermott & Prajogo，2012；赵立龙等，2012）。在案例中我们可以发现，不管是对于深南电路还是聚光科技还是华为，渐进式服务创新战略主要是一种价值增值战略，顾客价值创造的核心仍然是案例企业的有形产品。

突破式服务创新战略则具体表现为制造企业对现有产品和服务进行重构，不断开发新的服务方案，甚至提供新的设计、创造新的市场，为客户创造独特收益(Kim & Mauborgne，1997；McDermott & Prajogo，2012；赵立龙等，2012)。在聚光科技和华为的案例中我们都可以发现,突破式服务创新已经成为企业顾客价值创造的核心。

4.1.2 制造企业服务创新战略对竞争优势的影响机理

以下将基于顾客价值理论和资源基础理论探讨制造企业服务创新战略影响竞争优势的内在机理。进而为了精确理解渐进式和突破式服务创新战略对竞争优势的影响,我们将竞争优势区分为市场和财务绩效两个维度,深入分析不同类型服务创新战略对竞争优势不同维度的影响机理。

对于竞争优势,学者们从不同的视角给出了各自不同的理解,但至今仍没有对它的完善界定。根据 Peteraf & Barney(2003)的定义,竞争优势是描述在产品市场竞争中企业相对于竞争对手而言取得的绩效结果的术语,如果企业具有竞争优势,则表明企业能够比竞争对手创造更多的经济价值,获得超出竞争对手的绩效,这一观点延续了 Porter(1985)从价值创造视角对竞争优势的理解。从价值创造的角度来看,竞争优势被概念化为具有优势的"市场地位"(marketplace position)(Porter，1985),哪一企业能够为顾客创造出更多的价值,哪一企业就占据了市场竞争的优势地位(Brandenburger & Stuart Jr，1996)。这一优势地位能够为企业带来比竞争对手更大的产品市场和更高的财务绩效(Richard et al.，2009),基本表现是企业在市场上较竞争对手要好(销售量和市场份额的增加等),以及获得高于行业平均水平的利润、资产回报率和投资回报等。在本研究中,竞争优势作为服务创新战略实施的结果,体现服务创新战略在帮助制造企业获得和保持有利的市场位势方面的重要意义,决定了企业能否获取比竞争对手更大的市场和更高的财务绩效(Barney，1991；Grant，1991)。因此,本书将从市场和财务收益两个方面,通过观察企业与竞争对手的相对表现来衡量制造企业服务创新战略的竞争优势结果,以企业市场和财务两个方面的相对绩效来衡量战略的竞争优势也是现有文献中最为常用的方式之一(Hunt & Morgan，1995；Peteraf & Barney，2003)。这一衡量竞争优势的方式不仅避免了单纯使用"经济租金"或相对于竞争对手的财务绩效作为衡量、评价竞争优势方式可能会造成对企业一些行为的解释力不足的缺陷,而且能够更深入地阐释制造企业服务创新战略导致竞争优势的内在逻辑(Barney,1991;Day & Wensley,1988;郭斌,2002)。以下将依据理论对制造企业服务创新战略对竞争优势的影响机理进行分析。

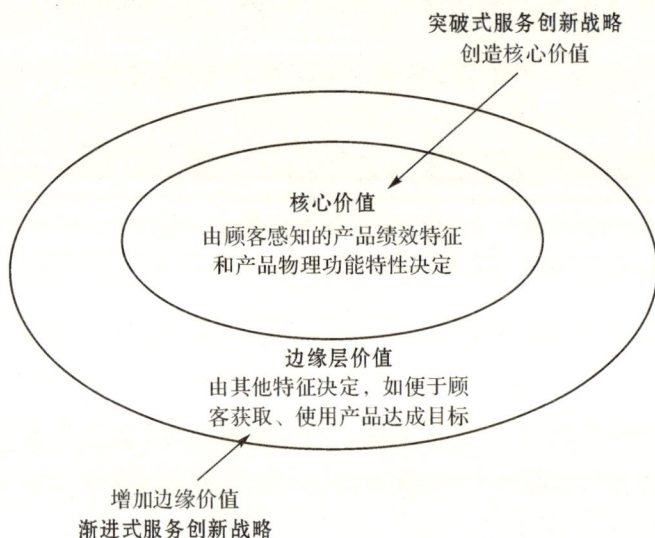

图 4.1 制造企业服务创新战略与顾客价值

本研究认为制造企业服务创新战略对企业竞争优势发挥着重要作用。首先,根据顾客价值理论,服务创新战略作为制造企业选择的能为顾客创造独特价值的战略行动,能够带给顾客超越竞争对手的感知收益,从而为企业带来竞争优势(Brush & Chaganti,1999;Chandler & Hanks,1994;Anderson & Sullivan,1993;Adner & Zemsky,2006)。Afuah(2002)、科特勒等(2002)的研究认为顾客价值由核心和边缘两个层次构成:由顾客感知的产品绩效特征和产品的物理功能特性决定的顾客感知价值的核心层次,以及由其他特征决定的边缘层价值,如能够便于顾客获取、使用产品达成目标等。企业不仅可以通过在市场上提供超越竞争对手的核心价值,也可以通过增加边缘层价值,实现顾客总体感知价值的提升,从而带来竞争优势。本质上顾客是因为企业的最终产出能够提供超过竞争对手的价值而选择企业的产品(Afuah,2002),这些独特的感知收益或价值可以来自于制造企业的新产品或是原有产品的新特性,也可以是提供新的服务或是原有服务的新品质和新特性(Kim & Mauborgne，1997)。

按照上述理论逻辑,改进服务流程、提升服务效率和质量的渐进式服务创新战略,能够有效地降低顾客获取、使用有形产品的成本,通过增加边缘层价值提升顾客总体感知价值,从而为制造企业在产品市场的竞争带来优势;突破式服务创新战略则能通过为顾客开发整合产品和服务的定制化服务解决方案直接解决顾客问题,为顾客创造核心层的感知收益(Kim & Mauborgne，1997),从而为制造企业带来竞争优势。

服务创新战略还能为制造企业带来关系价值。这两类战略都向顾客清晰表达了企业以顾客为中心的经营理念,增加与客户的交互与合作,从而更有利于建立良好的顾客关系,提高顾客忠诚度(Anderson & Sullivan，1993；赵立龙等，2012)。紧密的顾客关系不仅能够使企业更好地理解顾客需求,使得企业以更有效的方式进行市场活动,促进销售增长(Andersson et al.，2002),而且能带来更高层面的合作和更有价值的信息(Bolton et al.，2007),有助于企业获取关系价值(Lindgreen & Wynstra，2005)。持续稳定的顾客关系和顾客忠诚能够有效降低交易成本(Williamson，1985)、增加市场交易量(Anderson et al.，1994)。而持续紧密的顾客关系和顾客忠诚还有助于增加顾客转换成本,从而降低客户转换供应商的意愿(Hopkinson，2000),提升企业的议价能力。这些同样有利于销售的稳定增长和财务收益提升。

资源基础理论把企业看作是一系列独特的资源和能力的集合,企业可以凭借这些异质性的资源和能力提供有别于竞争对手的独特产品或服务。当这些异质性资源是有价值、难以模仿并难以替代的,能成为超额利润的源泉时,它们就能为企业带来持续的竞争优势(Wernerfelt，1984；Barney，1991；Peteraf，1993)。动态能力理论强调动态能力作为"企业对内部和外部的竞争能力进行整合、建设或者重置以适应快速变化的外部环境的能力",具有难复制性和难模仿性,可以成为企业获取持续竞争优势的来源(Teece et al.，1997)。基于这一理论逻辑,制造企业服务创新战略不仅能够使企业资源基础更加缄默、更难以模仿,而且能够为企业创造有价值的、独特的程序性知识,显然更能够为企业带来竞争优势。一方面,制造企业的服务创新战略能够利用已有产品制造及累积的客户知识,产生知识和资源的溢出效应,为企业带来成本节约和差异化竞争优势(Markides & Williamson,1996)。例如,当制造企业提供整体解决方案进入服务领域时,可以通过共享有形资源(如当地办公室、已有销售渠道)和无形资源(如客户关系、品牌形象)形成成本优势。而且产品和服务创新之间的知识和资源溢出有助于增加其资源禀赋的复杂性和因果模糊性,保护其不受竞争对手模仿(Reed & DeFillippi,1990),仅是产品竞争对手,或仅是服务供应商都将难以复制资源溢出收益和整合产品服务的协同收益,从而保持企业在市场上的差异化优势。关于这一点,近期 Ulaga et al.(2011)的一项制造企业服务创新的多案例研究也得出了类似强调发挥资源溢出的协同效应的结论。另一方面,企业服务创新实践是一种知识创造活动。制造企业从事服务创新实践能进一步获取大量有关"如何提升服务质量、如何开发新服务"的程序性知识。程序性知识是指"知道做事情的程序"(Gupta & Govindarajan,2000),具有难以正规化(formalize)、难以表述(articulate)和难以在不同组织情境间传递(transfer)的特征(Nonaka & Takeuchi,1995)。这些程序性知识不仅有助于制造企业在未来相似情形下提升服务创新的效率和效果,更为重要的是其缄默知识的特性能阻止竞争对手的模仿。

基于上述分析,本研究提出如下假设:

H1:制造企业服务创新战略有助于竞争优势提升。

H1a:渐进式服务创新战略有助于制造企业的市场绩效提升;

H1b:渐进式服务创新战略有助于制造企业的财务绩效提升;

H1c:突破式服务创新战略有助于制造企业的市场绩效提升;

H1d:突破式服务创新战略有助于制造企业的财务绩效提升。

4.2　制造企业服务创新战略、环境动态性与竞争优势关系

本部分在第 3 章探索性案例研究的基础上,基于动态能力理论视角,进一步分析动态环境下制造企业服务创新战略对竞争优势的影响作用,并提出细化的概念模型与相关假设。

4.2.1　理论基础与研究视角

现有文献认为在全球市场竞争日益激烈和商品同质化的压力下,制造企业应该转向服务创新战略来提升竞争地位(Sawhney et al., 2004; Vargo & Lusch, 2004; Wise & Baumgartner,1999)。这些研究主要基于服务自身特性或顾客价值视角,认为服务创新战略能使制造企业的产出更需要客户共同参与生产,需要更多的客户接触以及为顾客创造满意的价值等,从而为制造企业带来重要的收益,如建立顾客关系获取关系价值、提高客户忠诚度、提升议价能力等。尽管上述理论视角有助于人们理解服务创新战略所发挥的作用,但是难以解释为什么制造企业在实施服务创新战略的绩效结果方面会存在差异。

服务创新战略作为制造企业用以创造竞争优势的可行战略选择,本质上是对企业异质性、互补的资源进行重构(Kogut, 1991; Kogut & Zander, 1992),使企业的总体产出(有形产品和无形价值主张)更为独特、难以复制和难以模仿,为企业带来竞争优势(Vargo & Lusch, 2004),而不仅仅是在产出中增加创新服务那么简单。基于这一理解,动态能力理论框架更适合于分析服务创新战略如何及在何种情况下通过影响企业有形和无形资源的可模仿性和价值,为企业带来竞争优势(Barney, 1991; Palmatier et al., 2007)。

资源基础理论建立了组织能力和竞争优势的联系(Barney,1991)。Teece et al.(1997)主张应该从动态的视角看待这些能力,他们认为在模糊以及不可预测的市场环境中,动态能力作为"整合、建立和重构其内外部资源的能力",

是企业竞争优势最为关键的来源之一。Eisenhardt & Martin(2000) 进一步拓展了资源基础理论的动态视角,提出仅当这些动态能力与外界环境一致时,才能获取竞争优势。也就是说,检验企业的战略努力(如服务创新战略)对竞争优势的影响,不仅需要考虑这些战略努力如何利用企业的资源和能力,而且需要考虑企业所处的市场环境。因此,以下将整合动态能力理论和顾客价值创造理论,以之分析在动态而激烈竞争的环境下,服务创新战略是如何影响制造企业重构其有形和无形资源的能力进而为制造企业带来竞争优势的,揭示制造企业服务创新战略对竞争优势的影响作用。

4.2.2 市场动态性对服务创新战略与竞争优势关系的影响作用

环境动态性指的是环境变化的频率高低、是否有固定的模式可循以及是否具有可预测性等特性(Dess & Beard,1984)。不确定性是环境中的不稳定因素带来的,这些不稳定因素带来了识别与理解因果关系所需信息的不足,信息不足会影响企业管理资源创造顾客价值的过程(Sirmon et al.,2007),以及影响企业采用什么样的竞争战略(Miller,1988)。竞争者进入或离开、消费者需求变迁等均可能导致环境动态性的变化(Dess & Rasheed,1993),使企业面临更大的不确定性,从而影响企业战略决策及其战略的绩效结果(Priem et al.,1995)。

一些研究指出,中国的商业环境更具多元性和异质性(Davies & Walters,2004),使企业所处市场环境的动态性和竞争程度更为明显(Zhou et al.,2005;唐晓华等,2003)。Zhou et al.(2005)、李忆 & 司有和(2008)研究创新与企业绩效之间关系时把企业所处环境分为市场动态性和竞争强度两个方面。借鉴上述研究,本研究重点关注市场动态性和竞争强度这两个基本的环境动态性构成维度对制造企业服务创新战略与竞争优势关系的影响作用。

市场动态性(market turbulence)是指客户构成和客户偏好的变化程度(Jaworski & Kohli,1993;Zhou et al.,2005),市场动态程度的提高会对服务创新战略与企业竞争优势之间的关系产生影响。已有研究指出企业能够通过获取客户业务和需求相关的秘密知识建立市场竞争优势(Varadarajan,

1986)。在稳定环境下,企业很容易对顾客的需求和偏好做出判断,不需要通过频繁的客户接触和良好的顾客关系就能获取顾客需求信息,例如,通过查阅产业研究或咨询报告,企业就能够获取详尽的顾客需求以及偏好知识等信息。因此,相对于动态环境来说,在稳定的环境中,制造企业服务创新战略所建立的紧密顾客关系所起到的作用较小。相反,在客户需求和偏好快速变化的环境下,及时、准确地获取客户需求知识将变得困难,企业将面临更大程度的不确定性风险(赵康 & 陈加丰,2001)。此时,缺乏足够的信息使得企业对市场做出正确判断的难度增加,并最终为企业绩效带来不利影响。在这一情况下,制造企业实施服务创新战略所建立的顾客关系将变得更有价值。一方面,与客户建立紧密关系更有利于企业获取有价值的客户需求知识;另一方面,客户在寻求解决方案时,为了更好地获取供应商的帮助,必须"告诉供应商他们独特的需要",这些新的有价值的客户需求知识有助于企业快速地提供新的产品和服务组合(Andrew & Davies,2004),先于竞争对手调整其产品和服务,进而更好地满足客户需要。可见,制造企业服务创新战略能够有效地降低市场动态性所产生的不利影响,从而更有助于提升企业竞争优势。如深南电路通过实施渐进式服务创新战略,让顾客感知到企业以顾客为中心的经营理念,使顾客愿意和深南电路打交道,从而建立了稳固的顾客关系。这使得深南电路能够先于竞争对手了解客户的需求变化,对企业的产品和服务做出快速调整,从而带来市场销售收入的显著增加。类似的,在华为案例中的(1993—1999)阶段,渐进式服务创新战略使得华为与顾客之间建立了"朋友也不足以说明的"良好关系,获得了高顾客忠诚度,并帮助企业获取客户业务方面的需求知识,有效缓解了激烈竞争的压力。

此外,在高度动态的市场环境中消费者偏好频繁变化,使得现有的产品很容易因过时而被淘汰(Jansen et al.,2005)。制造企业能够通过突破式服务创新战略超越现有竞争范围,找到新的市场"利基",有利于企业生存发展(Lumpkin & Dess,2001)。而且动态环境能够激发企业"忘记"当前的惯例,提供利用新出现的市场需求开发服务方案的机会(Miller,1987)。如华为案例中的(2004—2010)阶段,随着电信业务的发展,电信运营的业务定位和需求都发生了明显变化,他们更希望获取一站式解决方案,满足业务发展需要。在这种情况下,华为通过开发网络优化、运维服务方案以及新业务设计服务方案,不仅满足了客户企业的个性化需求,同时也找到了新的市场"利基",为企业创造了新的利润增长点。类似的,聚光科技案例中的(2006—2010)阶段,针对不同细分行业的个性化需求,开发满足客户深层次的定制化需求的服务方案和产品,超越原有产品竞争范围,不仅有效促进了企业销售增长,而且带来了利润提升。

由上述可见,渐进式/突破式服务创新战略都能够弱化市场动态性产生的不利影响,增加企业的竞争优势,也即越是在高度市场动态的环境下,服务创新战略对制造企业提升竞争优势越重要。因此我们提出如下假设:

H2:市场动态性在制造企业服务创新战略与竞争优势关系中起正向调节作用。

H2a:市场动态性越高,渐进式服务创新战略对企业市场绩效的贡献越大;

H2b:市场动态性越高,突破式服务创新战略对企业市场绩效的贡献越大;

H2c:市场动态性越高,渐进式服务创新战略对企业财务绩效的贡献越大;

H2d:市场动态性越高,突破式服务创新战略对企业财务绩效的贡献越大。

4.2.3 竞争强度对服务创新战略与竞争优势关系的影响作用

第二个可能影响制造企业服务创新战略与竞争优势之间关系的环境因素是竞争强度。竞争强度(competition intensity)主要是指企业所面临竞争的激烈程度(Jaworski & Kohli, 1993; Zhou et al., 2005)。

随着竞争强度增加,企业原有平衡或竞争优势会由于竞争对手的模仿或创新而被削弱(Zhou et al., 2005),也即竞争强度越大,企业的生存和发展越困难。制造企业可以通过实施渐进式/突破式服务创新战略消除这种不利影响。渐进式与突破式服务创新战略都能够帮助制造企业建立与顾客的高质量关系(Hu et al., 2009),长期稳定的顾客关系能够增加顾客的转换成本,降低客户转换供应商的意愿(Hopkinson, 2000),从而有效缓解竞争压力。如深南电路的案例通过实施渐进式服务创新战略让客户明显能够感受到深南电路认真负责的态度,建立稳固的顾客关系,使得与客户之间的业务合作不会因为各种意外而受到干扰,产品订单基本保持了快速增长。类似的,华为在(1993—1999)阶段,通过渐进式服务创新战略与顾客之间建立了"朋友也不足以说明的"良好关系和高顾客忠诚度,有效地缓解了激烈竞争的压力。再如华为的(2004—2010)阶段,华为管理者认为"服务方案都是要和运营商共同来完成,不断地和客户讨论、总结,听取他们的意见,随着与客户交往的深度增加,我们之间的信任程度也在提高,建立了战略伙伴关系",这一深层次的战略合作关系不仅能够带来高价值的顾客信息,而且能够有效抵御竞争对手的侵蚀。案例企业的这些表现一致表明了服务创新战略能够在一定程度上降低激烈竞争所产生的负面影响。

另外,在低度竞争的环境中,缺乏有价值的、稀缺性资源的企业也有可能获得明确的、可预期的收益。但是随着竞争强度增加,企业通过独特、难以复制的有形和无形资源形成竞争优势则更为重要(Hunt & Morgan, 1995)。突破式服务创新战略不但能够建立更深层次的战略合作关系,更为重要的是开发服务方案的创新实践会创造大量关于"如何开发新服务方案"的程序性知识(Kumar et al., 1998),有效促进了企业资源发展。这些缄默的、难以在组织间传递和复制的独特资源不仅能够阻止竞争对手的模仿对资源租(Adner & Zemsky, 2006)的侵蚀,而且有助于制造企业开发出更为独特的服务方案,探索、满足新的市场需求,进而与单纯的设备制造商和服务供应商形成更大的差异,拉大与竞争对手的差异化(Zahra, 1993),从而在激烈的竞争中变得更有价值。从上述可见,相对于稳定的环境来说,突破式服务创新战略对企业竞争优势将起到更为重要的作用。这在华为(2004—2010)阶段和聚光科技的(2006—2010)阶段都表现得比较明显。这两家案例企业通过服务创新战略在激烈的市场竞争中不仅取得了市场的快速增长,利润也大幅增加。

基于上述分析,在竞争激烈的环境下,渐进式和突破式服务创新战略所带来的顾客关系、顾客忠诚及资源提升(资源溢出和所创造的程序性知识)将对企业竞争优势发挥更大的影响作用,因此,我们提出如下假设:

H3:竞争强度在制造企业服务创新战略与竞争优势关系中起正向调节作用。

H3a:竞争强度越大,渐进式服务创新战略对企业市场绩效的贡献越大;

H3b:竞争强度越大,突破式服务创新战略对企业市场绩效的贡献越大;

H3c:竞争强度越大,渐进式服务创新战略对企业财务绩效的贡献越大;

H3d:竞争强度越大,突破式服务创新战略对企业财务绩效的贡献越大。

4.2.4 小结

在第 2 章文献综述和第 3 章探索性案例研究的基础上,本节整合动态能力理论与顾客价值创造理论视角分析了市场动态性与竞争强度在制造企业服务创新战略影响竞争优势关系中的作用,提出了 H2 和 H3 两组共 8 个假设以及概念模型(见图 4.2)。

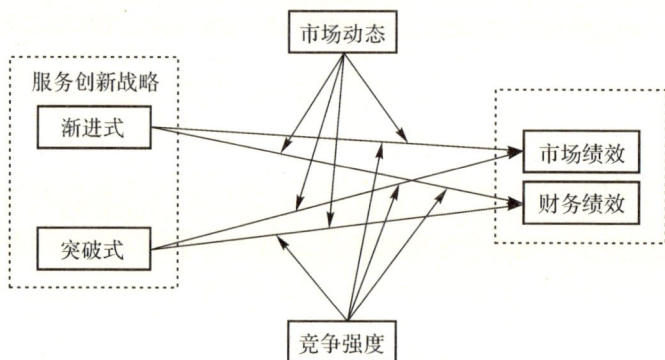

图 4.2 制造企业服务创新战略、环境动态性与竞争优势概念模型

4.3 制造企业服务创新战略与技术能力匹配对竞争优势的影响

第 3 章的探索性多案例研究发现了制造企业服务创新战略与企业技术能力之间存在匹配关系,本章将进一步结合理论对探索性案例研究的结果进行深入讨论,分析制造企业服务创新战略与企业技术能力匹配以及动态环境下这一匹配关系对竞争优势的影响作用,最后得出细化的概念模型与相关假设。

4.3.1 理论基础与研究视角

一系列基于顾客价值理论视角的研究指出制造企业制定实施服务创新战略有助于差异化产品(蔺雷 & 吴贵生，2007)，拉近与顾客的距离，提高顾客忠诚度(Palmatier et al.，2006；Schmenner，2009)，建立持续的客户关系，获取关系租金(Robinson et al.，2002)，是动态而激烈的市场竞争环境下制造企业获取竞争优势的又一重要战略途径(Gebauer et al.，2010；Matthews & Shulman，2005；Vargo & Lusch，2004；诸雪峰等，2011)。但这些研究把制造企业视为同质的，忽视了制造企业可能具有不同资源特点(Sawhney et al.，2004；Wise & Baumgartner，1999)，对于拥有不同资源能力的制造企业到底应该如何选择并实施服务创新战略这一问题理解不够深入，限制了研究结论的适用性和理论意义。

战略管理的资源基础观认为，竞争优势是由企业特有的资源基础及企业能否采取合适的战略有效利用这些资源和能力所决定的(Black & Boal，1994；Wernerfelt，1984；Ketchen et al.，2007)，企业战略与资源基础的匹配、结合程度是企业能够获取竞争优势的重要前提(Black & Boal，1994)。正如第 2 章相关文献综述部分所阐述的，随着资源基础观的兴起，大量学者开始从企业的内部资源角度解释企业竞争优势的来源(Bamey，1991；Perteraf，1993)。随着研究的深入，一些研究认为企业获取租金不仅仅是因为其有更好的资源，还因为其具有能够更好地利用资源的独特能力(Mahoney & Pandian，1992)或是能对资源发展和部署相机决断(Amit & Schoemaker，1993)。企业战略行动或管理行为与企业资源基础之间的匹配关系更有利于企业把这些资源转变为持续竞争优势，并最终表现为在市场上超过竞争对手的高绩效结果(Fahy，2000)。Edelman et al.(2005)的研究也指出战略在本质上体现为企业资源的配置方式，企业的战略只有与相应资源相匹配，企业才能取得好的绩效结果。进一步地，Bharadwaj et al.(1993)强调企业战略与企业资源基础的匹配是其获取竞争优势的前提，战略作为资源配置方式对企业资源发挥效用的程度起着关键的调制作用。Hill & Jones(1998)也提出类似的观点，他们认为企业战略与企业资源基础之间的匹配和互补是企业获取持续竞争优势的动力源泉。从上述可以发现,企业战略与其资源基础匹配或交互程度影响企业竞争优势的观念已被越来越多的资源管理学者所认可并接受,并且形成了一些比较典型的战略与企业资源基础匹配的竞争优势分析框架(Edelman et al.,2005;Frynas et al.,2006;Ketchen et al.,2007;Sirmon et al.,2007)。

基于上述理论逻辑,本研究认为制造企业服务创新战略决策不仅要考虑与企业产品业务的关系,同样也会受到企业资源基础的制约,其对竞争优势的影响作用同样依赖于组织内部资源和能力的强弱。更为具体来讲,本研究重心在于探讨企业服务创新战略与企业技术能力之间是否存在匹配关系,这种匹配关系是否会对企业竞争优势产生影响以及如何产生影响。本部分基于上述理论基础以及第3章探索性案例研究的发现,提出总体假设:制造企业服务创新战略与技术能力匹配会对企业竞争优势产生更大影响。

4.3.2 制造企业服务创新战略与技术能力匹配

创新是价值创造的主要来源(Amit & Zott,2001)。制造企业渐进式和突破式服务创新战略在价值创造程度上存在不同,渐进式服务创新战略是一种价值增值战略,能够有效增加有形产品的核心价值,而突破式服务创新战略是一种价值创新战略,通过整合产品和服务为顾客开发定制化的解决方案,为顾客创造更大价值(程巧莲 & 田也壮,2008;赵立龙等,2012)。总体上,这两类服务创新战略在与企业技术能力匹配关系上存在一定差异,以下将整合资源基础理论和顾客价值理论对二者的匹配关系进行具体分析。

4.3.2.1 渐进式服务创新战略与技术能力匹配

战略管理的资源基础理论认为有价值、难以模仿和难以替代的异质性资源是企业竞争优势的潜在来源,企业可以凭借所拥有的异质性资源提供有别于竞争对手的独特产品或服务(Barney,1991;Peteraf,1993)。技术能力作为制造企业的重要战略资源(Afuah,2002),是嵌入在组织惯例中的一种与技术知识和资源相关的组织能力,具有有价值、难以模仿和难以替代的特征(Hamel & Prahalad,1994),因而代表了竞争优势的潜在来源(Afuah,2002;Tsai,2004)。

在技术能力如何为企业带来竞争优势方面，现有研究表明，技术能力能促进企业的创新活动，进而创造出独特的产品或服务来获取竞争优势。如 Acha（2000）指出技术能力使企业能够通过比竞争对手更有效率的产品和过程创新对动态的市场环境做出快速反应，形成基于效率的低成本和基于创新的差异化优势（Verona，1999）。García-Muiña & Navas-López（2007）提出了战略技术能力的概念，认为这一能力使企业能够整合、调动不同技术资源，从而成功开发创新性产品或工艺流程，并能够在特定环境中通过执行竞争战略来创造价值。这些研究指出了技术能力提升使企业获得竞争优势的可能性。

更为重要的是，制造企业的技术能力直接决定着有形产品的物理功能特性和顾客感知的产品绩效，最终影响顾客所感知的收益和价值（Woodruff，1997；Zeithaml，1991；Afuah，2002），因而决定了企业的竞争绩效。这是因为，客户选择企业的产品是因为企业的最终产出能够提供超过竞争对手的价值（Afuah，2002）。Afuah（2002）的研究从三个层面对顾客价值进行了分析：第一层是客户感知的绩效特征，客户依据自身的活动系统和价值网络评价产品绩效（Christensen & Bower，1996）。第二层是产品的物理功能特性。以计算机为例，计算机的处理速度是产品绩效，客户会根据自身的需求目标对计算机的整体绩效进行评价。处理速度是不同的物理特征的整体功能，如 CPU 的型号规格、存储能力、硬盘容量等。第三层是其他特征，如是否便于顾客使用产品达成目标或目的等。对于制造企业，技术能力决定了产品性能和绩效，也决定了顾客所感知总体价值的核心部分（Teece，1986；Afuah，2002）。对于制造企业，顾客总体感知价值不仅依赖于企业技术能力，也同样依赖于企业的互补性资源和能力（Teece，1986），这些互补性的资源和能力同样能够降低顾客成本、增加感知价值（Afuah，2002）。渐进式服务创新战略能够有效降低顾客获取、使用产品的成本，便于顾客使用产品达成目标，同样有助于提升顾客感知的总体价值。而当企业的最终产出能够提供超过竞争对手的价值，就能够争取到客户的选择（Afuah，2002）。因此本研究认为渐进式服务创新战略在一定程度上与技术能力之间存在互补性，其与较低技术能力匹配更有助于竞争优势提升。具体来说：

当制造企业技术能力较低时,企业在产品质量、性能等方面很难与竞争对手抗衡,难以为顾客提供超出竞争对手的价值,因而在市场竞争中会处于明显的弱势地位。一方面,渐进式服务创新战略能够为顾客提供优质的产品支持服务(如安装、设备维修、检修、零部件供应和管理等),不仅能够降低顾客获取使用产品的成本,而且能够确保产品发挥正常功能,为客户企业使用产品达成期待目标提供保障,从而有效增加顾客感知的总体价值,为企业带来竞争优势(格罗鲁斯,2008)。另一方面,与技术能力增长需要长期投入和较长的学习积累过程相比,渐进式服务创新战略在资金、技术等方面的要求较低,能够快速建立非技术市场差异化优势(Brax,2005;Miller,1987),这也使得低技术能力实施渐进式服务创新战略成为可能。这在第3章的深南电路和华为案例中表现得都比较明显,如在华为的稳步增长阶段(1993—1999),华为的技术能力处于国内较弱水平,在产品质量和性能方面存在很多缺陷,功耗非常大,与国内外企业如西门子、上海贝尔、大唐电信、中兴通讯等相比毫无优势可言。华为正是通过制定实施渐进式服务创新战略,发挥了类似于蔺雷等(2007)提出的"质量弥补"和"服务增强"效应,在市场提供了超出竞争对手的价值,有效弥补了企业技术能力不足,为企业带来市场销售收入的快速增长和利润提升。

而随着企业技术能力的提升,制造企业有形产品在质量、性能等方面也得到显著提升,客户在使用产品过程中不再需要优质的产品支持服务来保障产品发挥正常功能,客户企业对产品支持服务的敏感程度明显下降,渐进式服务创新战略的效果被削弱。这在第3章华为案例增长停滞阶段(2000—2003)中也表现得比较明显,该阶段华为的技术能力已经处于国内领先水平,产品质量、性能也得到显著提升,此时华为依旧选择渐进式服务创新战略,但绩效出现下降。

基于上述论述,本书提出如下假设:

H4:渐进式服务创新战略与低技术能力匹配更有助于企业竞争优势提升。

H4a:渐进式服务创新战略与低技术能力匹配更有助于企业市场绩效提升;

H4b:渐进式服务创新战略与低技术能力匹配更有助于企业财务绩效提升。

4.3.2.2 突破式服务创新战略与技术能力匹配

与渐进式服务创新战略不同,突破式服务创新战略通过对现有产品和服务进行重构，不断开发新的服务方案，甚至提供新的设计、创造新的市场，为客户创造独特收益（Kim & Mauborgne，1997；McDermott & Prajogo，2012），构成了顾客总体感知价值的核心（Gremyr，2010；赵立龙等，2012）。从制造企业实施突破式服务创新战略的最终产出结果上来看，为顾客提供整合产品和服务的解决方案作为一种技术密集型服务，其并不是简单的服务和产品的叠加，而是为了迎合客户的特定需要而开发的"服务包"，具有高技术性、创新性和复杂性等特征（Ceci & Prencipe，2008）。Ceci & Prencipe（2008）研究指出开发服务方案需要甄选、整合来自企业内部、外部多种不同技术成分，因此企业的已有技术能力至关重要。类似的，Allmendinger & Lombreglia（2005）等强调制造企业实施突破式服务创新战略提供整体解决方案"必须基于硬件领域的技术能力"。由此可见，制造企业突破式服务创新战略在一定程度上会受到企业技术能力水平的制约。

当企业技术能力较低时，制造企业很难实施突破式服务创新战略为顾客开发定制化的解决方案，或者难以达成预期效果。这是因为，一方面，成功开发服务方案需要整合企业内部和外部的多种技术知识，这一创新过程"既不同于单纯的基于有形技术的产品创新，也不同于基于无形能力的服务创新，它更多的是产品—服务系统的综合创新"（张文红等，2010），企业必须具备一定宽度和深度的技术能力才能够整合不同技术资源来开发复杂的多重技术服务解决方案（Prencipe，2000）。另一方面，制造企业在开发服务方面同样面临着激烈的竞争——第三方专业服务企业和客户自身的努力，在缺乏技术优势的情况下所开发的服务方案很难得到客户的认可，企业的创新就难以在市场上实现。在华为案例中，我们也能发现明显的证据，华为的受访者指出"针对客户需求开发的服务方案的技术性和专业性比较强，不像其他一些服务……客户所需要的正是我们的技术实力和专业经验，而在早期我们虽然见到国外竞争对手在这样做，但是苦于缺乏技术基础，直到2003年我们才真正开始尝试为客户提供专业服务方案"。

随着企业技术能力的提升，突破式服务创新战略能够与已有技术能力之间形成互补，进一步发挥制造企业已有技术优势，为企业带来竞争优势。互补性的概念起初是由 Edgeworth(1925)提出的,互补性的核心思想是指如果某种活动的实施或者增强会导致其他活动收益的产生和增加,那么这些活动就具有互补性,这一互补性产生于这些活动在系统演化过程中的相互作用。一方面较强的技术能力帮助制造企业建立了技术声誉,使服务方案能够得到客户的认可,拓展了企业战略选择的空间。并且较强的技术能力使制造企业更易于理解客户企业的需求,整合多种不同技术资源,开发出更符合企业客户预期的服务方案,最大限度地为顾客创造新价值。可见高技术能力能够与突破式服务创新战略形成互补,产生更大收益。另一方面,突破式服务创新战略利用已有技术知识和客户知识,产生知识溢出的协同效应,同样有利于形成互补性收益(Markides & Williamson,1994)。产品和服务方案开发之间的知识溢出进一步增强了企业知识资源的复杂性和因果模糊性(Reed & DeFillippi,1990),从而仅是产品竞争对手,或仅是服务供应商都将难以复制资源溢出收益和整合产品、服务的互补性收益。这在第 3 章案例研究中也可发现,聚光科技基于自身建立了光谱类、分析化学类、色谱类、电化学类、光纤传感类等分析技术能力,为顾客开发"地下水监测服务方案"、"VOCs 在线监测服务方案"、"空气质量在线监测服务方案"、"数字环保信息系统"等服务方案,不仅最大化地发挥已有技术资源优势,为顾客创造了全新的价值,而且抵御了强大的竞争对手如西门子、ABB 等的挤压,获取远高于竞争对手的超额收益。华为也在(2004—2010)阶段基于自身强大的技术能力,为顾客开发智能网运营系统服务方案、网络部署方案等,发挥已有技术资源优势,为顾客创造全新的价值,从而摆脱竞争泥潭,取得远高于竞争对手的市场增长和高额财务回报。

基于上述分析,本研究提出以下假设:

H5:突破式服务创新战略与高技术能力匹配更有助于企业竞争优势提升。

H5a:突破式服务创新战略与高技术能力匹配更有助于企业市场绩效提升;

H5b:突破式服务创新战略与高技术能力匹配更有助于企业财务绩效提升。

4.3.3 服务创新战略、技术能力、环境动态性对竞争优势的叠加影响

对于制造企业来说,其服务创新战略决策不仅需要考虑内部条件,同时也

需要综合考虑企业的外部环境条件。因此,本小结在前文分析的基础上继续深入探讨制造企业服务创新战略、技术能力与环境动态性对企业竞争优势的叠加影响效应,以期为企业实践提供更有意义的指导。

4.3.3.1 服务创新战略、技术能力、市场动态性对竞争优势的叠加影响

从前文分析结果得知,市场动态性对于制造企业渐进式和突破式服务创新战略与竞争优势关系均具有正向调节作用。但是技术能力对渐进式服务创新战略与竞争优势关系具有反向调节作用,即技术能力较低的情况下,渐进式服务创新战略更能发挥对竞争优势的影响作用;技术能力对于突破式服务创新战略与竞争优势的关系具有正向调节作用,即技术能力越高,制造企业的突破式服务创新战略更能发挥对竞争优势的重要影响作用。但是对于制造企业来说,制定战略决策需要同时考虑企业内部技术能力和外部动态环境的影响,因此,以下将分析制造企业服务创新战略—技术能力匹配在动态市场环境下对竞争优势的影响作用。

对于低技术能力的制造企业来说,基于吸收能力理论视角,在市场越来越动态的环境下,其越难以吸收、解析外部需求信息,因此在市场高度动态的环境下,企业的经营将面临更大困难。从前述分析可知,渐进式服务创新战略不仅能够与企业技术能力形成互补,弥补企业技术能力不足的缺点,并且其建立的顾客关系在市场动态环境下更有助于企业获取有关顾客需求的秘密知识,从而有助于企业建立市场优势。从这一点上来说,在制造企业内部技术能力弱、外部市场动态性越来越强的情况下,渐进式服务创新战略所建立的顾客关系更有价值,而且有助于企业获取关系价值。由此可知,技术能力较低的制造企业在高度市场动态环境下,渐进式服务创新战略更能发挥对竞争优势的影响作用。

对于具有高技术能力的制造企业,在市场越来越动态的环境下,突破式服务创新战略不仅能通过建立顾客关系获取顾客需求知识,而且在开发服务方案的过程中顾客必须"告诉供应商他们独特的需要"。一方面,这些有价值的客户需求知识为制造企业先于竞争对手快速调整产品和服务组合提供了可能性(Andrew Davies,2004);另一方面,企业的高技术能力也使得这一可能性得以顺利实现,不断开发全新的服务方案,为企业创造新的市场"利基"。因

此,制造企业突破式服务创新战略在高技术能力和高度市场动态环境下更能够形成对竞争优势的叠加影响。

综上所得,我们提出以下假设:

H6:制造企业服务创新战略、技术能力及市场动态性对企业竞争优势具有叠加影响。

H6a:对于低技术能力的制造企业,在高市场动态性环境下适配性地实施渐进式服务创新战略更有助于企业市场绩效提升;

H6b:对于高技术能力的制造企业,在高市场动态性环境下适配性地实施突破式服务创新战略更有助于企业市场绩效提升;

H6c:对于低技术能力的制造企业,在高市场动态性环境下适配性地实施渐进式服务创新战略更有助于企业财务绩效提升;

H6d:对于高技术能力的制造企业,在高市场动态性环境下适配性地实施突破式服务创新战略更有助于企业财务绩效提升。

4.3.3.2 服务创新战略、技术能力、竞争强度对竞争优势的叠加影响

从前文分析结果得知,竞争强度对于制造企业渐进式和突破式服务创新战略与竞争优势之间关系均具有正向调节作用,而不同技术能力水平与制造企业两类服务创新战略之间存在不同的匹配关系。以下将分析制造企业服务创新战略与技术能力匹配在高竞争强度环境下对竞争优势的影响作用。

对于低技术能力的制造企业来说,其在市场竞争中处于不利地位。随着市场竞争激烈程度的增加,企业经营将面临更大困难,生存发展机会更小。虽然制造企业通过实施渐进式服务创新战略能够在一定程度上弥补企业技术能力的不足,但是在竞争更趋激烈的条件下,低技术能力的制造企业渐进式服务创新战略与其竞争优势的关系变得更为复杂。一方面,渐进式服务创新战略能够降低顾客获取、使用产品的成本,增加顾客总体感知价值,并且有助于建立顾客关系、形成顾客忠诚,保持或促进市场销售收入的稳定。但是,另一方面,在竞争激烈的环境下,竞争对手也会相应地采取这一战略,努力提升产品支持服务的效率和质量,为了在更大程度上凸显渐进式服务创新战略的竞争效果,所有竞争企业都会加大对渐进式服务创新战略的资源投入,从而产生更

大成本,而且渐进式服务创新战略所带来的议价能力在高度竞争环境下也会受到制约,从而对企业的财务绩效产生不利影响。基于上述分析我们可知,对于技术能力较低的制造企业,在高竞争强度的环境下,渐进式服务创新战略对企业的市场绩效更能发挥重要作用,而对于财务绩效影响不显著。

对于技术能力较高的制造企业,市场竞争强度增加,同样也会为企业带来不利影响。但是制造企业的突破式服务创新战略不仅能够为企业带来紧密的顾客关系和更高的顾客忠诚度,其开发整合产品和服务的解决方案还能够与有形产品业务之间产生更大程度的资源溢出、知识共享,并且服务方案开发的实践过程能够创造更多程序性知识,从而促进企业资源的发展和提升,进一步使得企业所拥有的资源禀赋更加具有复杂性和因果模糊性,保护其不受竞争对手模仿和侵蚀(Reed & DeFillippi,1990),因此激烈的市场竞争环境更可能成为竞争优势的关键来源(Kumar et al.,1998)。基于上述分析我们可知,对于技术能力较高的制造企业,在高竞争强度的环境下,突破式服务创新战略更能够对企业的市场绩效和财务绩效发挥重要作用。

综合上述分析,本书提出如下假设:

H7:制造企业服务创新战略、技术能力及竞争强度对企业竞争优势具有叠加影响。

H7a:对于低技术能力的制造企业,在高竞争强度环境下适配性地实施渐进式服务创新战略更有助于企业市场绩效提升,而对财务绩效贡献不显著;

H7b:对于高技术能力的制造企业,在高竞争强度环境下适配性地实施突破式服务创新战略更有助于企业市场绩效提升;

H7c:对于高技术能力的制造企业,在高竞争强度环境下适配性地实施突破式服务创新战略更有助于企业财务绩效提升。

4.3.4 小结

在第3章探索性案例研究的基础上,本节通过进一步理论分析,基于资源基础理论视角和顾客价值理论视角深入剖析了制造企业服务创新战略与企业技术能力匹配对竞争优势的影响机理,并分析了在市场动态与高度竞争环境的匹配关系对竞争优势的叠加影响作用,提出了 H4—H7 四组 11 个假设以及概念模型(见图 4.3)。

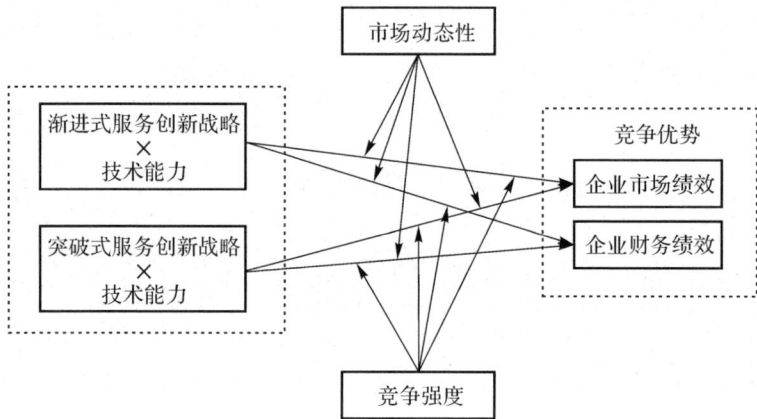

图 4.3　制造企业服务创新战略—技术能力匹配、环境动态性与竞争优势概念模型

4.4　本章小结

本章在第 2 章文献梳理和第 3 章探索性案例研究的基础上,通过系统的理论分析,形成了制造企业服务创新战略对企业竞争优势影响机制的概念模型(见图 4.2 与 4.3),并提出 H1—H7 七组 23 个假设,汇总如表 4.1 所示。

在上述概念模型中,根据第 2 章理论研究和第 3 章探索性案例研究,本研究将制造企业服务创新战略细分为渐进式和突破式服务创新战略两个构成维度。为进一步精确区分渐进式和突破式服务创新战略的作用效果,本研究将竞争优势分为企业相对竞争对手的市场绩效和财务绩效两个维度,深入分析不同类型服务创新战略与竞争优势不同维度之间的关系;同时在文献归纳和探索性案例研究的基础上,提出技术能力和环境动态性两个情境变量会在服务创新战略与竞争优势之间关系中发挥重要的影响作用。根据本章理论分析提出基本假设:渐进式和突破式服务创新战略对企业竞争优势的两个维度均有正向影响。环境动态性会促进服务创新战略对竞争优势的影响,服务创新战略与技术能力匹配对竞争优势有正向影响,环境动态性会促进这一匹配关系对竞争优势的影响作用。

表 4.1 制造企业服务创新战略对竞争优势影响机制的假设汇总

假设	假 设 关 系 描 述
H1	制造企业服务创新战略有助于对竞争优势提升
H1a	渐进式服务创新战略有助于制造企业市场绩效提升
H1b	渐进式服务创新战略有助于制造企业财务绩效提升
H1c	突破式服务创新战略有助于制造企业市场绩效提升
H1d	突破式服务创新战略有助于制造企业财务绩效提升
H2	市场动态性在制造企业服务创新战略与竞争优势关系中起正向调节作用
H2a	市场动态性越高,渐进式服务创新战略对企业市场绩效的贡献越大
H2b	市场动态性越高,突破式服务创新战略对企业市场绩效的贡献越大
H2c	市场动态性越高,渐进式服务创新战略对企业财务绩效的贡献越大
H2d	市场动态性越高,突破式服务创新战略对企业财务绩效的贡献越大
H3	竞争强度在制造企业服务创新战略与竞争优势中起正向调节作用
H3a	竞争强度越大,渐进式服务创新战略对企业市场绩效的贡献越大
H3b	竞争强度越大,突破式服务创新战略对企业市场绩效的贡献越大
H3c	竞争强度越大,渐进式服务创新战略对企业财务绩效的贡献越大
H3d	竞争强度越大,突破式服务创新战略对企业财务绩效的贡献越大
H4	渐进式服务创新战略与低技术能力匹配更有助于企业竞争优势提升
H4a	渐进式服务创新战略与低技术能力匹配更有助于企业市场绩效提升
H4b	渐进式服务创新战略与低技术能力匹配更有助于企业财务绩效提升
H5	突破式服务创新战略与高技术能力匹配更有助于企业竞争优势提升
H5a	突破式服务创新战略与高技术能力匹配更有助于企业市场绩效提升
H5b	突破式服务创新战略与高技术能力匹配更有助于企业财务绩效提升

续表

假设		假 设 关 系 描 述
H6		制造企业服务创新战略、技术能力及市场动态性对企业竞争优势具有叠加影响
	H6a	对于低技术能力的制造企业,在高市场动态性环境下适配性地实施渐进式服务创新战略更有助于企业市场绩效提升
	H6b	对于高技术能力的制造企业,在高市场动态性环境下适配性地实施突破式服务创新战略更有助于企业市场绩效提升
	H6c	对于低技术能力的制造企业,在高市场动态性环境下适配性地实施渐进式服务创新战略更有助于企业财务绩效提升
	H6d	对于高技术能力的制造企业,在高市场动态性环境下适配性地实施突破式服务创新战略更有助于企业财务绩效提升
H7		制造企业服务创新战略、技术能力及竞争强度对企业竞争优势具有叠加影响
	H7a	对于低技术能力的制造企业,在高竞争强度环境下适配性地实施渐进式服务创新战略更有助于企业市场绩效提升,而对财务绩效贡献不显著
	H7b	对于高技术能力的制造企业,在高竞争强度环境下适配性地实施突破式服务创新战略更有助于企业市场绩效提升
	H7c	对于高技术能力的制造企业,在高竞争强度环境下适配性地实施突破式服务创新战略更有助于企业财务绩效提升

5 制造企业服务创新战略对竞争优势影响机制实证研究方法

本研究除了应用案例研究方法探索提出理论命题之外，还将运用大样本实证研究方法对制造企业服务创新战略对竞争优势的影响机制进行研究。为了保证研究质量，本章将从问卷设计、变量测量、问卷的小样本测试、大样本数据的收集过程、样本的描述、数据分析方法等方面对本研究的研究设计和实证研究方法做系统阐述，实证研究的具体结果将集中在下一章中进行。

5.1 问卷设计

实证数据的收集工作是本研究的关键步骤，因为所获取数据的质量直接关系到研究的可靠性和有效性。本研究属于企业层面研究，由于在制造企业的财务报告中很少公开与服务创新战略有关的具体行动和结果信息，因此本研究选择问卷调查方法进行数据收集。

合理的问卷设计是获取有效数据并保证数据的信度和效度，进而提高统计分析结果的可靠性和有效性的一个重要前提和保障。因此，科学、合理地设计调查问卷尤为关键。众多学者如 Dunn et al.(1994)和马庆国(2002)等，在进行问卷设计所遵循的原则、流程以及如何提高可靠性等方面，都提出了有益的建议和方法。本研究严格按照这些学者的建议，遵循以下流程进行问卷设计：

(1)文献回顾和田野调查。在对服务创新战略、技术能力、竞争优势评价等方面的文献进行充分阅读分析的基础上,借鉴权威研究的理论构思以及实证研究文献中被广泛引用的成熟量表对测量题项进行设计,初步形成研究的调查问卷,并在此基础上形成了企业访谈提纲,深入多家企业进行了田野调研。最终,测量题项的设计是在综合已有研究中被证实的具有较高信度和效度的量表的基础上,结合本研究的实际需要和本国的文化及语言特点进行修改,同时增加了前期田野调研中新出现的一些题项,形成了问卷的初稿。

(2)与本研究领域的学术专家讨论。问卷初稿形成之后,在包含1位教授、2位副教授以及1名博士后和20多名博士、硕士组成的学术团队内部广泛征求了各位专家的意见,并在团队内部的学术讨论会上对问卷设计进行了汇报和讨论。由于本学术团队的研究方向较为明确,主要集中在战略与创新管理领域,研究者根据团队成员对问卷初稿中部分题项的设置提出的建议对问卷内容进行了调整,并在题项措辞等方面也根据建议进行改进,进一步减少了可能出现的表达不清和歧义的语句,在此基础上形成第二稿问卷。

(3)与企业界专家人士讨论。笔者与杭州聚光科技、杭州海康威视、杭州西子奥的斯电梯有限公司等4家企业的7位管理人员就调查问卷进行了深入交流,征求他们对调查问卷以及相关重要问题的意见,包括:检验各个题项的可理解性和可理解的程度;通过不同人员对同一题项的理解是否存在不一致来识别哪些题项的描述不充分或存在歧义,以进行调整;通过考察他们如何理解服务创新战略、企业技术能力等,检验各个题项是否充分反映程度指标的各个方面等。根据他们的反馈意见和建议,对第二阶段形成的问卷在题项内容、表达方式和用语等方面进行调整、修正,力争使题项能够为企业界人士清晰地理解,形成问卷的第三稿。

(4)通过小样本预测试对题项进行纯化,最终问卷定稿。在第三稿问卷形成后,正式大规模发放问卷之前,本研究对问卷进行小样本试发,并对相关变量测量的信度、效度进行初步检验分析,删除不符合要求的题项,在此基础上形成调查问卷的最终稿(参见附录2)。

整体上调查问卷包括两部分。第一部分是企业的基本信息,要求应答者直接填写或选择相应的选项。第二部分则是关于本书几个关键构念的李克特

7点量表(seven-point Likert scale)。每个数字所代表的含义从1到7逐渐过渡(1＝完全/非常不同意，4＝中立，7＝完全/非常同意)。

由于应答者的回答主要是基于主观评价，加上会受到其他一些因素影响，问卷结果可能会出现一定的偏差，因此需要在问卷设计时充分考虑这些因素带来的负面影响。Fowler(1988)详细指出导致应答者的回答出现偏差的四种情况：①应答者不知道所需答案的信息；②应答者记不得问题答案的信息；③某些问题答案的信息应答者虽然知道，但是不愿意回答；④应答者不能准确理解所问问题的含义。为了尽量减少与消除上述四种情况可能带来的负面影响，本研究采取了相应的控制措施，以期尽可能获取准确答案。

对于①，要求受调查人员尽量是部门负责人或者是高层管理人员，他们更熟悉企业整体运作情况与战略，同时笔者在问卷中特别标注提请，应答者如果出现对问题的答案不确定的情况，则请了解情况的人员协助完成问卷；对于②，由于需要应答者回答的问题大多为公司三年内的情况，因此并不存在回忆或记忆的问题；对于③，在问卷介绍部分特别说明问卷题项不涉及企业及个人隐私以及结果将用于学术研究，不涉及商业用途等，并且承诺对填写者提供的一切信息保密；对于④，由于本问卷在设计过程就广泛听取了学术界和企业界诸多专家与管理者的意见，反复修改完善了问卷的表述与措辞，而且经过了小样本预测试后才确定最终问卷，可以视为排除了由于不理解问题而得不到理想结果的可能性。

另外，为了减少一致性动机问题，本研究在问卷设计中过程中按照郑素丽(2008)的思路和做法，问卷没有谈及研究的主要逻辑关系，在题项的次序上问卷首先询问的是结果变量，其他变量分别安排在后面，这样做就避免了应答者在问卷填写过程受限于一个暗示的逻辑框架，从而降低结果的可靠性(郑素丽，2008)。

5. 2 变量的测量

以下部分将分别对第 4 章概念模型中所涉及的变量测量进行说明,即具体说明用什么样的题项来测量变量,这些变量包括企业绩效(被解释变量)、服务创新战略(解释变量)、技术能力与环境动态性(调节变量),以及企业规模、年龄等相关的控制变量。为了保证测量工具的信度和效度,本研究优先使用已有实证研究中的成熟量表以及相关论述,并根据中文语境以及企业的实际情况进行适当的精炼和修正。

5. 2. 1 竞争优势

竞争优势是被解释变量。有关企业竞争优势的研究文献非常丰富,但是在企业竞争优势的界定和测量方面仍然处于百家争鸣的状态(Richard et al. ,2009)。根据 Peteraf & Barney(2003)的定义,竞争优势是描述在产品市场竞争中与竞争对手相比企业相对绩效的术语。由于竞争优势的抽象性,现有研究中也大多采取企业相对绩效指标作为对竞争优势的代理测量方式,本研究也与这些研究一致,采用这一方法对竞争优势进行测量。

回顾涉及企业竞争优势的研究可以发现,虽然根据研究对象、研究目标和角度以及指标测量的难易程度和方法差异,各个研究都会综合考虑绩效衡量的指标结构,但总体上都是从财务角度及非财务角度来进行衡量(Hooley et al. ,2001;Richard,et al. ,2009)。从财务角度测量采取如资产收益率(ROA)、销售收益率(ROS)等表征企业相对于竞争对手的财务绩效水平指标作为企业竞争优势的代理测量指标,以及从非财务指标方面如相对于竞争对手企业产品市场绩效(销售、市场份额、顾客满意等)及相关利益者等指标进行测量。在本研究中竞争优势作为服务创新战略实施的结果,体现服务创新战略在帮助制造企业获得和保持有利的市场位势方面的重要意义,决定了企业能否获取比竞争对手更高的财务绩效和市场优势(Barney, 1991;Grant, 1991)。因此,本研究也采取多指标测量服务创新战略绩效结果,采用企业相对市场绩效和财务绩效指标作为对竞争优势的衡量指标,这分别代表了企业实施服务创新战略所带来的市场拓展和财务回报方面的成功,同时也有助于更为精确地理解不同服务创新战略的竞争作用(Day & Wensley,1988)。

最后,由于客观和主观指标具有紧密关联,在客观数据难以获取的情况下,用感知方法来评价企业竞争优势和绩效仍然是一种有效的方法(Dess & Robinson,1984),而且当前的管理和战略研究文献中,采用感知数据对企业绩效的测量也是较为流行的方式,因此,我们也采用主观的李克特量表打分来评价企业竞争优势状况。我们根据 Luo et al.(2004)、Tan & Litsehert (1994)、Hunt & Morgan(1995)、Morgan & Berthon(2008)和冯军政(2012)等人的研究,并结合研究需要做了适当调整,提出企业竞争优势的初始测量题项,如表 5.1 所示。

表 5.1　企业竞争优势的初始测量题项

	测 量 题 项	测量的来源
市场绩效	相对于主要竞争对手企业的销售增长较快	
	相对于主要竞争对手的企业市场份额提高较大	
	相对于主要竞争者企业更能吸引新的顾客	Luo et al.(2004);Tan et al.
	相对于主要竞争者企业的客户满意度较高	(1994);Hunt & Morgan
财务绩效	企业息税前总资产收益率高于同行业平均水平	(1995);Morgan & Berthon
	企业息税前总销售收益率高于同行业平均水平	(2008);冯军政(2012)
	相对于主要竞争者企业的产品利润率较高	
	企业的现金流量较为充足	

5.2.2　服务创新战略

根据第 2 章和第 3 章对制造企业服务创新战略的内涵界定和分类,渐进式和突破式服务创新战略是其两种典型的类型(McDermott & Prajogo,2012;Chen et al.,2009;Menor et al.,2002)。与 He & Wong(2004)和 Morgan & Berthon(2008)

的研究一致,我们把渐进式和突破式服务创新战略转化为两个不同的维度,而不是一个连续谱的两个端点(Bierly & Chakrabarti,1996;Katila & Ahuja,2002)。

McDermott & Prajogo(2012)在研究服务创新战略与绩效关系问题时,根据创新程度将服务创新战略分为渐进式和突破式两个维度,并分别用"我们致力于完善现有服务"、"我们经常对现有服务进行小的改进"、"我们经常在当地市场提供现有服务的改进版"、"我们致力于提升提供服务的效率"、"我们致力于提升现有服务的质量"、"我们致力于为现有顾客拓展服务"等六个题项测量渐进式服务创新战略,以及"企业致力于满足顾客新的服务需求"、"企业致力于开发新的服务方案"、"企业致力于在当地市场实验新的服务方案"、"企业致力于销售对于我们企业是全新的服务"、"企业致力于寻求新市场机会"、"企业经常使用新的分销渠道"等六个题项测量突破式服务创新战略。Alam(2006)的研究也以创新程度为分类标准,区分出六种不同的服务创新战略,并采用 11 个题项来测量,这份量表的六种不同的服务创新战略类型为:对于市场是全新的服务、对于企业是新的但是市场已经存在的服务、对于企业是新的交付过程、改进现有服务、拓展服务产品线、补救现有服务。总体上看 Alam(2006)研究中的前三种类型与 McDermott & Prajogo(2012)的突破式服务创新战略的内涵一致,而后三种服务创新战略类型则与渐进式服务创新战略比较一致。Hsueh et al.(2010)的研究类似地区分了渐进式/激进式两种服务创新战略:一类是更有效率地解决相同的顾客问题,如提升服务效率或质量;另一类是组合新的问题和概念形成新的服务方案。在他们的研究中虽然没有提出测量量表,但是对两种服务创新战略包含的理论元素都进行了描述。类似的还有 Menor et al.(2002)的研究,其在研究中基于创新程度不同区分渐进式和突破式两类服务创新战略,并通过理论分析了两种不同战略所包含的特征要素,前者是基于对现有服务风格、形式、特性改进的服务创新战略,后者是基于新服务开发的创新战略。本研究主要在综合、借鉴上述学者研究的基础上进行服务创新战略的量表设计。

需要指出的是,上述服务创新战略主要是基于服务企业情境,缺乏对制造企业情境的考虑,因此本研究在综合、借鉴以上学者的研究成果的基础上,重点结合对制造企业实地调研和探索案例研究结果对测量题项进行适当调整,按照前述问卷设计的步骤和方法,进行多轮学术和企业界访谈,提出更适合制造企业情境的测量问项,最终形成以下初始题项测量制造企业的服务创新战略(见表5.2)。同时为了保证测量可靠有效,在后续研究中还对该量表进行了小样本预测试。

表 5.2　服务创新战略初始测量题项

	测 量 题 项	测量的来源
渐进式 服务创 新战略	我们致力于完善现有产品附属服务功能和种类	McDermott & Prajogo (2012);Gremyr et al. (2010);Menor et al. (2002);Alam(2006)
	我们经常对现有产品附属服务进行小的改进	
	我们致力于提升产品附属服务的灵活性和效率	
	我们致力于改善服务的风格和形式	
	我们致力于快速解决产品使用中出现的问题	
	我们致力于提升现有产品服务的质量	
突破式 服务创 新战略	我们致力于开发新的解决客户业务问题的服务解决方案	
	我们致力于寻求新行业市场的服务业务机会	
	我们经常在当地市场实验全新的服务方案	
	我们致力于使我们的服务方案成为其他企业模仿的对象	
	我们致力于采用新技术开发解决客户业务需求的服务方案	

5.2.3　技术能力

技术能力是指企业有效地开发、吸收、利用技术知识的能力(Tsai,2004;Afuah,2002),对企业竞争优势有重要影响。从第2章对技术能力的综述中可知,有关企业技术能力的测量,研究者主要有两种思路:一种是根据技术能力的构成和技术能力提升过程来定义和测量技术能力;另一种是吸收核心能力、资源观、知识观等理论观点,从企业利用技术知识获取竞争优势的角度来定义和测量技术能力。本研究的关注点与后一视角相同,因此采取企业利用技术知识的能力视角来测量制造企业技术能力。

在研究中采用 Zhou & Wu(2010)所开发使用的技术能力测试量表。

Zhou & Wu(2010)发表在 *SMJ* 上的研究对企业技术能力的测量包含 5 个测试题项,用来测量中国上海及周边省份的企业技术能力。这一量表与 Hobday、Besset 等所开发的、广泛应用于发展中国家企业的技术能力测量量表非常一致。相比之下 Zhou & Wu(2010)的量表更为精练,因此,研究采用 Zhou & Wu(2010)的技术能力测试量表(表 5.3)。

表 5.3　企业技术能力测量题项

测量题项(与主要竞争对手相比做得更好)	测量的来源或依据
能够有效地获取重要的技术信息	
能够快速识别新技术机会	
能够对技术变化做出快速的响应	Zhou & Wu(2010)
掌握最先进的技术知识	
能够持续不断地开展创新活动	

5.2.4　环境动态性

对于环境动态性,本研究仅关注市场动态性与竞争强度这两个环境动态性的基本构成维度。市场动态性是指客户构成和客户偏好的变化速度;竞争强度主要是指企业所面临竞争的激烈程度,激烈的竞争表现为如价格战、促销战、产品同质化等(Jaworski & Kohli, 1993;Zhou et al. , 2005;杨跃,2011)。在市场动态性和竞争强度的测量方面,Jaworski & Kohli(1993)提出的量表较具有代表性,在后续的研究中被广泛使用(Zhou et al. , 2005;Paladino,2008;刘雪锋,2007;冯军政,2012),本研究沿用该量表,并根据研究需要做了适当调整。具体测量题项如表 5.4 和 5.5 所示。

表5.4　市场动态性测量题项

测量题项	测量来源或依据
在企业所在的业务市场,顾客的偏好变化速度很快	
顾客总是趋向于寻求新的产品和服务	Jaworski & Kohli(1993);
新顾客的出现主要来源于公司产品和服务的改善	Zhou et al.（2005）;刘雪
新顾客对产品的相关需求与原有的顾客明显不同	峰(2007);冯军政(2012)
企业主要倾向于满足已有顾客的需求①	

表5.5　竞争强度测量题项

测量题项	测量来源或依据
企业所在行业竞争是恶性竞争	
企业所处行业经常发生"促销战"	Jaworski & Kohli(1993);
其他企业总是很快地提供竞争对手所提供的产品和服务	Zhou et al.（2005）;刘雪
企业所在行业经常发生"价格战"	峰(2007);冯军政(2012)
企业所在行业几乎每天都能听说新的竞争行动	

5.2.5　控制变量

本研究还将对制造企业服务创新战略与企业绩效影响较大的几个变量进行控制,这些变量分别是企业规模、企业年龄、销售收入与研发投入。这些变量虽然不是本研究的研究焦点,但是其对企业的服务创新战略与绩效可能产生影响,因而有必要在模型中进行控制。

企业规模是影响企业行为和决策的重要变量(Nadler & Tushman,1988),也是与企业绩效相关的变量。企业规模越大,越可能有更多的资源与能力实施突破式服务创新战略,而小的企业可能更多地采取渐进式服务创新战略,规模大的企业还能获取规模效应和声誉优势,从而可能取得更好的绩效。在研究中用企业员工人数来表征企业规模。考虑到企业规模对企业战略与绩效的

---

① 对该题项的分值需要进行调整,具体方法是:调整后分值=8-调整前分值。

影响的边际作用可能是递减的,将企业员工人数的自然对数值作为企业规模的代理变量进行测量(Pertusa-ortgea et al.,2010)。

企业年龄也是影响企业技术能力、服务创新战略及竞争优势的重要因素。长期经营的企业通常能够积累较多的资源、能力,有助于企业实施服务创新战略,同时绩效也可能更好,因此,在研究中也将其作为控制变量。企业的年龄为企业自成立起至今(2012年)的经营年份。另外,企业销售收入和研发投入等也会对企业的战略倾向和绩效产生影响,因此也有必要进行一定的控制。企业的研发投入强度是影响企业创新战略决策的最重要变量之一,这在创新领域的实证研究中都已经得到了证实。在本研究中研发投入强度直接以企业研发投入占销售收入的比重来测量,销售收入则采取李克特7点量表分成七个等级进行测量。

5.3 问卷的小样本测试

在进行大样本问卷发放之前,根据导师组专家的建议,本研究先对研究设计的初始问卷进行小样本预测试,以对相关变量测量的有效性进行分析,作为修改问卷内容的依据,以获取精简、有效的变量测量量表。

5.3.1 小样本的分析方法

本研究主要通过小样本的信度和效度分析来筛选变量的测量题项,以达到精炼测量量表和保证有效性这一目标。

信度(reliability)指测量量表在测量时的稳定性与一致性。"在研究过程中,即使使用前人编制或修订过的量表,最好还是经预测工作,重新检验其信度"(吴明隆,2003)。依惯例李克特量表的内部一致性信度检验用Cronbach's α 系数表征。大多数学者认同将0.7作为高信度标准的Cronbach's α 系数的参考值,即 α 值大于0.7是可以接受的(吴明隆,2003)。本研究用SPSS软件中测量(scale)模块的可靠性分析对变量进行信度检验,并利用 Cronbach's α 信度系数法检验测量条款的信度,假如删除某个测量条款,α 系数增大,则表示可以删除该条款。

效度(validity)指测量工具能正确测量出想要衡量的性质的程度,即测量的正确性,通常包括内容效度(content validity)和构思效度(construct validity)等。内容效度旨在检测衡量内容的适切性,其有效程度主要基于定性的判断。鉴于本研究所设计与使用的问卷题项均来自已有文献广泛采用、验证的量表,许多学者都使用过这些量表进行实证研究,并且本研究量表同时结合了实地调研与专家意见进行修订,因此认为问卷具有相当的内容效度。构思效度旨在验证所测的题项是否能测量想要测的项目,通常采用因子分析方法对构思效度进行检测。对理解测量结果的含义而言,构思效度是最重要的效度指标之一,因此,我们也采用探索性因子分析(exploratory factor analysis,EFA)对问卷的理论构思效度进行验证。在作探索性因子分析前,首先需要对样本进行 KMO(Kaiser-Meyer-Olykin)样本充分性测试和巴特莱特球体检验(Bartlett Test of Sphericity),用以判断是否可进行因子分析(马庆国,2002)。按照经验判断方法,当 KMO 值大于等于 0.7,巴特莱特球体检验统计值具有统计意义上的显著性,并且各题项的载荷系数均大于 0.5 时,可以将同一变量的各测量题项合并为一个因子(马庆国,2002;Prajogo & McDermott,2005)。此处借鉴并引用了这一标准,对 KMO 值在 0.7 以上的量表进行因子分析。

研究使用 SPSS 软件中数据降维(data reduction)模块中的因子分析功能进行探索性因子分析,选用主成分分析(principle component methods)和最大方差法旋转(Varimax),提取特征根(eigenvalue)大于 1 的因子,同时,在对题项的区分效度评价时,遵循如下原则:①当一个题项自成一个因子时,则将该题项进行删除;②当题项在所属因子的载荷量小于 0.5 时,则将该题项删除;③如果题项在两个或两个以上因子的载荷大于 0.5,则属于横跨因子现象。每一项目所对应的因子载荷越大,同时在其他因子的载荷越小,这样才具有区分效度,因此为了提高不同变量测量题项之间的区分效度,考虑将该题项删除。

5.3.2 小样本数据分析

本研究的小样本测试主要在浙江省的资本设备制造企业中进行,在浙江省经济和信息化委员会企业培训处人员的协助下,采取简单随机抽样的方式抽取 73 家制造企业进行调查,答卷者均为企业高层管理人员。此次共发放前测问卷 73 份,回收 66 份,其中有 3 份问卷存在多处问项空选,还有 4 份问卷问项答案多处指标均为同一数值,缺乏区分度,因此删除。最后获得有效问卷 59 份,占回收问卷的 89%。根据经验惯例,进行探索性因子分析所需的最低样本量为变量数的 5—10 倍。研究中需要处理的变量数量为 4 个,收集到的 59 份有效问卷可以较好满足小样本测试要求。以下部分,将根据上述分析方法对小样本量表的信度和效度进行检验,以达到获取精简、有效的变量测量量表的目标。

(1)被解释变量

首先采用探索性因子分析对被解释变量竞争优势量表进行效度检验。经检验,竞争优势的 KMO 值为 0.861,大于 0.7,并且巴特莱特球体检验统计值显著异于 0,此结果表明非常适合进行因子分析(马庆国,2002)。在此基础上,继续用小样本数据对所构建的竞争优势量表的 8 个题项进行探索性因子分析。如表 5.6 所示,根据特征根大于 1,最大因子载荷大于 0.5 的要求,提取出了两个因子,累积解释变差为 68.863%。观察各题项在因子上的载荷,可以发现所有因子的载荷最小为 0.638,符合大于0.5的要求,并且不存在横跨不同因子的题项存在,说明因子载荷在两个因子间均具有较好的区分度。通过因子分析可以观察到两个因子的含义非常明确。因子 1 包含的 1—4 这四个题项与理论预设相符,显然这四个题项衡量的是企业的市场绩效;因子 2 包含 5—8 四个题项,也与理论预设相符,非常明显这四个题项衡量的是企业的财务绩效。

表 5.6　竞争优势的探索性因子分析结果(N=59)

题号	题项(简写)	因子载荷	
		1	2
1	企业的销售增长较快	0.856	0.193
2	企业市场份额提高较大	0.867	0.216
3	企业更能吸引新的顾客	0.708	0.391
4	企业的客户满意度较高	0.638	0.363
5	企业总资产收益率高于同行业平均水平	0.273	0.817
6	企业总销售收益率高于同行业平均水平	0.244	0.730
7	企业的产品利润率较高	0.351	0.673
8	企业的现金流量较为充足	0.209	0.866

注:1. 此为旋转后的因子载荷矩阵,旋转方法为方差最大法(Varimax);2. KMO 值为 0.861,巴特莱特球体检验统计值显著异于 0($p<0.001$),因子的累积解释变差为 68.863%。

随后对竞争优势各因子分别进行信度分析,以检验各因子内部的题项之间的一致性。首先对市场绩效因子进行信度检验,分析结果如表 5.7 所示,各个题项的 Cronbach's α 系数大于 0.7,题项—总体相关系数亦均远大于 0.35,删除某个测量条款后的 Cronbach's α 系数均比子量表总的 α 系数要小,说明市场绩效各题项之间具有较好的内部一致性,不需要删除相关题项。

表 5.7　市场绩效的信度检验结果(N=59)

变量	题项(简写)	题项—总体相关系数	删除该题项后的 α 值	Cronbach's α
市场绩效	企业的销售增长较快	0.722	0.780	0.837
	企业市场份额提高较大	0.751	0.754	
	企业更能吸引新的顾客	0.644	0.835	
	企业的客户满意度较高	0.669	0.805	

接着对企业财务绩效的测量进行信度检验,结果如表 5.8 所示,变量的 Cronbach's α 系数为 0.825,大于 0.7,题项—总体相关系数亦均远大于 0.35,除"企业现金流量较为充足"题项外,其他删除某个测量条款后的 α 系数均比子量表总的 α 系数要小,说明"现金流量充足"题项与其他财务绩效测量题项的一致性稍有差异。

表 5.8 财务绩效的信度检验结果 1($N=59$)

变量	题项(简写)	题项—总体相关系数	删除该题项后的 α 值	Cronbach's α
财务绩效	企业总资产收益率高于同行业平均水平	0.695	0.764	0.825
	企业总销售收益率高于同行业平均水平	0.676	0.767	
	与竞争对手相比企业的产品利润率较高	0.727	0.743	
	企业的现金流量较为充足	0.526	0.832	

根据信度检验标准,可以考虑删去"现金流量充足"题项,删除该题项后再进行信度检验,结果如表 5.9 所示,变量的 Cronbach's α 系数为 0.832,大于 0.7,题项—总体相关系数亦均远大于 0.35,并且删除某个测量条款后的 Cronbach's α 系数均比子量表总的 α 系数要小,各指标均通过了信度检验。经过信度分析,企业财务绩效测量题项由原 4 题经删减后剩下 3 个题项。

表 5.9 财务绩效的信度检验结果 2($N=59$)

变量	题项(简写)	题项—总体相关系数	删除该题项后的 α 值	Cronbach's α
财务绩效	企业总资产收益率高于同行业平均水平	0.730	0.745	0.832
	企业总销售收益率高于同行业平均水平	0.679	0.780	
	与竞争对手相比企业的产品利润率较高	0.695	0.781	

(2)解释变量

首先采用探索性因子分析对解释变量服务创新战略量表进行效度检验。经检验,服务创新战略的 KMO 值为 0.811,大于 0.7,并且巴特莱特球体检验统计值显著异于 0($p<0.001$),此结果表明非常适合进行因子分析(马庆国,2002)。在此基础上,本研究用小样本数据对所构建的服务创新战略量表的 11 个题项进行探索性因子分析。如表 5.10 所示,根据特征根大于 1,最大因子载荷大于 0.5 的要求,提取出了两个因子,累积解释变差为 61.06%。

其中因子 1 包含 1—6 这六个题项。观察各题项在因子上的载荷(见表 5.10),发现除题项 4"致力于改善服务的风格和形式"外,其他五个题项因子的载荷最小为 0.640,符合大于 0.5 的要求,并且在其他因子中的载荷都小于

0.5,不存在横跨不同因子的现象。而题项 4"致力于改善服务的风格和形式"在所有因子的载荷均小于 0.5,属于横跨因子现象,并缺乏收敛效度,因此考虑将其删除。

因子 2 包含 7—11 这五个题项。观察各题项在因子上的载荷(见表 5.10),除题项 7"开发解决客户业务问题的新服务方案"外,其他四个题项因子的载荷最小为 0.671,符合大于 0.5 的要求,并且在其他因子中的载荷都小于 0.5,不存在横跨不同因子的现象。题项 7 在所属因子的载荷量虽然大于 0.5,但是在另一个因子中的载荷也大于 0.5,属于横跨因子现象,遵循前述原则,考虑将该题项删除以提高不同变量测量项目之间的区分效度。

表 5.10 服务创新战略的探索性因子分析结果 1($N=59$)

题号	题项(简写)	因子载荷	
		1	2
1	我们致力于完善现有产品附属服务功能和种类	0.640	0.395
2	我们经常对现有产品附属服务进行小的改进	0.660	0.282
3	我们致力于提升产品附属服务的灵活性和效率	0.803	0.235
4	我们致力于改善服务的风格和形式	0.485	0.241
5	我们致力于快速解决产品使用中出现的问题	0.855	0.041
6	我们致力于提升现有产品服务的质量	0.819	0.078
7	致力于开发解决客户业务问题的新服务方案	0.507	0.580
8	致力于寻求新行业市场的服务业务机会	0.217	0.829
9	经常在当地市场实验全新的服务方案	0.219	0.783
10	致力于使服务方案成为其他企业模仿的对象	0.404	0.671
11	致力于采用新技术开发服务方案	0.006	0.809

注:KMO 值为 0.811,巴特莱特球体检验统计值显著异于 0($p<0.001$),因子的累积解释变差为 61.06%。

删除上述存在横跨因子现象的题项 4"致力于改善服务的风格和形式"和题项 7"开发解决客户业务问题的新服务方案"后再次进行探索性因子分析,结果如表 5.11 所示,因子载荷在两个因子间不存在横跨现象,均具有较好的区分效度。可以观察到两个因子含义非常明确。因子 1 包含 1、2、3、5、6 五个题项,衡量的是企业渐进式服务创新战略行为和努力。因子 2 包含 8、9、10、11

四个题项,衡量的是制造企业突破式服务创新战略行为和努力。最终,经过小样本的探索性因子分析,服务创新战略测量题项由原11题经删减剩9题。

表 5.11　服务创新战略的探索性因子分析结果 2($N=59$)

题号	题项(简写)	因子载荷	
		1	2
1	我们致力于完善现有产品附属服务功能和种类	0.652	0.396
2	我们经常对现有产品附属服务进行小的改进	0.674	0.287
3	我们致力于提升产品附属服务的灵活性和效率	0.798	0.232
5	我们致力于快速解决产品使用中出现的问题	0.869	0.061
6	我们致力于提升现有产品服务的质量	0.822	0.083
8	致力于寻求新行业市场的服务业务机会	0.224	0.849
9	经常在当地市场实验全新的服务方案	0.213	0.774
10	致力于使服务方案成为其他企业模仿的对象	0.394	0.684
11	致力于采用新技术开发服务方案	0.014	0.815

接下来对服务创新战略的探索性因子分析的结果进行信度检验,以检验各因子内部的题项之间的一致性。分析结果如表 5.12 所示,各个变量的 Cronbach's α 系数大于 0.8,题项—总体相关系数同样都远大于 0.35,删除某个测量条款后的 Cronbach's α 系数均比子量表总的 α 系数要小,说明各个因子内部题项之间具有较好的内部一致性,不需要删除相关题项。

表 5.12　服务创新战略各个因子的信度检验结果($N=59$)

变量	题项(简写)	题项—总体相关系数	删除该题项后的 α 值	Cronbach's α
渐进式服务创新战略	致力完善现有产品附属服务功能和种类	0.640	0.834	
	对现有产品附属服务进行小的改进	0.626	0.836	
	提升产品附属服务的灵活性和效率	0.715	0.814	0.855
	快速解决产品使用中出现的问题	0.715	0.813	
	提升现有产品服务的质量	0.653	0.829	
突破式服务创新战略	寻求新行业市场的服务业务机会	0.770	0.733	
	在当地市场实验全新的服务方案	0.626	0.806	
	使服务方案成为其他企业模仿对象	0.715	0.814	0.830
	采用新技术开发服务方案	0.715	0.813	

（3）调节变量

本研究中有两个调节变量，分别是技术能力与环境动态性。首先对技术能力这一调节变量进行小样本测试。对技术能力的量表进行信度检验，结果如表5.13所示，变量的 Cronbach's α 系数为 0.885，大于 0.7，题项—总体相关系数亦均远大于 0.35，删除某个测量条款后的 Cronbach's α 系数均比量表总的 α 系数要小，说明测量技术能力的各题项之间有较好的内部一致性，不需剔除题项。

表 5.13　技术能力的信度检验结果（N=59）

变量	题项（简写）	题项—总体相关系数	删除该题项后的 α 值	Cronbach's α
技术能力	本企业能获取重要的技术信息	0.637	0.879	0.885
	本企业能够快速识别新技术机会	0.748	0.855	
	本企业能对技术变化做出快速的响应	0.768	0.852	
	本企业掌握了最先进的技术知识	0.753	0.854	
	本企业能持续不断地开展创新活动	0.716	0.862	

接下来对技术能力量表进行探索性因子分析。技术能力的 KMO 样本测度和巴特莱特球体检验结果为：KMO 测量值为 0.847，大于 0.8，并且巴特莱特球体检验统计值显著异于 0（$p<0.001$），因此适合进行因子分析。进而，本研究针对 59 份小样本对已经通过信度检验的 5 个技术能力相关题项进行探索性因子分析。如表 5.14 所示，5 个题项按预期归为一个因子，该因子的累积解释变差为 68.75%，并且所有因子的载荷均大于 0.7（最小的载荷为 0.76），非常明显这 5 个题项都是企业技术能力的表现。由上述可见技术能力量表具有较好的信度和效度。

表 5.14　技术能力的探索性因子分析结果（N=59）

题号	题项（简写）	因子载荷 1
1	本企业能获取重要的技术信息	0.760
2	本企业能够快速识别新技术机会	0.848
3	本企业能对技术变化做出快速的响应	0.861
4	本企业掌握了最先进的技术知识	0.851
5	本企业能持续不断的开展创新活动	0.823

注：此为旋转后的因子载荷矩阵，旋转方法为方差最大法（Varimax）。

　　然后是对环境动态性变量的小样本测试。首先对环境动态性进行 KMO 样本测度和巴特莱特球体检验,结果为:KMO 测量值为 0.800,大于 0.7,并且巴特莱特球体检验统计值显著异于 0($p<0.001$),适合进一步的因子分析。研究继续采用 59 份小样本数据进行探索性因子分析。因子分子结果如表 5.15所示,10 个题项按预期归为 2 个因子,因子的累积解释变差为 60.218%。观察各题项在因子上的载荷,可以发现所有因子的载荷最小为 0.673,符合大于 0.5 的要求,同时不存在横跨不同因子的题项,说明因子载荷在两个因子间均具有较好的区分度。通过因子分析可以观察到两个因子的含义非常明确。因子 1 包含的 1—5 五个题项与理论预设相符,衡量的是企业所处环境的市场动态性;因子 2 包含 6—10 五个题项,也与理论预设相符,衡量的是企业所处环境的竞争强度特征。由上述可见环境动态性的效度比较好。

表 5.15　环境动态性的探索性因子分析结果($N=59$)

题号	题项(简写)	因子载荷	
		1	2
1	顾客的偏好变化速度很快	0.731	0.150
2	顾客总是趋向于寻求新的产品和服务	0.801	0.175
3	新顾客的出现主要来源于公司产品和服务的改善	0.673	0.407
4	新顾客对产品的相关需求与原有的顾客明显不同	0.732	−0.081
5	企业主要倾向于满足已有顾客的需求	0.708	0.130
6	企业所在行业竞争是恶性竞争	0.088	0.771
7	企业所处行业经常发生"促销战"	0.073	0.841
8	其他企业总是很快提供竞争对手所提供的产品和服务	0.054	0.831
9	企业所在行业经常发生"价格战"	0.221	0.680
10	企业所在行业几乎每天都能听说新的竞争行动	0.088	0.747

注:此为旋转后的因子载荷矩阵,旋转方法为方差最大法(Varimax)。

　　接下来对环境动态性的探索性因子分析的结果进行信度检验,以检验各因子内部的题项之间的一致性。分析结果如表 5.16 所示,各个变量的 Cronbach's α 系数大于 0.8,题项—总体相关系数同样都远大于 0.35,删除某个测量条款后的 Cronbach's α 系数均比子量表总的 α 系数要小,说明各个因子内部题项之间具有较好的内部一致性,不需要删除相关题项。

表 5.16　环境动态性各个因子的信度检验结果($N=59$)

变量	题项(简写)	题项—总体相关系数	删除该题项后的 α 值	Cronbach's α
市场动态性	顾客的偏好变化速度很快	0.591	0.763	
	顾客总是趋向于寻求新的产品和服务	0.668	0.737	
	新顾客的出现主要来源于公司产品和服务的改善	0.604	0.759	0.802
	新顾客对产品的相关需求与原有的顾客明显不同	0.512	0.768	
	企业主要倾向于满足已有顾客的需求	0.558	0.773	
竞争强度	企业所在行业竞争是恶性竞争	0.618	0.820	
	企业所处行业经常发生"促销战"	0.732	0.787	
	其他企业总是很快地提供竞争对手所提供的产品和服务	0.708	0.800	0.843
	企业所在行业经常发生"价格战"	0.568	0.832	
	企业所在行业几乎每天都能听说新的竞争行动	0.641	0.813	

经过上述小样本测试和分析,本研究概念模型中所包含的主要变量的测量题项由最初的 34 个题项,删减 3 个题项后剩下 31 个题项,使得调查问卷更为精练,并且经过纯化后各个变量的测量量表的 Cronbach's α 值都大于0.8,表明量表信度良好,可以进行下一步的大样本调查。

5.4　大样本数据收集与样本描述

5.4.1　样本选择与数据收集

总体确定和样本选择的合理与否是数据质量好坏的关键。本研究主要研究制造企业服务创新战略与竞争优势之间的关系,因此在样本企业的选择方面主要考察以下条件:第一,要求样本企业是从事一定服务创新战略行动的制造类企业,包括电子及通信设备制造业、化学原料及制品制造业、纺织业、金属制品制造业、机械制造业、交通设备制造业和仪器仪表及其他制造业等,不包括服务业、流通企业以及简单产品加工企业。其次,由于对企业竞争优势的测量是最近三年的平均情况,因此样本企业的成长年限必须在三年或三年以上;最后,样本企业必须具有一定的决策自主权,而非总公司或者控股公司下面的分公司或子公司。

在问卷发放渠道方面,根据其他学者发放问卷的经验,通过查找企业黄页或相关数据库,直接向企业邮寄或发电子邮件发放问卷的回收率很低。Roy et al.(2001)指出,在新兴经济情境下企业数据的收集是一项极其困难并耗费时间的活动,适当的渠道和关系非常重要。为了保证调研的顺利进行,提高问卷的回收率,确保问卷回答的有效性和可靠性,本研究选择有一定社会资源的省市作为调研区域,并主要通过以下途径收集数据:①利用当地政府相关机构(如杭州市经信委、徐州市发改委、徐州经济开发区管委会等)帮助发放和回收问卷;②针对浙江省人事厅高研班培训的企业进行发放;③借助老师、同学或朋友关系发放问卷;④针对浙江大学的 MBA 或 EMBA 学员发放问卷。同时为了减少因应答者不了解所需答案的相关信息而带来的负面影响,并且由于问卷中的题项多是制造企业服务创新战略方面的内容,问卷的填写者必须了解企业全貌,特别是企业层面的服务创新行为,因而调查问卷的填写对象均须是在企业工作两年以上、熟悉企业整体运作情况的高层管理者或者负责人。

在 2012 年 6 月至 8 月历时 3 个月的时间内,共发放问卷 452 份,最终共回收问卷 262 份,问卷回收率为 59.5%,可见适当的渠道和关系有效提高了问卷的回收率。通过对回收问卷的初步检查,剔除了存在以下情况的问卷:①存在题项空选或者漏选的问卷;②对某一变量所辖题项选择几乎一致,如全选 4 或者全选 7;③不属于制造企业的问卷。最终剩下有效问卷 247 份,总体问卷有效回收率为 54.6%,因此可以忽略本次问卷回收的未答复偏差(nonresponse bias)。问卷发放与回收情况如表 5.17 所示。

表 5.17 问卷发放与回收情况

类别	发放数量	回收数量	回收率	有效数量	有效比
委托政府部门发放	150	79	52.7%	76	50.1%
委托老师、亲朋发放	118	67	56.8%	62	52.54%
培训现场发放	35	27	77.1%	26	74.3%
MBA、EMBA 学员	149	89	59.7%	83	55.7%
合计	452	262	58.0%	247	54.6%

注:问卷回收率=问卷回收数量/问卷发放数量;问卷有效比=问卷有效数量/问卷发放数量。

5.4.2 数据合并的有效性

由于数据收集过程共采用了四种不同方式,考虑到收集途径不同可能对数据的一致性产生影响,因此必须对不同来源样本数据的差异性进行检验。本研究通过对现场发放与委托他人间接发放的样本进行方差分析,判断不同样本的均值是否存在显著差异,以检验样本合并的有效性。

表 5.18 显示了两种途径收集的样本数据的竞争优势测量指标评价值的 Levene 方差齐性(Levene's Test)检验结果,各指标 Levene 统计值的显著性概率都大于0.05,表示现场发放和委托发放两种途径收集的样本企业对竞争优势测量指标的评价值具有方差齐性。表 5.19 显示了两种途径收集的样本企业的竞争优势测量指标评价值的方差分析结果,各指标的 F 统计值的显著性概率都大于0.05,表明两种途径收集的样本企业的竞争优势测量指标的评价值无显著差异,表明可以将样本合并后进行分析。

表 5.18 不同途径样本的方差齐性检验

	Levene 统计量	$df1$	$df2$	显著性
企业的销售增长较快	0.014	1	245	0.907
企业市场份额提高较大	0.281	1	245	0.597
企业更能吸引新的顾客	3.498	1	245	0.063
企业的客户满意度较高	0.180	1	245	0.672
企业总资产收益率高于同行业平均水平	2.610	1	245	0.107
企业总销售收益率高于同行业平均水平	0.066	1	245	0.797
企业的产品销售利润率较高	0.030	1	245	0.863

表 5.19　不同途径方差分析表

		平方和	df	均方	F 值	显著性
企业的销售 增长较快	组间	1.313	1	1.313	0.619	0.432
	组内	520.201	245	2.123		
	总数	521.514	246			
企业市场份额 提高较大	组间	3.815	1	3.815	2.081	0.150
	组内	449.116	245	1.833		
	总数	452.931	246			
企业更能 吸引新的顾客	组间	0.573	1	0.573	0.383	0.536
	组内	365.897	245	1.493		
	总数	366.470	246			
企业的客户 满意度较高	组间	0.000	1	0.000	0.000	0.997
	组内	351.304	245	1.434		
	总数	351.304	246			
企业总资产收益率 高于同行业平均水平	组间	0.140	1	0.140	0.077	0.782
	组内	449.374	245	1.834		
	总数	449.514	246			
企业总销售收益率 高于同行业平均水平	组间	0.079	1	0.079	0.041	0.839
	组内	465.201	245	1.899		
	总数	465.280	246			
企业的产品 销售利润率较高	组间	0.361	1	0.361	0.158	0.692
	组内	561.064	245	2.290		
	总数	561.425	246			

5.4.3　样本描述

表 5.20 为样本基本信息统计。从企业规模(企业员工人数)来看,最近三年员工平均人数在 500 人以下的企业占 20.7%;员工人数 500—1000 人的企业有 84 家,占样本总数的 34%;大于 1000 人的企业有 112 家,占样本总数的 45.3%,因此,可以认为研究样本具有较好的覆盖性。从企业年龄分布来看,大部分企业都比较年轻,成立 10 年及以下企业累计百分比为 64.5%,而成立 10—20 年的企业占到样本数的 19.7%,这也比较符合中国制造企业的特点。企业研发投入情况,17.3%的企业研发投入占销售收入的比重小于 1%,研发

投入占销售收入比重在 1% 到 5% 的占 66.3%,大于 5% 的企业占 16.4%,这也比较符合长三角地区制造企业的特点。

表 5.20 样本基本特征的分布情况统计

样本特征		样本数	百分比(%)	累计百分比(%)
企业规模 (员工人数)	少于 100	19	7.7	7.7
	100—500	32	13.0	20.7
	500—1000	84	34.0	54.7
	1000—2000	41	16.6	71.3
	大于 2000	71	28.7	100
企业年龄	5 年以下	40	16.3	16.3
	6—10 年	119	48.2	64.5
	11—20 年	49	19.7	84.2
	20 年以上	39	15.8	100
研发投入 (占销售收 入百分比)	少于 1%	43	17.3	17.3
	1%—3%	93	37.6	54.9
	3%—5%	71	28.7	83.6
	大于 5%	40	16.4	100
行业分布	电子及通信设备制造业	66	26.7	26.7
	交通运输设备制造业	39	15.8	42.5
	通用与专用设备制造业	42	17.0	59.5
	电气机械及器材制造业	29	11.7	71.2
	石油化学化工制造业	19	7.7	78.9
	金属非金属制造业	16	6.5	85.4
	其他制造业	36	14.6	100

从样本企业行业类型分布情况来看,247 家样本企业广泛分布于电子及通信设备制造、交通设备制造和仪器仪表等多个行业,其中电子及通信设备制造业有 66 家企业(占 26.7%)、交通运设备制造业有 39 家企业(占 15.8%)、通用与专用设备制造业 42 家(占 17.0%)、电气机械及器材制造业 29 家(占11.7%)、石油化学化工制造业 19 家(占 7.7%)、金属非金属制造业 16 家(占6.5%)、其他制造业 36 家(占 14.6%)。从总体上看,研究样本虽非随机抽样所得,但样本企业具有较广泛的行业代表性。

5.5　主要实证分析方法

恰当、科学的研究方法有助于提高实证研究结果的可靠性和准确性。本研究的统计分析方法除了 5.3 节小样本测试用到的信度和效度检验方法外，还包括对大样本调查回收数据进行描述性统计分析法、验证性因子分析法、相关分析、结构方程建模和层次回归分析等。研究所使用的分析软件为 SPSS 18.0 和 AMOS 7.0。具体的分析方法如下：

(1)描述性统计分析

描述性统计分析主要对研究样本及其相关变量的总体情况进行整体描述与分析，包括对企业的规模、企业年龄、企业所处地域等基本情况进行统计分析，从而得出整体样本中的最大值、最小值、均值、标准差甚至样本正态分布状况，以及整体样本中不同类别的样本量、所占比例以及累积百分比等。

(2)验证性因子分析

验证性因子分析是根据一定的理论对潜在变量与观测变量间关系做出合理的假设并对这种假设进行统计检验的现代统计方法，同时，它也是进一步理解和建构潜在变量间因果关系的重要前提(张蜀林 & 张庆林，1995)。验证性因子分析法(CFA)能够克服探索性因子分析法(EFA)的不足(时志宏 & 崔丽娟，2007)，便于研究者分析基于事先的理论开发的测量量表，而且，当采用调查资料和数据来验证测量模型的可接受性时，又具有统计的特质，可用来检验已知特定量表结构是否按照预期的方式产生作用，因此，学者们建议采用验证性因子分析法来进行测量效度和信度的评估。本研究将使用 AMOS 软件重点对服务创新战略各个维度以及竞争优势等概念模型涉及的关键潜在变量做验证性因子分析，通过数据与测量模型的拟合分析，来检验各观测变量的因子结构与先前的构想是否相符，以及检验构念的多维度(mutlidimensionality)、聚合效度(convergent validity)和区别效度(discriminant validity)等。

（3）相关分析

本研究以 Pearson 相关分析研究服务创新战略、技术能力、市场动态性、竞争强度、竞争优势及相关控制变量的相关系数矩阵，考察各研究变量间是否显著相关，将其作为下一步统计回归分析的基础。

（4）结构方程模型

本研究将运用结构方程模型法来检验如图 4.2 所示的不同服务创新战略与竞争优势不同维度之间的关系。结构方程建模是基于变量的协方差来分析变量之间关系的一种统计方法，它是综合运用多元回归分析、路径分析和验证性因子分析而形成的一种数据分析工具，其最大的优点是可以同时处理多个因变量[Bollen & Long，1993，转引自侯杰泰等（2004）]。由于制造企业服务创新战略对竞争优势影响机制概念模型中服务创新战略及竞争优势变量具有主观性强、难以直接测量、测量误差大、因果关系比较复杂等特点，更为重要的是，作为因变量的竞争优势的市场绩效和财务绩效两个维度可能存在相关性，因此非常适合用结构方程模型进行分析。

一般来说，用于评价和选择模型的拟合指数包括绝对拟合指数：χ^2、χ^2/df、RMSEA 和相对拟合指数 NFI、NNFI 或 TLI、CFI、IFI 等。借鉴侯杰泰等（2004）及温忠麟等（2004）的研究，本研究将综合运用绝对拟合指数与相对拟合指数进行模型评价，选取 χ^2/df、RMSEA、IFI、CFI、TLI 和 NFI 这几个广为认可和应用的指标作为评价模型的拟合指数，具体判别标准如下：

①绝对拟合指标 χ^2/df 和 RMSEA。χ^2/df 是一种基于拟合函数的绝对拟合指数，通常 $2<\chi^2/df<5$ 认为模型可以接受，$\chi^2/df\leqslant2$ 为拟合很好。RMSEA 为近似误差均方根，其具有受样本容量影响小的优点。一般认为 RMSEA<0.1，则表示好的拟合；若 RMSEA<0.05，则表示非常好的拟合。

②相对拟合指标。IFI、CFI、TLI 和 NFI 都是比较理想的相对拟合指数，一般认为，若指标值≥0.9，表示模型可接受；指标值越接近于 1，则表示模型的拟合程度越好。

（5）层次回归分析

本研究将采用层次回归分析来检验技术能力和环境动态性对制造企业服

务创新战略与竞争优势关系的调节作用。在检验环境和技术能力的影响时，涉及多个变量间的交互作用，需引入多个交叉项。结构方程在处理这一情况时存在争议，如理论基础有瑕疵、需要很强的假设、缺乏稳健性、需要引入大量的约束条件而缺乏可操作性、需要极大的样本量等[温忠麟 & 侯杰泰，2003，转引自李忆 & 司有和(2008)]。而且近期有相当多的学者在运用结构方程技术进行验证性因子分析和主效应检验后，采用回归分析来检验变量之间的交互效应(汤建影，2012)，与这些研究一致，本研究也采取层次回归分析验证变量间的交互效应。与标准多重回归方法相比，层次回归分析可以将共同变异分配到预测变量中，随着解释变量的增加，直接观察每个模型的解释力变化，从而分析不同解释变量对被解释变量的贡献程度，这种变化也为分析变量间的复杂关系提供了重要线索。

5.6　本章小结

　　本章从问卷设计、变量测量、问卷的小样本测试、大样本数据收集与整理、样本描述以及实证分析方法等方面进行了论述。在问卷设计中，本研究尽量采用科学合理的步骤和方法，最大可能排除干扰因素的影响。在变量的测量上，本研究在参阅大量相关研究的基础上，综合已有文献对相关变量的测量方法和调研情况，确立了本研究概念模型中的各变量的初始测量量表。本研究对初始量表进行了小规模测试，通过小样本测试对量表的信度和效度进行评价，获得纯化后的测量量表，以用于大样本实证研究。在数据收集过程中，本研究采取了多种方式对问卷发放和回收过程进行管理，确保所获数据的可靠性和有效性。在数据整理和样本描述部分，本研究对所回收的有效样本特性和分布情况进行了描述。最后，本研究对所涉及的主要分析方法和参照标准进行了描述。本部分的研究，为进一步的大样本实证研究提供了操作上和方法论方面的基础。在下一章，本研究将基于已获取的数据，运用上述分析方法和标准，对第4章提出的假设进行实证检验。

6 制造企业服务创新战略对竞争优势影响机制的实证研究

本章将运用第 5 章所阐述的方法对本书第 4 章构建的理论模型和提出的假设进行实证检验。研究首先对大样本数据进行信度与效度检验,确保测量效度和信度,并在此基础上分别采用结构方程模型和层次回归分析方法检验假设是否成立,最后对本章实证研究结果展开讨论。

6.1 变量的信度与效度检验

本书 5.3 节用探索性因子分析对小样本数据进行了信度和效度分析,为了确保观测变量的内部结构,验证聚合效度和区别效度,以下将在第 5 章小样本测试的基础上,进一步对大样本数据的信度和效度进行检验,使用 AMOS 软件进一步对制造企业服务创新战略、竞争优势等理论模型中的关键变量做验证性因子分析,以保障实证结果可靠。

6.1.1 竞争优势信度与验证性因子分析

首先对本研究的被解释变量竞争优势进行信度分析。结果如表 6.1 所示,所有的题项—总体相关系数均大于 0.35,同时各变量的 Cronbach's α 系数均大于 0.8,并且删除其他任何一个题项都将降低一致性指数,说明竞争优势各变量的题项之间具有较好的内部一致性。

表6.1 竞争优势量表的信度检验结果($N=247$)

变量	题项(简写)	题项—总体相关系数	删除该题项后的 α 值	Cronbach's α
市场绩效	企业的销售增长较快	0.749	0.838	0.876
	企业市场份额提高较大	0.771	0.826	
	企业更能吸引新的顾客	0.750	0.837	
	企业的客户满意度较高	0.679	0.862	
财务绩效	企业总资产收益率高于同行业平均水平	0.739	0.717	0.830
	企业总销售收益率高于同行业平均水平	0.704	0.750	
	企业的产品利润率较高	0.630	0.828	

在信度分析后,接着对竞争优势进行验证性因子分析。拟合结果(参见表6.2)表明,χ^2 值为 36.165(自由度 $df=13$),χ^2/df 值为 2.781,小于5;NFI 为0.960,TLI 为 0.943,CFI 为 0.974,IFI 为 0.974,均大于 0.9;RMSEA 为0.083,小于 0.1;各路径系数均在 $p<0.001$ 的水平上通过了显著性检验。因此,该模型拟合效果较好。各因子之间的两两相关系数加减两倍标准误(即相关系数的 95% 置信区间)均不包含 1,显示了较好的区分效度(Anderson & Gerbing,1988)。

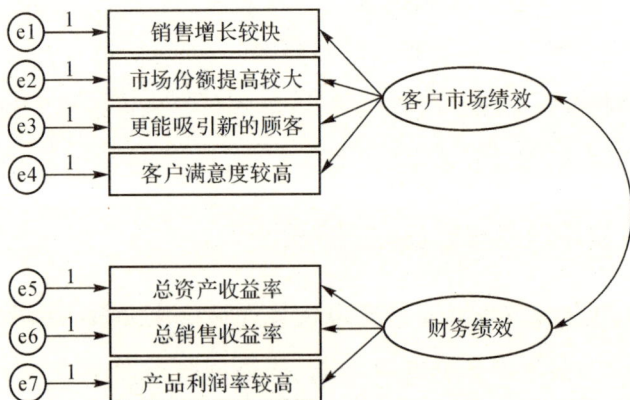

图6.1 竞争优势的测量模型

表 6.2　竞争优势测量模型拟合结果（$N=247$）

路　径			标准化路径系数	路径系数	标准误	临界比(C.R.)	显著性 p
销售增长较快	←	市场绩效	0.821	1.122	0.089	12.586	***
市场份额提高较大	←	市场绩效	0.821	1.248	0.099	12.594	***
更能吸引新顾客	←	市场绩效	0.820	1.339	0.106	12.595	***
客户满意度较高	←	市场绩效	0.747	1.000			
总资产收益率	←	财务绩效	0.863	1.119	0.100	10.992	***
总销售收益率	←	财务绩效	0.821	1.083	0.099	11.154	***
产品利润率较高	←	财务绩效	0.690	1.000			
χ^2	36.165		TLI	0.943	IFI	0.974	
df	13		CFI	0.974	NFI	0.960	
χ^2/df	2.781		RMSEA	0.083			

注：*** 表示 $p<0.001$。

6.1.2　服务创新战略信度与验证性因子分析

对本研究的解释变量服务创新战略进行信度分析。结果如表 6.3 所示，所有的题项—总体相关系数均大于 0.35，同时各变量的 Cronbach's α 系数均大于 0.8，并且删除其他任何一个题项都将降低一致性指数，说明服务创新战略各变量的题项之间具有较好的内部一致性。

表 6.3　服务创新战略各个因子的信度检验结果（$N=247$）

变量	题项（简写）	题项—总体相关系数	删除该题项后的 α 值	Cronbach's α
渐进式服务创新战略	致力于完善现有产品附属服务功能和种类	0.769	0.895	
	对现有产品附属服务进行小改进	0.780	0.889	
	提升产品附属服务的灵活性和效率	0.777	0.894	0.913
	快速解决产品使用中出现的问题	0.783	0.893	
	提升现有产品服务的质量	0.762	0.897	
突破式服务创新战略	寻求新行业市场的服务业务机会	0.770	0.883	
	在当地市场实验全新的服务方案	0.802	0.887	
	使服务方案成为其他企业模仿对象	0.785	0.893	0.903
	采用新技术开发服务方案	0.807	0.885	

接下来对制造企业服务创新战略变量进行验证性因子分析。服务创新战

略测量模型及拟合结果分别如图 6.2 和表 6.4 所示。测量模型的拟合结果表明，χ^2 值为 80.8(自由度 $df=26$)，χ^2/df 值为 3.107，小于 5；NFI 为 0.949，TLI 为 0.938，CFI 为 0.964，IFI 为 0.965，均大于 0.9；RMSEA 为 0.093，小于 0.1；各路径系数均在 $p<0.001$ 的水平上通过了显著性检验。因此，该模型拟合效果良好。各因子之间的两两相关系数加减两倍标准误(即相关系数的 95% 置信区间)均不包含 1，显示了较好的区分效度(Anderson & Gerbing,1988)。

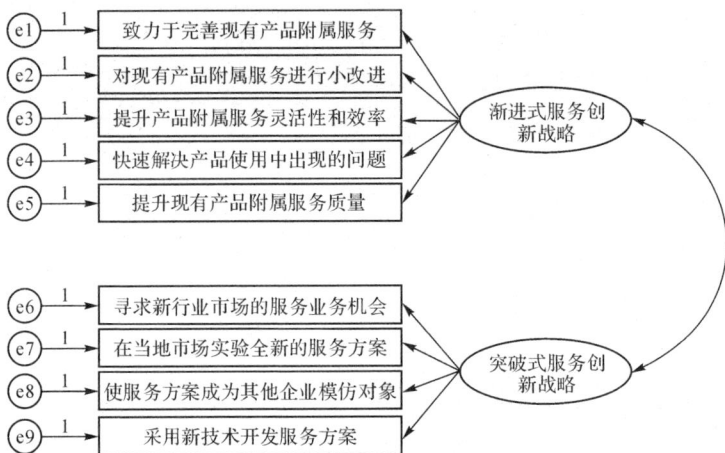

图 6.2　服务创新战略测量模型

表 6.4　服务创新战略测量模型的拟合结果($N=247$)

路　径		标准化路径系数	路径系数	标准误	临界比(C. R.)	显著性 p
致力于完善现有产品附属服务	← 渐进战略	0.810	1.000			
对现有产品附属服务进行小改进	← 渐进战略	0.840	1.022	0.068	15.042	***
提升产品附属服务灵活性和效率	← 渐进战略	0.818	1.002	0.069	14.515	***
快速解决产品使用中出现的问题	← 渐进战略	0.833	0.976	0.066	14.885	***
提升现有产品附属服务质量	← 渐进战略	0.815	0.964	0.067	14.437	***
寻求新行业市场的服务业务机会	← 突破战略	0.860	1.000			
在当地市场实验全新的服务方案	← 突破战略	0.851	0.926	0.057	16.315	***
使服务方案成为模仿对象	← 突破战略	0.835	0.948	0.056	16.801	***
采用新技术开发服务方案	← 突破战略	0.857	1.000	0.059	17.003	***
χ^2		80.8	TLI	0.938	IFI	0.965
df		26	CFI	0.964	NFI	0.949
χ^2/df		3.107	RMSEA	0.093		

注：*** 表示 $p<0.001$。

6.1.3 环境动态性信度与验证性因子分析

对环境动态性量表进行信度检验,分析结果如表 6.5 所示,各个变量的 Cronbach's α 系数大于 0.8,题项—总体相关系数同样都远大于 0.35,删除某个测量条款后的 Cronbach's α 系数均比子量表总的 α 系数要小,说明环境动态性各个变量内部题项之间具有较好的内部一致性。

表 6.5 环境动态性各个因子的信度检验结果($N=247$)

变量	题项(简写)	题项—总体相关系数	删除该题项后的 α 值	Cronbach's α
市场动态性	顾客的偏好变化速度很快	0.677	0.834	
	顾客总是趋向于寻求新的产品和服务	0.732	0.819	
	新顾客的出现主要来源于产品和服务的改善	0.640	0.843	0.862
	新顾客对产品需求与原有的顾客明显不同	0.672	0.835	
	企业主要倾向于满足已有顾客的需求	0.681	0.833	
竞争强度	企业所在行业竞争是恶性竞争	0.721	0.876	
	企业所处行业经常发生"促销战"	0.778	0.864	
	其他企业很快提供竞争对手的产品和服务	0.691	0.883	0.895
	企业所在行业经常发生"价格战"	0.780	0.863	
	所在行业几乎每天都能听说新的竞争行动	0.740	0.872	

接下来对环境动态性变量进行验证性因子分析。环境动态性测量模型及拟合结果分别如图 6.3 和表 6.6 所示。测量模型的拟合结果表明,χ^2 值为 44.751(自由度 $df=34$),χ^2/df 值为 1.316,小于 2;NFI 为 0.966,TLI 为 0.986,CFI 为 0.991,IFI 为 0.992,均大于 0.9,接近于 1;RMSEA 为 0.034,小于 0.1;各路径系数均在 $p<0.001$ 的水平上通过了显著性检验。因此,该模型拟合效果良好,显示了较好的聚合效度。各因子之间的两两相关系数加减两倍标准误(即相关系数的 95% 置信区间)均不包含 1,显示了较好的区分效度(Anderson & Gerbing,1988)。

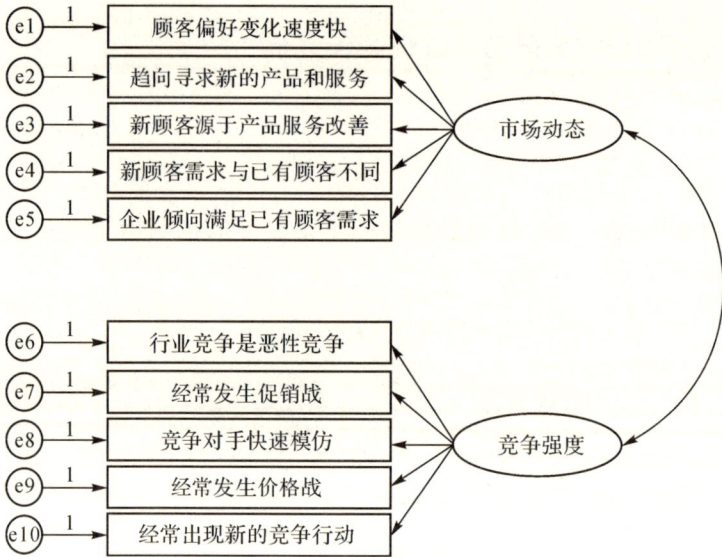

图 6.3 环境动态性测量模型

表 6.6 环境动态性测量模型的拟合结果($N=247$)

	路 径		标准化路径系数	路径系数	标准误	临界比(C.R)	显著性 p
市场动态 1	←	市场动态	0.743	1.000			
市场动态 2	←	市场动态	0.734	0.990	0.090	10.994	***
市场动态 3	←	市场动态	0.691	0.940	0.091	10.342	***
市场动态 4	←	市场动态	0.799	1.155	0.097	11.939	***
市场动态 5	←	市场动态	0.758	1.053	0.093	11.346	***
竞争强度 1	←	竞争强度	0.795	1.000			
竞争强度 2	←	竞争强度	0.834	1.149	0.081	14.267	***
竞争强度 3	←	竞争强度	0.738	0.885	0.072	12.269	***
竞争强度 4	←	竞争强度	0.831	1.074	0.076	14.219	***
竞争强度 5	←	竞争强度	0.773	0.971	0.075	12.982	***
χ^2	44.751		TLI	0.986	IFI	0.992	
df	34		CFI	0.991	NFI	0.966	
χ^2/df	1.316		RMSEA	0.034			

注:*** 表示 $p<0.001$。

6.1.4 技术能力信度与验证性因子分析

对技术能力变量进行信度检验,结果如表 6.7 所示,变量的 Cronbach's α 系数为 0.906,大于 0.8,题项—总体相关系数亦均远大于 0.35,删除某个测量条款后的 Cronbach's α 系数均比量表总的 α 系数要小,说明测量技术能力的各题项之间有较好的内部一致性。

表 6.7 技术能力的信度检验结果($N=247$)

变量	题项(简写)	题项—总体相关系数	删除该题项后的 α 值	Cronbach's α
技术能力	本企业能获取重要的技术信息	0.752	0.888	
	本企业能够快速识别新技术机会	0.782	0.881	
	本企业能对技术变化做出快速的响应	0.772	0.884	0.906
	本企业掌握了最先进的技术知识	0.745	0.890	
	本企业能持续不断地开展创新活动	0.771	0.884	

接下来对制造企业技术能力变量进行验证性因子分析。技术能力测量模型及拟合结果分别如图 6.4 和表 6.8 所示。测量模型的拟合结果表明,χ^2 值为 16.525(自由度 $df=6$),χ^2/df 值为 2.754,小于 5;NFI 为 0.978,TLI 为 0.954,CFI 为 0.985,IFI 为 0.985,均大于 0.9;RMSEA 为 0.086,小于 0.1;各路径系数均在 $p<0.001$ 的水平上通过了显著性检验。因此,该模型拟合效果良好。图 6.4 所示的因子结构通过验证,说明本研究对技术能力变量的测量是有效的。

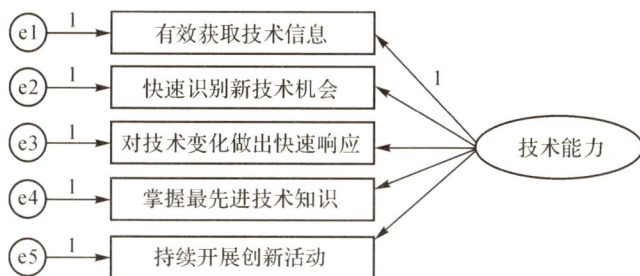

图 6.4 技术能力测量模型

表 6.8 技术能力测量模型的拟合结果($N=247$)

路 径			标准化路径系数	路径系数	标准误	临界比(C.R.)	显著性 p
获取技术信息	←	技术能力	0.821	1.000			
识别技术机会	←	技术能力	0.785	1.029	0.074	13.832	***
做出快速响应	←	技术能力	0.824	0.991	0.067	14.771	***
掌握先进技术	←	技术能力	0.837	1.034	0.068	15.101	***
持续创新活动	←	技术能力	0.794	1.004	0.071	14.052	***
χ^2		16.525	TLI	0.954	IFI	0.985	
df		6	CFI	0.985	NFI	0.978	
χ^2/df		2.754	RMSEA	0.086			

注:*** 表示 $p<0.001$。

6.2 相关分析

在进行结构方程建模和层次回归分析之前,本研究先对各研究变量进行了相关分析,其中控制变量中的企业规模,则将企业员工人数的自然对数值作为变量值,销售收入直接以李克特 7 点量表的打分值作为变量值。结果如表6.9 所示。

从表 6.9 中可见,渐进式服务创新战略(相关系数为 0.550,$p<0.01$)、突破式服务创新战略(相关系数为 0.501,$p<0.01$)与企业市场绩效之间具有正向并且显著的相关关系;渐进式服务创新战略(相关系数为 0.455,$p<0.01$)和突破式服务创新战略(相关系数为 0.476,$p<0.01$)与企业财务绩效之间具有正向并且显著的相关关系:这初步为研究的假设预期提供了证据。但是相关关系只能指明变量间是否存在关系,无法说明变量间的因果关系和影响作用的大小。因此,后续研究将逐步采用结构方程、层次回归分析对变量之间的关系进行验证。

表 6.9 相关系数矩阵

	企业规模	年销售额	企业年龄	研发投入	渐进战略	突破战略	技术能力	需求动态	竞争强度	市场绩效	财务绩效
企业规模	1										
年销售额	0.588**	1									
企业年龄	0.435**	0.540**	1								
研发投入	0.154*	0.153*	-0.017	1							
渐进战略	0.097	0.025	0.037	0.112	1						
突破战略	0.319**	0.241**	0.052	0.103	0.374**	1					
技术能力	0.144*	0.137*	0.079	0.196**	0.437**	0.496**	1				
需求动态	0.124	-0.013	0.085	0.107	0.168**	0.132*	0.133*	1			
竞争强度	0.087	-0.006	0.097	-0.008	0.026	0.010	0.027	0.527**	1		
市场绩效	0.271**	0.229**	0.060	0.206**	0.550**	0.501**	0.447**	0.121*	0.019	1	
财务绩效	0.271**	0.253**	0.157*	0.193**	0.455**	0.476**	0.344**	0.138*	0.034	0.498**	1

注：** 表示 $p < 0.01$；* 表示 $p < 0.05$。

6.3 结构方程模型

验证性因子分析结果说明本研究所构建的测量模型具有较好的表征效果，可以用来进行更进一步的结构分析。下面，将运用结构方程建模的方法对第 4 章提出的 H1a 到 H1d 这 4 个假设进行检验。

6.3.1 样本容量与分布——初步数据分析

在对结构模型进行数据分析之前,需要对数据的合理性和有效性进行检验。惯例上,使用极大似然法(ML)对结构模型进行估计,所需样本容量至少在 100—150(Ding et al.,1995)。本研究的样本数量为 247 份,已达到最低样本容量要求。同时,使用极大似然法进行结构方程模型估计,要求所使用的数据服从正态分布。一般地,样本数据满足中值与中位数相近,偏度(skew)小于 2,同时峰度(kurtosis)小于 5 的条件时,即可认为其服从正态分布(Ghiselli et al.,1981)。使用 SPSS 对样本数据的偏度和峰度进行分析,表明各题项的样本数据均符合正态分布要求。另外,6.1 节已经对研究样本数据的信度和效度进行了检验。这些表明样本数据的容量、分布状态以及效度与信度均达到结构方程建模的要求。此外,在构建结构方程模型前,还需对结构方程涉及的所有变量进行简单相关分析,在 6.2 节中已经对变量之间的相关关系进行了检验,如表 6.9 所示,渐进式、突破式服务创新战略与市场绩效、财务绩效之间均有显著相关关系。

6.3.2 初始模型构建

基于第 4 章构建的制造企业服务创新战略与竞争优势关系的概念模型,设置了初始结构方程模型(见图 6.5),以验证 H1a 到 H1d。H1a 和 H1b 提出渐进式服务创新战略正向影响企业相对市场绩效和财务绩效,H1c 和 H1d 提出了突破式服务创新战略对市场绩效和财务绩效均具有正向影响作用。

该结构方程模型共有 9 个外生显变量,分别用于测量两个外生潜变量(渐进式/突破式服务创新战略);同时设置 7 个内生显变量,分别测量市场绩效与财务绩效这两个内生潜变量。由于从问卷得出的指标值都会存在一定的误差,要使指标值完全地匹配模型几乎是不可能的,为了使概念模型能够得到验证,必须要引入残差变量(吴明隆,2009)。因此,模型中除了潜变量和显变量外还存在着 el—e16 共 16 个显变量的残差变量和 Dl—D2 共 2 个内生潜变量的残差变量,路径系数默认值为 1。接下来,将对模型中设定的关于制造企业服务创新战略与竞争优势不同维度产生影响的四条假设影响路径进行验证。

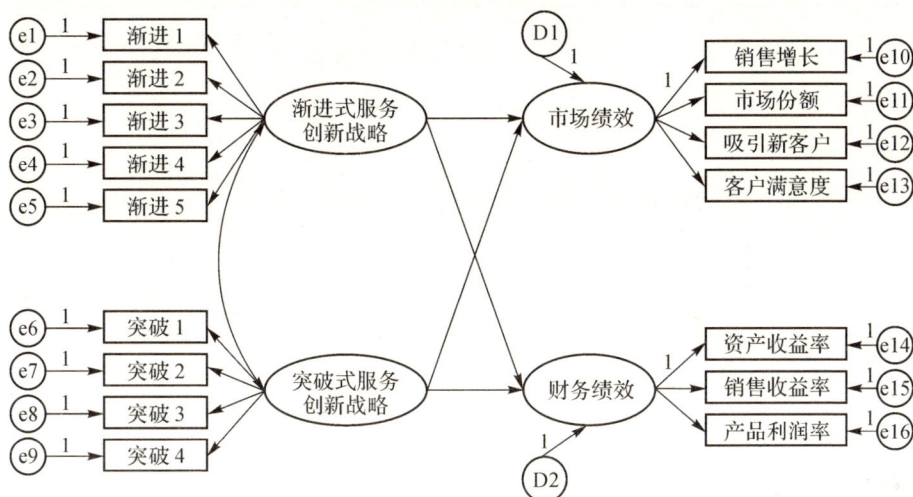

图 6.5 制造企业服务创新战略与竞争优势关系初始结构方程

6.3.3 模型拟合

利用 AMOS 软件对初始结构方程模型进行分析运算,拟合结果如表6.10 所示。结构方程模型绝对拟合指数 χ^2 值为 259.824(自由度 $df=99$),χ^2/df 值为 2.624,小于 5;RMSEA 的值为 0.078,小于 0.8;相对拟合指数 IFI、CFI、TLI、NFI 分别为 0.940、0.939、0.916、0.906,均大于 0.9,趋向于 1。参照经验惯例性评价结构方程模型的拟合指数标准,绝对拟合指标中的 χ^2/df 处于拟合较好范围内,RMSEA 处于可以接受的范围内;同时相对拟合指标(CFI 和 TLI)也均在拟合可以接受范围内(吴明隆,2009)。

同时该模型拟合结果(见表 6.10)表明,变量之间四条路径均在 $p<0.001$ 的水平上显著,分别是:"市场绩效←渐进式服务创新战略"($\beta=0.403$,$p<0.001$);"财务绩效←渐进式服务创新战略"($\beta=0.379$,$p<0.001$);"市场绩效←突破式服务创新战略"($\beta=0.313$,$p<0.001$);"财务绩效←突破式服务创新战略"($\beta=0.386$,$p<0.001$)。并且所有路径系数相应的临界比值均大于 1.96,方程的标准化路径系数都为正值,说明这些路径所代表的变量间均有正向影响关系,H1a、H1b、H1c、H1d 通过检验。

表 6.10　服务创新战略与竞争优势关系模型的拟合结果

路　径		路径系数	标准化路径系数	标准误	临界比(C.R.)	p
市场绩效 ←	渐进式服务创新战略	0.403	0.459	0.060	6.660	＊＊＊
财务绩效 ←	渐进式服务创新战略	0.379	0.366	0.075	5.069	＊＊＊
市场绩效 ←	突破式服务创新战略	0.313	0.378	0.055	5.745	＊＊＊
财务绩效 ←	突破式服务创新战略	0.386	0.395	0.071	5.444	＊＊＊
χ^2	259.824	TLI	0.916	IFI	0.940	
df	99	CFI	0.939	NFI	0.906	
χ^2/df	2.624	RMSEA	0.078			

注：＊＊＊表示显著性水平 $p<0.001$。

6.3.4　小结

本小节通过结构方程模型分析方法,确认了制造企业服务创新战略对企业竞争优势的影响作用。具体来说,在制造企业服务创新战略与竞争优势两个维度间存在四条显著的作用路径,即制造服务创新战略通过直接路径作用于企业竞争优势。为了进一步深入分析制造企业服务创新战略与技术能力及环境动态性的交互对竞争优势的影响作用,以下部分将使用层次回归方法对制造企业服务创新战略、企业技术能力、环境动态性与竞争优势之间的关系做进一步的检验。对于结果的讨论将在结构方程分析之后一并进行。

6.4　层次回归分析

根据问题的性质,本节将采用层次回归分析方法对剩余的 5 组假设进行假设检验。由于检验上述假设涉及多个变量间的交互作用,需引入多个交叉项。结构方程在处理这一情况时存在争议(李忆 & 司有和,2008),而且近期有相当多的学者在运用结构方程技术进行验证性因子分析和主效应检验后,又采用回归分析来检验变量之间的交互效应(汤建影,2012)。与这些研究一致,本研究也采取层次回归分析验证变量间的交互效应。

6.4.1　相关性分析与回归三大问题检验

所研究的变量存在一定程度的相关是回归分析的前提,在前述 6.2 中,本研究已经计算了各研究变量两两之间的简单相关系数(表 6.9)。上述结果已经表明,制造企业服务创新战略与技术能力及竞争优势等均具有显著的相关关系,初步为假设预期提供了证据。另外,学者们指出进行多元回归分析,必须恰当解决多重共线性、异方差、序列相关等问题,如此才能得出科学的结论(马庆国,2002)。因此在进行层次回归之前先对此三大问题分别进行检验。

多重共线性指解释变量之间存在线性相关,即多个解释变量有共同的变化趋势。对于多重共线性问题,通常可用方差膨胀因子(variance inflation factor,VIF)指数来判断(马庆国,2002)。一般来说,当 0<VIF<10,不存在多重共线性;当 10<VIF<100,存在较强的多重共线性;当 VIF>100,则存在严重多重共线性。经检验,各回归模型的 VIF 指数均大于 0 且小于 5,因此可以判断本研究的解释变量之间不存在多重共线性问题。

异方差问题是指随着解释变量变化,被解释变量的方差存在明显的变化趋势,通常可用散点图进行判断(马庆国,2002)。以标准化预测值为横轴,以标准化残差为纵轴,进行残差项的散点图分析,如果散点分布呈现无序状态,则可认为回归模型中不存在异方差。此处也采用了这一做法,对本章回归模型所做出的残差项散点图具体如图 6.6 所示。经检验,本研究各模型的散点图均呈无序状。因此,可以判定各模型均不存在异方差问题。

序列相关指不同期的样本值之间存在相关关系,通常可用 DW 值来判断(马庆国,2002)。由于本研究中使用的是问卷得到的截面数据,理论上就不存在序列相关问题。而且本研究各个回归模型的 DW 值都非常接近 2,因此可以判断研究中各个模型中不存在序列相关问题。

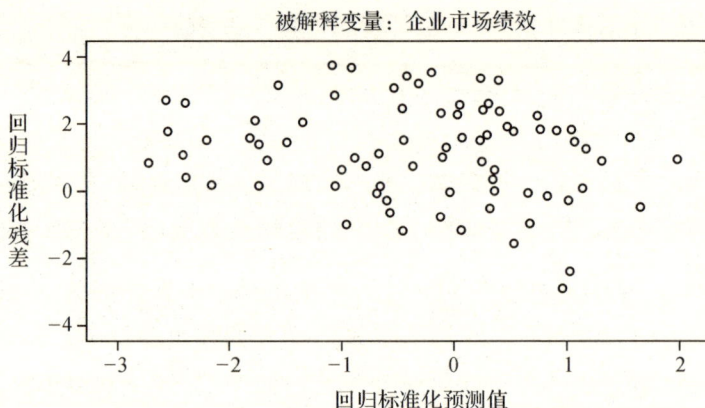

被解释变量：企业市场绩效

图 6.6　残差项散点图

6.4.2　回归分析结果

6.4.2.1　制造企业服务创新战略、环境动态性与竞争优势关系分析

根据问题性质，研究选用层次回归来验证制造企业服务创新战略、环境动态与竞争优势之间的关系，根据陈晓萍等(2008)等学者的建议，我们先对预测变量和调节变量进行中心化处理，再构造乘积变量。因为预测变量和调节变量往往与其乘积项高度相关，对这些变量进行中心化处理可以减小回归方程中变量间多重共线性的问题。因此，本研究先把渐进式服务创新战略和突破式服务创新战略两个解释变量以及市场动态性、竞争强度变量做中心化变换，然后再把处理后的渐进式和突破式服务创新战略分别与中心化处理后的市场动态性及竞争强度变量相乘，得到 4 个交互项，用以进行回归分析。

回归分析分三步来进行。第一步放入控制变量(企业年龄、员工人数、销售收入和研发投入)得到模型 1，以期尽量消除一些干扰项所带来的影响。第二步将渐进式、突破式服务创新战略与市场动态性、竞争强度变量放入回归方程，得到模型 2。第三步将渐进式、突破式服务创新战略与市场动态性、竞争强度的乘积项依次放入回归方程，得到模型 3 和模型 4，模型 4 包括了前述所有变量，包括控制变量、服务创新战略、市场动态性、竞争强度、竞争优势及乘积项等。

　　由于本研究中因变量包含两个维度,需要分别对不同维度进行层次回归分析。表 6.11 和表 6.12 是分别检验服务创新战略、环境动态性与竞争优势关系的层次回归结果,两个表中的模型设置基本相同,只是模型的被解释变量分别为企业相对市场绩效维度和财务绩效维度,用以检验 H2a、H2b、H2c 和 H2d 以及 H3a、H3b、H3c 和 H3d 是否成立。从表中可以看到模型 1、模型 2、模型 3 和模型 4 的 F 值显著($p < 0.001$),另外,在模型 4 中,R^2 相对于模型 1 也有较大幅度增加,这表明回归模型总体效果理想,上述结果具有一定的稳定性。

　　(1)服务创新战略与市场绩效:环境动态性的调节作用

　　表 6.11 是检验环境动态性对渐进式和突破式服务创新战略与竞争优势的市场绩效维度之间关系调节效应的多元线性回归结果,用以检验 H2a、H2b、H3a、H3b 这四个假设。

　　表 6.11 的模型 2 显示,渐进式服务创新战略($\beta = 0.426, p < 0.001$)与突破式服务创新战略($\beta = 0.277, p < 0.001$)对市场绩效有显著的正向影响作用,再次验证了 H1a 和 H1b。在模型 4 中,市场动态性与渐进式服务创新战略乘积项的回归系数为正,并且在 $p < 0.01$ 的水平上显著异于 $0(\beta = 0.202, p < 0.01)$,说明市场动态性对于"渐进式服务创新战略与市场绩效之间的关系"具有显著的正向调节作用,因此 H2a 得到支持;市场动态性与突破式服务创新战略乘积项的回归系数为正,并且在 $p < 0.1$ 的水平上显著异于 $0(\beta = 0.101, p < 0.1)$,说明市场动态性对于"突破式服务创新战略与市场绩效之间的关系"具有显著的正向调节作用,因此 H2b 得到支持。也即是说,当市场动态性高的时候,服务创新战略对竞争优势的市场绩效维度有更大影响,反之亦然。

　　对于竞争强度的调节效应,表 6.11 的模型 4 显示,竞争强度与渐进式服务创新战略乘积项的回归系数为正,并且在 $p < 0.05$ 的水平上显著异于 $0(\beta = 0.132, p < 0.05)$,说明竞争强度对于"渐进式服务创新战略与市场绩效之间的关系"具有显著的正向调节作用,因此 H3a 得到支持;竞争强度与突破式服务创新战略乘积项的回归系数为正,并且在 $p < 0.1$ 的水平上显著异于

$0(\beta=0.094,p<0.1)$，说明竞争强度对于"突破式服务创新战略与市场绩效之间的关系"具有显著的正向调节作用，因此 H3b 得到支持。也即是说，当竞争强度更大的时候，服务创新战略对竞争优势的市场绩效维度有更大影响，反之亦然。

表 6.11　服务创新战略与市场绩效：环境动态性的调节作用

变　量	模型 1	模型 2	模型 3	模型 4
常数项	3.100***	3.781***	3.751***	3.820***
控制变量				
企业规模	0.213**	0.082	0.076	0.060
销售收入	0.137†	0.129†	0.136*	0.130*
企业年龄	−0.104	−0.075	−0.084	−0.069
研发投入	0.150*	0.095†	0.095*	0.083†
解释变量				
渐进式服务创新战略		0.426***	0.332***	0.308***
突破式服务创新战略		0.277***	0.189***	0.170**
市场动态		0.005	−0.023	−0.021
竞争强度		0.013	−0.033	−0.031
乘积项				
渐进式服务创新战略×市场动态			0.253***	0.202**
突破式服务创新战略×市场动态			0.128*	0.101†
渐进式服务创新战略×竞争强度				0.132*
突破式服务创新战略×竞争强度				0.094†
模型统计量				
R^2	0.114	0.441	0.546	0.567
ΔR^2	0.114	0.327	0.105	0.020
F	7.756***	23.465***	28.412***	25.483***
VIF 最大值	1.832	1.917	1.919	2.122

注：被解释变量为市场绩效，回归系数为标准化回归系数；*** 表示 $p<0.001$（双尾检验）；** 表示 $p<0.01$（双尾检验）；* 表示 $p<0.05$（双尾检验）；† 表示 $p<0.1$（双尾检验）。

（2）服务创新战略与财务绩效：环境动态性的调节作用

表 6.12 是检验环境动态性对渐进式、突破式服务创新战略与财务绩效之间关系调节效应的多元线性回归结果，用以检验 H2c、H2d、H3c、H3d 这四个假设。

表 6.12　服务创新战略与财务绩效：环境动态性的调节作用

变　量	模型 1	模型 2	模型 3	模型 4
常数项	2.590***	3.323***	3.374***	3.365***
控制变量				
企业规模	0.169*	0.039	0.024	0.011
销售收入	0.119	0.102	0.109	0.112†
企业年龄	0.021	0.056	0.044	0.062
研发投入	0.149*	0.103†	0.106*	0.108*
解释变量				
渐进式服务创新战略		0.317***	0.231***	0.205***
突破式服务创新战略		0.304***	0.229***	0.199**
市场动态		0.023	−0.001	−0.002
竞争强度		0.005	−0.024	−0.015
乘积项				
渐进式服务创新战略×市场动态			0.154**	0.194**
突破式服务创新战略×市场动态			0.215***	0.112†
渐进式服务创新战略×竞争强度				−0.079
突破式服务创新战略×竞争强度				0.269***
模型统计量				
R^2	0.108	0.358	0.446	0.488
ΔR^2	0.108	0.250	0.088	0.042
F	7.318***	16.577***	18.988***	18.596***
VIF 最大值	1.832	1.917	1.918	2.122

注：被解释变量为财务绩效，回归系数为标准化回归系数；＊＊＊表示 $p<0.001$（双尾检验）；＊＊表示 $p<0.01$（双尾检验）；＊表示 $p<0.05$（双尾检验）；†表示 $p<0.1$（双尾检验）。

表 6.12 的模型 4 显示，市场动态性与渐进式服务创新战略乘积项的回归系数为正，并且在 $p<0.01$ 的水平上显著异于 $0(\beta=0.194,p<0.01)$，说明市场动态性对于"渐进式服务创新战略与财务绩效之间的关系"具有显著的正向调节作用，因此 H2c 得到支持；市场动态性与突破式服务创新战略乘积项的回归系数为正，并且在 $p<0.1$ 的水平上显著异于 $0(\beta=0.112,p<0.1)$，说明市场动态性对于"突破式服务创新战略与财务绩效之间的关系"具有显著的正向调节作用，因此 H2d 得到支持。也即是说，当市场动态性高的时候，服务创新战略对竞争优势的财务绩效维度有更大影响，反之亦然。

对于竞争强度的调节效应，表 6.12 的模型 4 显示，竞争强度与渐进式服务创新战略乘积项的回归系数为负，但是并不显著，H3c 并没有得到支持。但是，竞争强度与突破式服务创新战略乘积项的回归系数为正，并且在 $p<0.001$ 的水平上显著异于 $0(\beta=0.269,p<0.001)$，说明竞争强度对于"突破式服务创新战略与财务绩效之间的关系"具有显著的正向调节作用，因此 H3d 得到支持。

6.4.2.2 制造企业服务创新战略—技术能力匹配与竞争优势关系分析

根据问题性质，采用层次回归方法来考察制造企业服务创新战略与技术能力匹配对竞争优势的影响效应。与上一节类似，同样根据陈晓萍等(2008)等学者的建议，先对服务创新战略和技术能力变量进行中心化处理，用以减小回归方程中变量间多重共线性的问题，然后再把处理后的渐进式和突破式服务创新战略与中心化处理后的技术能力变量相乘，得到 2 个交互项，用以进行回归分析。回归分析分三步来进行。第一步首先放入控制变量(企业年龄、员工人数、销售收入和研发投入)，得到模型 1。第二步将渐进式、突破式服务创新战略和技术能力变量放入回归方程，得到模型 2。第三步将渐进式、突破式服务创新战略与技术能力的乘积项放入回归方程，得到模型 3，模型 3 包括了前述所有变量，包括控制变量、服务创新战略、技术能力及乘积项等。

表 6.13 和表 6.14 是检验服务创新战略与技术能力匹配关系的层次回归结果，用以检验 H4a、H4b 和 H5a 和 H5b 是否成立。两个表中的模型设置基本相同，只是模型的被解释变量分别为竞争优势的市场绩效和财务绩效维度。

表中模型1、模型2和模型3的F值显著性水平都小于0.001,另外,在模型3中变量的系数的符号、大小及显著性并没有产生太大变化,R^2相对于模型1也有较大幅度增加,这些都表明回归模型总体效果理想、结果具有一定的稳定性。

(1)服务创新战略与技术能力匹配:市场绩效结果

表6.13的模型2中,技术能力的回归系数为正且在$p<0.05$水平上显著异于0($\beta=0.122, p<0.05$),意味着技术能力对企业市场绩效有显著的正向影响。同时,模型3的R^2较模型2有显著提高,F值变化显著($p<0.001$),这说明,技术能力与渐进式和突破式服务创新战略的乘积项对企业竞争优势的市场绩效维度有重要解释作用。表6.13的模型3显示,技术能力与渐进式服务创新战略乘积项的回归系数为负,并且在$p<0.001$的水平上显著异于0($\beta=-0.256, p<0.001$),说明技术能力对于"渐进式服务创新战略与市场绩效之间的关系"具有显著的负向调节作用,即低技术能力与渐进式服务创新战略匹配对市场竞争优势有显著的正向影响,因此H4a得到支持;同时可以发现技术能力对于突破式服务创新战略与市场绩效之间的关系具有显著的正向调节作用($\beta=0.132, p<0.05$),即高技术能力与突破式服务创新战略匹配对市场有显著正向影响,H5b得到支持。

表6.13　服务创新战略、技术能力匹配与市场绩效

变　量	模型 1	模型 2	模型 3
常数项	3.100***	3.785***	3.806***
控制变量			
企业规模	0.213**	0.092	0.108*
销售收入	0.137†	0.125†	0.070
企业年龄	−0.104	−0.083	−0.053
研发投入	0.150*	0.080	0.077*
解释变量			
渐进式服务创新战略		0.393***	0.364***
突破式服务创新战略		0.229***	0.233***

续表

变　量	模型 1	模型 2	模型 3
技术能力		0.122*	0.110*
乘积项			
渐进式服务创新战略×技术能力			−0.256***
突破式服务创新战略×技术能力			0.132*
模型统计量			
R^2	0.114	0.451	0.492
ΔR^2	0.114	0.337	0.042
F	7.756***	28.011***	25.555***
VIF 最大值	1.832	1.877	1.961

注:被解释变量为市场绩效,回归系数为标准化回归系数;＊＊＊表示 $p<0.001$;＊＊表示 $p<0.01$;＊表示 $p<0.05$;†表示 $p<0.1$(双尾检验)。

(2)服务创新战略与技术能力匹配:财务绩效结果

在表 6.14 的模型 3 显示,模型 3 的 R^2 较模型 2 有显著提高,F 值变化显著($p<0.05$),这说明,技术能力与渐进式和突破式服务创新战略的乘积项对企业财务绩效有重要解释作用。技术能力与渐进式服务创新战略乘积项的回归系数为负,并且在 $p<0.1$ 的水平上显著易于 0($\beta=-0.118$,$p<0.1$),说明技术能力对于"渐进式服务创新战略与财务绩效之间的关系"具有显著的负向调节作用,即低技术能力与渐进式服务创新战略匹配对财务绩效有显著的正向影响,因此 H4b 得到验证;同时可以发现技术能力对于突破式服务创新战略与财务绩效之间的关系具有显著的正向调节作用($\beta=0.153$,$p<0.05$),即高技术能力与突破式服务创新战略匹配对财务绩效有显著的正向影响,H5b得到验证。另外,模型 3 在统计上显著($F=15.666$,$p<0.001$),R^2 相对于模型 1 也有较大幅度增加,这些都表明,上述结果具有一定的稳定性。

表 6.14　服务创新战略、技术能力匹配与财务绩效

变　量	模型 1	模型 2	模型 3
常数项	2.590***	3.301***	3.359***
控制变量			
企业规模	0.169*	0.044	0.039
销售收入	0.119	0.097	0.064
企业年龄	0.0214	0.085	0.072
研发投入	0.149*	0.103†	0.107*
解释变量			
渐进式服务创新战略		0.317***	0.315***
突破式服务创新战略		0.300***	0.310***
技术能力		0.012	0.006
乘积项			
渐进式服务创新战略×技术能力			−0.118†
突破式服务创新战略×技术能力			0.153*
模型统计量			
R^2	0.108	0.347	0.373
ΔR^2	0.108	0.239	0.026
F	7.318***	18.981***	15.666***
VIF 最大值	1.832	1.877	1.961

注:被解释变量为财务绩效,回归系数为标准化回归系数;*** 表示 $p<0.001$;** 表示 $p<0.01$;* 表示 $p<0.05$;† 表示 $p<0.1$(双尾检验)。

6.4.2.3　服务创新战略、技术能力、环境动态性对竞争优势的结构性影响

根据问题性质,本研究采用层次回归方法来考察制造企业服务创新战略、技术能力、环境动态性对竞争优势的叠加影响效应。前文已经对服务创新战略和技术能力、环境动态性变量进行了中心化处理,以下只需分别构造服务创新战略与技术能力、环境动态性的乘积项即可,共得到 4 个交互项,用以进行回归分析。回归分析分三步来进行。第一步首先放入控制变量(企业年龄、员工人数、销售收入和研发投入),得到模型 1。第二步将渐进式和突破式服务创新战略和技术能力、环境动态性变量放入回归方程,得到模型 2。第三步分别将四个三重乘积项放入回归方程,得到模型 3。

(1)服务创新战略、技术能力、市场动态性对竞争优势的结构性影响分析

表 6.15 和表 6.16 是检验服务创新战略、技术能力、市场动态性与竞争优势关系的层次回归结果,用以检验 H6a、H6b、H6c、H6d 是否成立。表中模型 1、模型 2、模型 3 的 F 值显著($p<0.001$),在模型 3 中,变量的系数的符号、大小及显著性没有产生太大变化,R^2 相对于模型 1 也有较大幅度增加,表明回归模型总体效果理想。

表 6.15　服务创新战略、技术能力、市场动态性与市场绩效

变　量	模型 1	模型 2	模型 3
常数项	3.100***	3.790***	3.768***
控制变量			
企业规模	0.213**	0.092	0.113*
销售收入	0.137†	0.126†	0.056
企业年龄	−0.104	−0.084	−0.060
研发投入	0.150*	0.079	0.094*
解释变量			
渐进式服务创新战略		0.392***	0.301***
突破式服务创新战略		0.229***	0.184***
技术能力		0.122*	0.071
市场动态性		0.006	0.048
乘积项			
渐进式服务创新战略×技术能力			−0.226***
渐进式服务创新战略×市场动态			0.205***
突破式服务创新战略×技术能力			0.097†
突破式服务创新战略×市场动态			0.172**
渐进式服务创新战略×技术能力×市场动态			0.165**
突破式服务创新战略×技术能力×市场动态			−0.188**
模型统计量			
R^2	0.114	0.451	0.597
ΔR^2	0.114	0.337	0.146
F	7.756***	24.411***	24.543***
VIF 最大值	1.832	1.916	2.460

注:被解释变量为市场绩效,回归系数为标准化回归系数;*** 表示 $p<0.001$;** 表示 $p<0.01$;* 表示 $p<0.05$;† 表示 $p<0.1$(双尾检验)。

在表 6.15 的模型 3 中，渐进式服务创新战略、技术能力及市场动态性乘积项对市场绩效有显著的正向影响作用（$\beta=0.165$，$p<0.01$），H6a 得到验证；突破式服务创新战略、技术能力与市场动态性乘积项对市场绩效有显著的负向影响作用（$\beta=-0.188$，$p<0.01$），H6b 得到反向验证。

表 6.16　服务创新战略、技术能力、市场动态性与财务绩效

变　量	模型 1	模型 2	模型 3
常数项	2.590***	3.323***	3.355***
控制变量			
企业规模	0.169*	0.041	0.037
销售收入	0.119	0.102	0.064
企业年龄	0.021	0.055	0.063
研发投入	0.149*	0.101†	0.113*
解释变量			
渐进式服务创新战略		0.314***	0.240***
突破式服务创新战略		0.300***	0.266***
技术能力		0.012	−0.003
市场动态性		0.025	0.043
乘积项			
渐进式服务创新战略×技术能力			−0.056
渐进式服务创新战略×市场动态			0.109†
突破式服务创新战略×技术能力			0.139*
突破式服务创新战略×市场动态			0.224***
渐进式服务创新战略×技术能力×市场动态			0.014
突破式服务创新战略×技术能力×市场动态			−0.145†
模型统计量			
R^2	0.108	0.358	0.461
ΔR^2	0.114	0.250	0.103
F	7.318***	16.582***	14.193***
VIF 最大值	1.832	1.916	2.460

注：被解释变量为财务绩效，回归系数为标准化回归系数；*** 表示 $p<0.001$；** 表示 $p<0.01$；* 表示 $p<0.05$；† 表示 $p<0.1$（双尾检验）。

在表 6.16 的模型 3 中,渐进式服务创新战略、技术能力及市场动态性乘积项的系数为正但是不显著($\beta=0.014$),H6c 没有得到验证。突破式服务创新战略、技术能力与市场动态性乘积项对财务绩效有显著的负向影响作用($\beta=-0.145$,$p<0.1$),H6d 得到反向验证。

(2)服务创新战略、技术能力、竞争强度对竞争优势的结构性影响分析

表 6.17 和表 6.18 是检验服务创新战略、技术能力、竞争强度与竞争优势关系的层次回归结果,用以检验 H7a、H7b、H7c 是否成立。两个表中的模型设置基本相同,只是模型的被解释变量分别为竞争优势市场绩效维度和财务绩效维度。

在表 6.17 的模型 3 中,渐进式服务创新战略、技术能力及竞争强度乘积项对市场绩效有显著的正向影响作用($\beta=0.149$,$p<0.05$),H7a 得到验证;突破式服务创新战略、技术能力与市场动态性乘积项对市场绩效有显著的负向影响作用($\beta=-0.215$,$p<0.01$),H7b 得到反向验证。

表 6.17　服务创新战略、技术能力、竞争强度与市场绩效

变　量	模型 1	模型 2	模型 3
常数项	3.100***	3.791***	3.879***
控制变量			
企业规模	0.213**	0.092	0.060
销售收入	0.137†	0.126†	0.055
企业年龄	−0.104	−0.084	−0.002
研发投入	0.150*	0.080	0.080†
解释变量			
渐进式服务创新战略		0.393***	0.330***
突破式服务创新战略		0.229***	0.154**
技术能力		0.122*	0.119*
竞争强度		0.008	0.049
乘积项			
渐进式服务创新战略×技术能力			−0.229***
渐进式服务创新战略×竞争强度			0.176**

续表

变 量	模型 1	模型 2	模型 3
突破式服务创新战略×技术能力			0.146*
突破式服务创新战略×竞争强度			0.185***
渐进式服务创新战略×技术能力×竞争强度			0.149*
突破式服务创新战略×技术能力×竞争强度			−0.215**
模型统计量			
R^2	0.114	0.451	0.583
ΔR^2	0.114	0.337	0.131
F	7.756***	24.413***	23.145***
VIF 最大值	1.832	1.896	2.762

注:被解释变量为市场绩效,回归系数为标准化回归系数;*** 表示 $p<0.001$;** 表示 $p<0.01$;* 表示 $p<0.05$;† 表示 $p<0.1$(双尾检验)。

在表 6.18 的模型 3 中,渐进式服务创新战略、技术能力及竞争强度乘积项的系数为正但是不显著($\beta=0.006$),H7a 得到支持。突破式服务创新战略、技术能力与市场动态性乘积项对财务绩效的系数为负但不显著,H7c 没有得到验证。

表 6.18 服务创新战略、技术能力、竞争强度与财务绩效

变 量	模型 1	模型 2	模型 3
常数项	2.590***	3.314***	3.453***
控制变量			
企业规模	0.169*	0.042	0.003
销售收入	0.119	0.099	0.061
企业年龄	0.021	0.056	0.102
研发投入	0.149*	0.103†	0.106*
解释变量			
渐进式服务创新战略		0.317***	0.235***
突破式服务创新战略		0.301***	0.239***
技术能力		0.012	−0.003
市场动态性		0.016	0.024

续表

变　量	模型 1	模型 2	模型 3
乘积项			
渐进式服务创新战略×技术能力			-0.134^*
渐进式服务创新战略×市场动态			-0.003
突破式服务创新战略×技术能力			0.168^{**}
突破式服务创新战略×市场动态			0.336^{***}
渐进式服务创新战略×技术能力×市场动态			0.006
突破式服务创新战略×技术能力×市场动态			-0.042
模型统计量			
R^2	0.108	0.358	0.468
ΔR^2	0.108	0.250	0.111
F	7.318^{***}	16.558^{***}	14.595^{***}
VIF 最大值	1.832	1.896	2.567

注:被解释变量为财务绩效,回归系数为标准化回归系数;$***$ 表示 $p<0.001$;$**$ 表示 $p<0.01$;$*$ 表示 $p<0.05$;$\dagger$ 表示 $p<0.1$(双尾检验)。

6.4.3　小结

从上述回归分析结果可以发现,大部分假设通过了实证检验。具体来说,在制造企业服务创新战略与企业竞争优势的作用关系中,企业内部技术能力和外部动态环境都发挥了重要的影响作用,不同服务创新战略与企业内外部情境变量的交互对企业竞争优势的影响存在差异。下一节将对本节实证结果与结构方程模型结果一并进行讨论。

6.5　结果与讨论

6.5.1　实证研究结果汇总

本章基于 247 家中国制造业企业的样本数据对本书第 4 章提出的理论模型

和假设进行了实证检验,结果表明大部分假设都得到了验证,研究问题得到了很好的响应,初步实现了本研究的研究目标。假设验证情况如表 6.19 所示。

表 6.19 研究假设检验情况汇总

研　究　假　设	验证结果
第一组假设:制造企业服务创新战略与企业竞争优势关系	
H1a:渐进式服务创新战略有助于制造企业市场绩效提升	通过
H1b:突破式服务创新战略有助于制造企业市场绩效提升	通过
H1c:突破式服务创新战略有助于制造企业财务绩效提升	通过
H1d:渐进式服务创新战略有助于制造企业市场绩效提升	通过
第二组假设:制造企业服务创新战略、环境动态性与企业竞争优势	
H2a:市场动态性越高,渐进式服务创新战略对企业市场绩效的贡献越大	通过
H2b:市场动态性越高,突破式服务创新战略对企业市场绩效的贡献越大	通过
H2c:市场动态性越高,渐进式服务创新战略对企业财务绩效的贡献越大	通过
H2d:市场动态性越高,突破式服务创新战略对企业财务绩效的贡献越大	通过
H3a:竞争强度越大,渐进式服务创新战略对企业市场绩效的贡献越大	通过
H3b:竞争强度越大,突破式服务创新战略对企业市场绩效的贡献越大	通过
H3c:竞争强度越大,渐进式服务创新战略对企业财务绩效的贡献越大	未通过
H3d:竞争强度越大,突破式服务创新战略对企业财务绩效的贡献越大	通过
第三组假设:制造企业服务创新战略、技术能力匹配与竞争优势	
H4a:低技术能力与渐进式服务创新战略匹配更有助于企业市场绩效提升	通过
H4b:低技术能力与渐进式服务创新战略匹配更有助于企业财务绩效提升	通过
H5a:高技术能力与突破式服务创新战略匹配更有助于企业市场绩效提升	通过
H5b:高技术能力与突破式服务创新战略匹配更有助于企业财务绩效提升	通过
第四组假设:服务创新战略、技术能力环境动态性对企业竞争优势的叠加影响	
H6a:对于低技术能力的制造企业,在高市场动态性环境下适配性地实施渐进式服务创新战略更有助于企业市场绩效提升	通过
H6b:对于高技术能力的制造企业,在高市场动态性环境下适配性地实施突破式服务创新战略更有助于企业市场绩效提升	未通过
H6c:对于低技术能力的制造企业,在高市场动态性环境下适配性地实施渐进式服务创新战略更有助于企业财务绩效提升	未通过

研 究 假 设	验证结果
H6d：对于高技术能力的制造企业，在高市场动态性环境下适配性地实施突破式服务创新战略更有助于企业财务绩效提升	未通过
H7a：对于低技术能力的制造企业，在高竞争强度环境下适配性地实施渐进式服务创新战略更有助于企业市场绩效提升，而对财务绩效贡献不大	通过
H7b：对于高技术能力的制造企业，在高竞争强度环境下适配性地实施突破式服务创新战略更有助于企业市场绩效提升	未通过
H7c：对于高技术能力的制造企业，在高竞争强度环境下适配性地实施突破式服务创新战略更有助于企业财务绩效提升	未通过

6.5.2　制造企业服务创新战略与竞争优势关系

本书响应 Gremyr et al.（2010）等学者的研究建议，基于创新程度和制造企业产品—服务关系，将服务创新战略区分为渐进式和突破式服务创新战略两个构成维度，利用 247 家制造企业样本数据对最终制造企业服务创新战略不同构成维度进行信度分析发现，其两个维度均具有较高的内部一致性（α 信度系数分别为 0.913 和 0.914），平均变异数抽取量 AVE 大于 0.5。另外，利用 AMOS18.0 对服务创新战略不同构成维度进行验证性因子分析发现，该测量量表也有明显的辨别效度。因此，我们认为基于创新程度和制造企业产品—服务关系将服务创新战略区分为"渐进式服务创新战略"和"突破式服务创新战略"两个不同的构成维度是符合理论和企业现实情况的。

在此基础上，研究通过结构方程模型和大样本的统计回归分析，验证了制造企业服务创新战略的两个维度都对企业竞争优势存在重要的促进作用。尽管很多学者通过理论演绎认为，服务创新战略能够有效地提升企业竞争优势（Gebauer et al.，2011；Matthyssens & Vandenbempt，1998；诸雪峰等，2011）。但是在相关实证研究中，仅有少量学者在特定的案例中证实了这种影响（Cohen et al.，2006；Gebauer，2008）。

在最终确立的结构方程模型中，"市场绩效←渐进式服务创新战略"的标准化路径系数为 0.403（$p < 0.001$）；"财务绩效←渐进式服务创新战略"的标准化路径系数为 0.379（$p < 0.001$），这说明渐进式服务创新战略对竞争优势的

两个维度均具有显著正向影响。这一研究结果证实了 Brax(2005)、Gebauer et al.(2011)等学者的研究观点。这些研究认为渐进式服务创新战略在资金、技术等方面的要求较低，能够快速建立非技术市场差异化优势，获取超过正常收益的价值(Brax，2005；Miller，1987)。另外本研究在模型构建过程中认为制造企业的渐进式服务创新战略能够增加与客户的交互与合作，更有利于企业建立良好的顾客关系而获取关系价值(relationship value)(Lindgreen & Wynstra，2005)，从而帮助企业提升市场绩效和财务绩效，研究结果对这一理论推理进行了验证。

其次，实证结果也表明突破式服务创新战略对竞争优势的两个维度也存在显著的正向影响，这一点在结构方程模型拟合分析中得到了验证和支持。结构方程模型中"市场绩效←突破式服务创新战略"的标准化路径系数为 $0.313(p<0.001)$；"财务绩效←突破式服务创新战略"的标准化路径系数为 $0.386(p<0.001)$。这一实证结果直接呼应并验证了 Fang et al.(2008)、Ulaga et al.(2011)等的研究观点。这些研究认为突破式服务创新战略不仅能够建立深层次的战略合作关系，而且能够产生知识和资源的溢出效应，进一步发挥制造和服务的协同作用，并且为制造企业创造新的"市场利基"，从而为制造企业竞争成功带来可能性。

另外，上述研究结果的得出，在一定程度上对现有文献中质疑制造企业服务创新战略的声音进行了回应。一些学者，如 Oliva & Kallenberg(2003)以及 Brax(2005)等指出服务创新战略会为制造企业带来不利影响，如带来组织文化冲突、模糊战略焦点等，而且采取服务创新战略可能会降低投入核心有形产品和制造能力的资源水平，从而可能导致产品制造和服务业务所需资源都难以得到保障，最终导致企业整体竞争优势下降(Oliva & Kallenberg，2003；Gebauer et al.，2005；Neu et al.，2005)。这些研究的担心并非多余，虽然本研究没有从这些研究的内在逻辑直接回应，但是研究结论仍然说明，从总体上看，制造企业服务创新战略是有利于企业竞争优势提升的。

6.5.3 服务创新战略、环境动态性与竞争优势关系假设检验结果讨论

本研究另一重要的理论贡献是在概念模型中引入了环境动态性这一权变变量,认为市场动态性和竞争强度因素会在制造企业服务创新战略与竞争优势的关系中起到调节作用,实证研究的结果也部分支持上述理论假设。这一结论在一定程度上验证并支持了 Fang et al. (2008)、Gebauer et al. (2011)、Tuli et al. (2007)、赵立龙等(2012)等学者的研究观点,他们都认为服务创新战略是制造企业应对动态、激烈市场压力的有效策略。

首先,市场动态性正向调节两类服务创新战略与竞争优势的关系,这在层次回归分析中得到了充分的支持。6.4 节的表 6.11 与表 6.12 的结果分别显示,市场动态性与渐进式服务创新战略乘积项与市场绩效具有显著正相关关系($\beta = 0.202, p < 0.01$),与财务绩效也同样具有显著的正相关关系($\beta = 0.194, p < 0.01$),这说明在市场需求快速变化的环境下,服务创新战略所带来的高质量顾客关系及知识溢出效应对于制造企业获取竞争优势至关重要。这一结论在一定程度上验证了 Fang et al. (2008)、Gebauer et al. (2011)等学者的研究观点,这些学者在研究中基于理论或案例分析认为制造企业提供创新服务能够产生知识资源的协同,并且有助于建立紧密关系,从而产生竞争优势。

但竞争强度仅显著正向调节了渐进式服务创新战略与市场绩效的关系($\beta = 0.152, p < 0.05$),而对于渐进式服务创新战略与财务绩效关系的调节效应并不显著。这一结果也并不难理解,在高度竞争的环境下,竞争对手都会采取渐进式服务创新战略参与市场竞争,从而降低了这一战略的差异化效用。同时为不与竞争对手产生太大差距,企业又不得不投入大量的成本,而且产品服务易于模仿的特性使得这一战略成为制造企业"必要的恶魔"(necessary evil)(Lele, 1997)。

另外,研究结果表明当制造企业处于高度竞争的环境下,突破式服务创新战略不仅更有助于提升企业的市场绩效($\beta = 0.094, p < 0.1$),也更有助于财务绩效提升($\beta = 0.269, p < 0.001$)。对此,回顾本研究理论推导过程,我们认为与渐进式服务创新战略相比,制造企业的突破式服务创新战略不仅能够建立

市场绩效与财务绩效两个维度起到了正向影响作用,这一结果支持了研究提出的 H5a 和 H5b,也在一定程度上表明了案例研究结果与理论推理的正确性。具体来说,对于技术能力水平高的制造企业,采取为顾客开发服务方案的突破式服务创新战略不仅能够充分利用企业技术资源产生协同效应,而且能够进一步带来企业资源的发展和提升,从而带来企业竞争优势。关于这一点,本研究的研究结果证实了 Ulaga et al. (2011)多案例研究得出强调发挥资源溢出效应的结论,而且与 Ceci & Prencipe(2008)、Windahl & Lakemond (2006)、Davies et al. (2007)的研究观点相呼应。

6.5.5 服务创新战略、技术能力、环境动态性对竞争优势的叠加影响关系讨论

最后,研究结果还表明,渐进式服务创新战略、技术能力及市场动态性乘积项对市场绩效有显著的正向影响作用($\beta=0.165$, $p<0.01$),H6a 得到验证,这说明以上三者对制造企业竞争优势的叠加影响是存在的。另外,渐进式服务创新战略、技术能力及竞争强度乘积项对市场绩效有显著的正向影响作用($\beta=0.149$, $p<0.05$),H7a 得到验证,说明以上三者对竞争优势的结构性影响也是存在的。这表明市场动态越高、竞争越激烈的环境下,渐进式服务创新战略与技术能力匹配对竞争优势的影响效应越大,也就是说对于技术能力较低的制造企业,在高度市场动态和高度竞争的环境下采取渐进式服务创新战略更有助于市场绩效提升,但是由于激烈竞争环境下受到竞争对手采取同一战略和成本加大的影响,渐进式服务创新战略产生的议价能力受到制约,从而对企业的财务绩效产生不利影响。这一结果也在一定程度上验证了理论推理的正确性。

另外,虽然本研究在理论上认为动态环境下突破式服务创新战略与技术能力匹配会对竞争优势产生更大的影响,但是研究结果中突破式服务创新战略、技术能力与市场动态性三者的乘积项对市场绩效和财务绩效的影响,以及突破式服务创新战略、技术能力与竞争强度的乘积项对市场绩效的影响都得到反向验证。对此,我们认为可能的原因为:从能力观视角来看,尽管高技术

能力为突破式服务创新战略的制定和实施提供了可行的空间,但是高技术能力可能会带来"核心刚性",从而导致企业无法应对快速变化的环境(Eisenhardt & Martin,2000;Teece et al.,1997)。虽然突破式服务创新战略能够拉近客户距离、获取需求信息,有助于快速调整产品和服务,但是在动态的环境下企业能否克服高技术能力带来的"核心刚性",快速开发出符合顾客需求变化的服务解决方案存在变数。因此,虽然突破式服务创新战略与高技术能力匹配会对竞争优势产生正向影响,但是在高度市场动态的环境下,也有可能会给企业带来不利影响。

总体上,上述研究结果表明,对于中国的制造企业在进行服务创新战略决策时不应该一概而论,更应该综合考虑自身技术能力水平以及外部环境变化适配性地选择、实施服务创新战略。

6.6　本章小结

基于 247 份制造企业样本的问卷调查和统计分析,本章对第 4 章提出的制造企业服务创新战略对竞争优势影响机制的概念模型及假设进行了实证研究。在这一部分设计了制造企业服务创新战略和竞争优势的测量方法,并检验了服务创新战略和竞争优势测量的效度和信度,获得了拟合效果较好的测量模型。

随后,采用结构方程建模方法对制造企业服务创新战略与竞争优势关系模型进行了实证检验,结果显示制造企业服务创新战略对竞争优势有显著的促进作用。另外,还通过层次回归分析方法对制造企业服务创新战略与企业内部技术能力、外部环境动态性匹配对竞争优势的影响关系进行分析,分析结果显示大多数假设均通过检验,制造企业服务创新战略在不同情境下对竞争优势的影响机制基本得到证实。随后,结合已有研究成果对实证结果反映的变量之间关系进行讨论,与相关研究进行了对比链接,概括总结研究的新发现。最后,本部分还对未被实证研究证实部分假设结合理论和实践给出相应的解释。

着力点更应放在突破式服务创新战略上，通过创造新的"市场利基"来获取新的市场增长，提升财务绩效。

（3）研究还假设并检验了制造企业服务创新战略与技术能力匹配对竞争优势的促进作用。研究结果表明：技术能力在渐进式服务创新战略与竞争优势的关系中都起到显著的负向调节作用，即技术能力较低的制造企业适配性地实施渐进式服务创新战略更有助于市场绩效与财务绩效的提升。而在突破式服务创新战略与竞争优势的关系中，技术能力起到显著的正向调节作用，说明对于技术能力较高的制造企业适配性地实施突破式服务创新战略更有助于竞争优势提升。

（4）最后，本研究假设并检验了制造企业服务创新战略、技术能力、环境动态性三者对竞争优势的叠加影响。研究结果表明，渐进式服务创新战略、技术能力与市场动态性三者对市场绩效的影响作用也得到支持，渐进式服务创新战略、技术能力、竞争强度三者对市场绩效的影响作用也得到支持，表明以上对竞争优势的叠加影响是存在的，即为：对于技术能力较低的制造企业，在高度市场动态、高度竞争的环境下采取渐进式服务创新战略更有助于市场绩效提升。另外，突破式服务创新战略、技术能力与市场动态性三者对市场和财务绩效的影响及突破式服务创新战略、技术能力与竞争强度三者对市场绩效的影响得到反向验证。

7.2　理论贡献与实践启示

7.2.1　理论贡献

（1）对制造企业服务创新战略的概念进行了有益的梳理和提炼

制造企业服务创新是一个新兴的研究主题，不同领域的学者虽然都认同服务创新是制造企业的战略问题，但目前有关制造企业服务创新战略的理论研究基本上还处于很不成熟的早期阶段（Jacob & Ulaga，2008），在基本概念的理论定位和界定方面还存在较大模糊性,而且现有研究大多停留在现象描述的水平上,缺乏理论聚焦和机理解释(赵立龙等,2012)。正是这些问题的存在使得制造企业服务创新战略研究难以向更高的水平推进。针对这些问题,本研究首先基于战略管理和创新管理理论发展脉络对制造企业服务创新战略的理论定位、概念内涵及维度划分等进行深入剖析和界定,认为制造企业服务创新战略是随着创新理论发展和新竞争范式的出现对创新战略概念内涵的延伸而出现的概念,这一结论不仅收敛了制造企业服务创新战略研究的理论边界,也使其理论内核更为清晰。同时,遵循 Gremyr et al. (2010)等学者的建议,我们结合创新程度与制造企业产品—服务关系特征,将制造企业服务创新战略区分为渐进式和突破式两个维度,并通过案例研究和验证性因子分析验证了该研究概念的合理性和有效性,增强了其内在效度。这不仅有利于克服制造企业服务创新战略研究中的概念宽泛、难以观测等问题,并为进一步建构理论关系和定量研究打下基础,为推进制造企业服务创新战略的理论研究做出一个有益的尝试。

(2)澄清了制造企业服务创新战略对竞争优势的影响作用

服务创新战略将会对制造企业的竞争优势产生何种影响,这一问题的求解对于企业战略决策者来说非常重要,但现有研究对这一关系的理解还较为模糊。目前关于制造企业服务创新战略对竞争优势影响机制的研究总体上还处于起步阶段,研究者或者直接把开发提供创新服务的数量与企业价值联系起来(Fang et al.,2008),或者把某些服务创新特征与财务绩效联系起来(Humberg,2002),更多的则是通过案例研究检验服务创新战略与竞争优势(Robinson et al.,2002)。

本研究在前人研究的基础上,为更为清晰地理解服务创新战略不同维度对制造企业竞争优势的影响效应,把企业竞争优势分解为企业相对竞争对手的市场绩效和财务绩效两个维度,以中国的制造企业为研究样本,通过实证方法检验了制造企业服务创新战略的两个维度渐进式和突破式服务创新战略对企业竞争优势不同维度的直接影响效应。研究结果表明,服务创新战略的两个维度渐进式和突破式服务创新战略的确会显著影响制造企业的竞争优势,

　　此外,本研究基于动态能力理论视角探究了市场动态与竞争强度两个环境因素对服务创新战略与竞争优势之间关系的调节效应。研究发现,服务创新战略与外部动态环境之间的匹配对企业竞争优势有一定影响。这一研究结论深化了制造企业服务创新战略作用情境的理解,对于制造企业在服务创新实践中如何根据外部组织情境特征构建相应的服务创新战略决策具有一定参考价值。另外,本研究还深入探讨了动态环境下制造企业创新战略与技术能力匹配对竞争优势的结构性影响,进一步深化了对制造企业创新战略对竞争优势影响机制的理解。

　　最后,与以往以发达国家企业、跨国公司作为研究对象的研究不同,本研究选择了转型经济或新兴经济体的制造企业作为研究对象,在一定程度上丰富了制造企业服务创新研究的情境。选择转型经济或新兴经济体国家的企业,是因为其制造业企业面临着亟须转型升级以参与国际竞争的重任,研究其如何通过服务创新战略实现追赶,有利于进一步深化服务创新战略理论研究。

　　(4)丰富了战略管理领域企业竞争优势来源的相关研究

　　企业竞争优势来源一直是战略管理领域的研究热点,近年来在战略管理领域出现了整合顾客视角来理解竞争优势的趋势(如 Slater,1997;Priem,2007;Srivastava et al.,2001)。一方面,解释竞争优势来源的主导视角,如交易成本、资源基础理论都忽视了与顾客需求相关的机制(Priem,2007);另一方面,主流的资源观难以解释企业在资源很少的条件下如何创造竞争优势,或者如何克服在位者的优势(Mathews,2002),整合顾客价值视角可以在一定程度上弥补这一缺陷。企业获取竞争优势不是因为企业拥有多少资源存量或者占据了什么样的市场位置,而是因为其提供的产品或服务能够在多大程度上带给顾客超越竞争对手的感知收益(顾客价值)(Brush & Chaganti,1999;Chandler & Hanks,1994)。当企业采取合适的顾客价值创造战略,为客户创造感知独特的价值时,才会带来更多的顾客忠诚,从而获取竞争优势(Srivastava et al.,2001;Hunt & Lambe,2000;Priem,2007)。因此,这些学者认为应该在战略管理中整合顾客视角,从顾客价值创造视角来深入理解竞争优势来源。遵从这一理论逻辑,在探讨制造企业服务创新战略对竞争优势的影响机制时,本研究将服务创新战略作为制造企业所采取的一种顾客价值创造战略,认为企业能通过服务创新战略为顾客创造超越竞争对手的感知价值和收益,来建造企业竞争优势。本研究还通过探索性案例研究和严密的理论分析,尝试性地探讨了服务创新战略对竞争优势结果的影响机制,并通过大样本实证进行检验,这无疑是对近来战略管理领域出现的需要"整合顾客视角理解竞争优势"(如 Slater,1997;Priem,2007;Srivastava et al. 2001)观点的呼应。

另外,研究结果表明企业在技术能力弱的情况下,采取合适的顾客价值创造战略(渐进式服务创新战略)能够实现产品价值增值,克服在位者优势,为企业带来竞争优势。而且突破式服务创新战略能够与制造企业技术知识和资源产生协同效应,为顾客创造更多独特的感知价值,从而产生超额收益。这一研究结论初步揭示了制造企业竞争优势不仅来源于企业有价值的资源和能力,更为重要的是源于企业采取的合适的顾客价值创造战略和行动,支持了顾客感知收益本质上决定着企业成功(Priem,2007)的观点,这不仅为制造企业竞争优势的来源提供了更为全面的理解,同时也对拓展企业竞争优势理论具有一定启示意义。

7.2.2　实践启示

本研究从中国制造企业服务创新实践中的现实问题出发,运用多种研究方法,探析了制造企业服务创新战略对竞争优势的影响机制,基本完成了从实践到理论的研究过程。本研究的研究结果表明制造企业可以通过实施服务创新战略有效地提升竞争优势,占据价值链中的高附加值环节,因此,对于中国亟待摆脱"价值链低端"锁定,实现转型升级的制造企业具有一定的实践指导意义。

(1)认识并重视服务创新对企业建立竞争优势的重要战略作用

前文研究结果表明,服务创新战略总体上能够推动制造企业提升市场绩效和财务绩效,进入价值链的高端环节,促进整个制造业的转型升级,因此是一种值得重视的实践。特别是当前,对于中国大多数制造企业来说,在采取西方发达国家企业以巨额研发投入推进技术创新,从而占据高价值市场的方式短期内并不现实的情况下,通过服务创新实现转型,摆脱"价值链低端锁定",

已经成为我国制造企业一种必然选择(郭跃进,1999;蔺雷 & 吴贵生,2007)。服务创新战略一方面能够促使制造企业进入价值链的高端服务环节获取高价值,另一方面能够避开直接竞争形成市场差异,为企业开辟新的生存空间。因此,对于我国的制造企业来说,应该重视服务创新战略在获取竞争优势方面的重要战略作用,积极地开展服务创新实践,推动企业的价值链升级。

(2)根据自身技术能力差异进行服务创新战略决策

本研究突破以往过于从服务自身特性出发强调服务创新战略作用的缺陷,创造性地引入技术能力这一制造企业重要的战略资源,从而为我国技术能力水平各异的制造企业制定服务创新战略决策提供了更具操作性的参考框架和策略。前文的研究结果表明,与企业技术能力匹配的服务创新战略能够显著地提升竞争优势。具体而言,对于技术能力较低的制造企业,渐进式服务创新战略在资金、技术等方面的要求较低,能够快速建立非技术市场差异化优势,弥补企业技术不足的竞争劣势,帮助制造企业获取超过正常收益的价值(Brax,2005;Miller,1987);而对于拥有较强技术能力的企业,适配性地采取突破式服务创新战略更能进一步发挥知识溢出的协同效应,利于形成互补性收益(Markides & Williamson,1994)。因此,对于我国的制造企业来说,应该在清晰认识服务创新战略与企业技术能力匹配关系的基础上,正确地做出服务创新战略决策,只有这样才能发挥服务创新战略的战略效用,最大限度地提升企业竞争优势。

(3)增强企业培育和发展技术能力的意识

技术能力作为制造企业的重要战略资源(Afuah,2002),通常源自组织学习与经验积累,对企业的竞争优势有重要作用(Kogut & Zander,1993)。技术能作为一种动态环境下不断变化的高阶能力,不仅能够确保企业通过技术创新对市场环境做出快速反应,建立效率和差异优势(Teece & Pisano,1994;Verona,1999),而且对制造企业的服务创新也存在重要的影响(Ceci & Prencipe,2008)。研究发现,虽然渐进式服务创新战略能够快速地建立市场差异优势,但在激烈的竞争中很容易受到侵蚀。另外实施突破式服务创新战略进入价值链高端环节虽然是一条更为可行的路径,但这一路径明显受到企业技术能力水平的制约。只有与较强的技术能力匹配,突破式服务创新战略才能进一步发挥知识溢出效应,为企业带来超额收益。如果缺乏这些知识溢出,或是这些技术知识资源是可以被模仿的(Barney,1991),制造企业可能难以抵挡专业服务企业的竞争压力(Fang et al.,2008)。因此,从长期来看,制造企业同样更应该注意努力培育和积累技术能力,进一步拓展企业战略选择空间,以建立更持续有效的竞争优势。

(4)动态环境下制造企业应该重视服务创新战略的竞争作用

当前,动态而激烈的市场环境是中国制造企业外部环境最为重要的一个特征(Peng,2003;Tan & Tan,2005;武亚军,2009)。根据本研究的研究结果,高市场动态和高竞争强度的环境下,制造企业从事服务创新活动将对企业竞争优势的增强和提升具有至关重要的影响,低市场动态和低竞争强度的环境会降低服务创新战略的作用。而且与渐进式服务创新战略相比,越是在高竞争强度的环境下,突破式服务创新战略越能发挥更大效用,不仅能够提升市场绩效,同时对于提升财务绩效也具有显著的作用。因此,本研究建议,在当前高市场动态和高竞争强度的环境下,中国的制造企业需要更为关注服务创新的战略作用,将组织的资源和管理者注意力转移到服务创新上来,通过服务创新战略降低动态环境带来的不确定性风险和竞争压力等不利影响。同时,随着竞争程度的提高,制造企业适当地强化突破式服务创新战略,更有助于企业财务绩效的改善和提升。

7.3 研究局限及未来研究展望

制造企业服务创新、服务转型研究已经成为创新和战略管理领域的重要研究方向,最近十多年来,很多关于此领域的研究陆续发表在管理领域权威的期刊上。受益于这些研究的启发,针对在中国制造企业亟待从低成本的加工制造环节向价值链高端升级,以应对多样化顾客需求和激烈的全球竞争的现实背景,本研究综合运用资源基础理论、顾客价值基础理论、服务创新理论以及战略匹配理论等视角,以战略转型中的制造企业为样本,假设与检验了制造企业服务创新战略对竞争优势不同维度的影响效应,以及技术能力、环境动态性的调节作用,并综合运用定性和定量多种分析方法,分析了这些理论构想的正确性与有效性,从而得出了一些有意义的结论。总体来看,本研究在以往竞争优势、服务创新等理论研究的基础上取得了一定的理论进展。然而,由于所研究问题的复杂性,以及笔者研究经验不足、时间和精力有限,研究中有不少有待完善之处,主要表现在以下方面:

首先,在样本选择与数据来源上,尽管研究者已在能力范围内付出了较大努力,尽量兼顾不同产业类型、年龄和规模的企业,减小未回复偏差,但由于实际条件限制,本研究实证部分在抽样范围、问卷数据量等方面都存在一定程度的缺憾。从抽样范围来看,本研究的样本数据主要来源于处于长三角地区江苏和浙江两个经济发达省份,这两个地区的样本占了70%以上的份额,这在一定程度上可能对研究结果概化的可行性造成影响,难以排除区域差异在此模型中所发挥的固有作用。并且问卷数据数量虽然满足了大样本实证分析的要求,但是较难以实现分行业、分类型的更深层次的研究,后续如果条件可行,可以尝试进行深入研究。

其次,在变量测量上本研究采用李克特7点量表的主观打分方法对制造企业服务创新战略、技术能力、环境动态性和竞争优势等变量进行测量,尽管在研究中对变量的测量都进行了较为严谨规范的信度与效度的检验,以尽量保证所测量变量的有效性和可靠性,但使用李克特7点量表由受访者主观评分的方法仍不可避免地存有测量偏差和缺陷。另外,虽然本研究尽量寻找了解企业情况的中高层管理者来回答问题,但个人的认知是否能够完全代表组织整体的特点,还有一定争议。未来如具备更好的数据收集条件,应该采用更加客观的方法对上述变量进行测量,以进一步提高研究效度。

第三,纵向的探索性案例研究是本研究所采取的重要研究手段,研究者在第3章的案例研究上投入了大量的时间和精力,旨在运用探索性案例研究的方法对三个典型制造企业服务创新案例进行分析,对制造企业服务创新战略内涵和战略内容进行解释,并对制造企业服务创新战略影响竞争优势的机理进行分析。尽管研究者在力所能及的范围内经过多轮的实地调研和访谈,在相关材料的收集和对比验证的基础上,得出案例研究结果,使得案例研究的结果在信度和效度上都能得到一定程度的保障,但是案例的样本覆盖面以及质性数据可获得性同样会制约本研究结果。对于第3章多案例研究来说,案例样本选择了浙江省的一家及深圳市的两家制造企业,未来研究若能在更广的范围内选择更多制造企业进行数据收集,并在多轮调查中进一步完善访谈提纲,则能够得到更为全面、更加深入的研究结果,同时也能使研究结果更具有概化性。

总体上,目前制造企业服务创新战略的理论研究基本上还处于很不成熟的早期阶段(Jacob & Ulaga,2008),许多重要的理论和实践问题有待于进一步深入探讨,本研究作为一项开拓性研究,在推进制造企业服务创新的理论研究方面尝试性地迈出了一小步,但研究中还存在局限和不足,这也为后续研究工作提供了进一步的方向和空间。结合研究过程中的不足和理解,研究者认为后续的研究可以沿着以下方向展开:

首先,本研究在研究过程中发现制造企业的技术创新和服务创新之间似乎存在一定的互补关系,这是一个非常有趣也较为复杂的问题,且 Gremyr et al.(2010)等学者也提到这一点。考虑到制造企业不同阶段的战略变化,以及技术创新战略与服务创新战略在竞争逻辑上存在的差异,进一步探索两者之间的关系是值得继续研究的方向之一。后续研究应该关注制造企业是否需要在技术创新战略和服务创新战略之间进行抉择,抑或二者同时执行。组织二元性范式的提出(刘洋等,2011),为这一问题提供了一种解决思路。特别是考虑到在独特的中国情境下,制造企业在运营过程中是保持二元性(Luo & Rui,2009),同时执行技术创新战略与服务创新战略并保持二者的平衡,还是逐步从技术创新向服务创新转型,实现间断均衡,未来对于这一问题的研究有助于深化制造企业服务创新战略的相关理论,同时进一步拓展组织二元性理论。

其次,可以从组织变革视角进一步研究制造企业从技术创新战略向服务创新战略变革过程机制。从技术创新到服务创新,无论从理论上还是从实践上看,都是创新视角的格式塔转换,这种转换必将为制造企业整个组织带来深刻影响。本研究虽然探讨了制造企业服务创新战略对竞争优势的影响机制,但是对于哪些因素会驱动制造企业从技术创新转向服务创新还缺乏深入的分析。未来研究需进一步识别不同的驱动因素,特别是在战略变革视角下(Cui et al.,2011),探索外部环境因素和企业内部特征共同驱动制造企业从技术创新战略向服务创新战略变革过程机制。此外,从认知视角出发探究这一战略变革过程也十分有意义(Winter,2012)。

最后,积极探索转型经济背景下后发制造企业如何通过服务创新战略实现产业升级和结构转型。目前服务创新战略研究主要是针对发达国家成熟的大型制造企业展开的,所得出的研究结论是否适合转型经济背景下的后发制造企业? 这些企业服务创新战略的决策内容方面是否存在不同? 特别是中国制造企业是否以及该如何通过服务创新战略提升竞争优势,摆脱“价值链低端锁定”效应,最终实现转型升级? 对这些问题的解答都需要结合转型经济背景下后发企业的实践来开展研究,同时需要积极展开发达国家制造企业与转型或新兴国家制造企业的比较研究,以得到更具普适性的研究结论。

参考文献

安同良.企业技术能力发展论：经济转型过程中中国企业技术能力实证研究[M].北京：人民出版社，2004.

白长虹.西方的顾客价值研究及其实践启示[J].南开管理评论，2001，4(2)：51—55.

陈晓萍，徐淑英，樊景立.组织与管理研究的实证方法[M].北京：北京大学出版社，2008.

程源，傅家骥.企业技术战略的理论构架和内涵[J].科研管理，2002,23(5)：75—80.

程巧莲，田也壮.制造企业服务功能演变与实现路径研究[J].科研管理，2008,29(6)：59—64.

杜修立，王维国.中国出口贸易的技术结构及其变迁：1980—2003[J].经济研究，2007(7)：137—151.

冯军政.环境动荡性、动态能力对企业不连续创新的影响作用研究[D].博士学位论文，浙江大学，2012.

格罗鲁斯.服务管理与营销：服务竞争中的顾客管理[M].韦福祥，等译.北京：电子工业出版社，2008.

郭斌，许庆瑞，魏江.组织技术能力概念框架研究[J].科学学研究，1996(2)：44—50.

郭斌.企业异质性、技术因素与竞争优势：对企业竞争优势理论的一个评述[J].自然辩证法通讯，2002,24(2)：55—61.

郭跃进.论制造业的服务化经营趋势[J].中国工业经济,1999(3):64-67.

何铮,谭劲松,陆园园.组织环境与组织战略关系的文献综述及最新研究动态[J].管理世界,2006(11):144-151.

侯杰泰,温忠麟,程子娟.结构方程模型及其应用[M].北京:教育科学出版社,2004.

江诗松,龚丽敏,魏江.转型经济背景下后发企业的能力追赶:一个共演模型——以吉利集团为例[J].管理世界,2011(4):122-137.

科特勒,詹恩,麦森西.科特勒营销新论[M].高登第,译.北京:中信出版社,2002.

李忆,司有和.探索式创新、利用式创新与绩效:战略和环境的影响[J].南开管理评论,2008,11(5):4-12.

李大元.不确定环境下的企业持续优势:基于调适能力的视角[D].博士学位论文,浙江大学,2008.

李正卫.动态环境条件下的组织学习与企业绩效[D].博士学位论文,浙江大学,2003.

蔺雷,吴贵生.KIBS在创新中的作用[J].科学学研究,2003,21(Supp.):257-260.

蔺雷,吴贵生.服务创新:研究现状、概念界定及特征描述[J].科研管理,2005,26(2):1-6.

蔺雷,吴贵生.我国制造企业服务增强差异化机制的实证研究[J].管理世界,2007(6):103-113.

刘林青,雷昊,谭力文.从商品主导逻辑到服务主导逻辑——以苹果公司为例[J].中国工业经济,2010(9):57-66.

刘世英,彭征明.华为教父任正非[M].北京:中信出版社,2008.

刘雪锋.网络嵌入性与差异化战略及企业绩效关系研究[D]博士学位论文,浙江大学,2007.

刘洋,魏江,应瑛.组织二元性:管理研究的一种新范式[J].浙江大学学报(人文社会科学版),2011,41(6):132-142.

马宁.华为与中兴通讯:中国两大通信巨头的营销战略与竞争策略[M].北京:中国经济出版社,2007.

马庆国.管理统计:数据获取、统计原理、SPSS工具与应用研究[M].北京:科学出版社,2002.

潘绵臻,毛基业.再探案例研究的规范性问题——中国企业管理案例论坛(2008)综述与范文分析[J].管理世界,2009(2):92—100.

彭灿,杨玲.技术能力、创新战略与创新绩效的关系研究[J].科研管理,2009,30(2):26—32.

饶扬德.企业技术能力成长过程与机理研究:资源整合视角[J].科学管理研究,2007,25(5):59—62.

石盛林.战略管理理论演变:基于企业理论视角的回顾[J].科技进步与对策,2010,27(8):156—160.

时志宏,崔丽娟.用验证性因素分析法对控制源量表的分析研究[J].心理科学,2007,30(3):683—685.

寿涌毅,孙宇.集群企业创新来源、技术能力及创新绩效关系研究[J].管理工程学报,2009(S1):59—64.

覃蓉芳,马昆姝.不确定环境下创业机会与创业力关系的理论研究[J].世界科技研究与发展,2008,30(1):100—103.

汤建影.技术特征对企业技术获取方式的影响——基于中小民营企业的实证研究[J].科研管理,2012,33(9):40—46.

魏江.企业技术能力:增长机制、过程与模式[D].博士学位论文,浙江大学,1997.

魏江.基于知识观的企业技术能力研究[J].自然辩证法研究,1998,14(11):54—57.

魏江.企业技术能力研究的发展与评述[J].科学管理研究,2000,18(5):20—22.

魏江,胡胜蓉.知识密集型服务业创新范式[M].北京:科学出版社,2007.

魏江,王琳,胡胜蓉,陶颜.知识密集型服务创新分类研究[J].科学学研究,2008(S1):195－201.

魏江,许庆瑞.企业技术能力与技术创新能力之关系研究[J].科研管理,1996,17(1):22－26.

温忠麟,侯杰泰,马什赫伯特.结构方程模型检验:拟合指数与卡方准则[J].心理学报,2004,36(2):186－194.

温忠麟,侯杰泰,张雷.调节效应与中介效应的比较和应用[J].心理学报,2005,37(2):268－274.

吴敬琏.促进制造业的"服务化"[J].中国制造业信息化(应用版),2008(22):16.

吴明隆.结构方程模型——AMOS 的操作与应用[M].重庆:重庆大学出版社,2009.

吴明隆.SPSS 统计应用实务——问卷分析与应用统计[M].北京:科学出版社,2003.

武亚军.中国本土新兴企业的战略双重性:基于华为、联想和海尔实践的理论探索[J].管理世界,2009(12):120－136.

肖媛.基于隐性知识吸收的企业技术能力演化模型研究[J].科研管理,2006,27(4):142－148.

徐松屹.制造类企业资源与竞争战略匹配关系研究[D].博士学位论文,浙江大学,2007.

许庆瑞,吕飞.服务创新初探[J].科学学与科学技术管理,2003,27(3):34－37.

许庆瑞,魏江.中小企业提高技术能力的对策研究[J].科研管理,1995,16(1):15－19.

许振亮.国际技术创新研究前沿与学术群体可视化分析[D].博士学位论文,大连理工大学,2010.

杨龙,王永贵.顾客价值及其驱动因素剖析[J].管理世界,2002(6):146－147.

杨青,张炎滨.中国电信运营市场发展现状与展望[J].世界电信,2005,

18(1):23—26.

叶明. 技术创新理论的由来与发展[J]. 软科学, 1990(3):7—10.

张宏. 企业纵向社会资本与竞争优势[D]. 博士学位论文, 浙江大学, 2007.

张文红, 张骁, 翁智明. 制造企业如何获得服务创新的知识? ——服务中介机构的作用[J]. 管理世界, 2010(10):122—134.

张蜀林, 张庆林. 验证性因素分析模型及其在研究中的运用[J]. 心理学动态, 1995, 3(1):28—32.

张炎滨. 解读新时期电信业务发展趋势[J]. 通信世界, 2009(1):14—17.

赵立龙, 魏江, 郑小勇. 制造企业服务创新战略的内涵界定、类型划分与研究框架构建[J]. 外国经济与管理, 2012, 34(9):59—65.

赵晓庆. 我国企业技术能力提高的外部知识源研究[J]. 科学学研究, 2004, 22(4):399—404.

赵亚普, 张文红. 我国制造企业服务转型的挑战及对策:惰性理论视角[J]. 科学学与科学技术管理, 2012, 33(4):129—135.

郑素丽. 组织间资源对企业创新绩效的作用机制研究[D]. 博士学位论文, 浙江大学, 2009.

郑文富. 服务将成为通信设备制造业下一轮竞争的焦点[J]. 邮电商情, 2002, 6(6):31—36.

诸雪峰, 贺远琼, 田志龙. 制造企业向服务商转型的服务延伸过程与核心能力构建——基于陕鼓的案例研究[J]. 管理学报, 2011, 8(3):356—364.

ADLER P S, SHENHAR A. Adapting your technological base: The organizational challenge[J]. Sloan Management Review, 1990, 32(1): 25-37.

ADNER R, ZEMSKY P. A demand-based perspective on sustainable competitive advantage[J]. Strategic Management Journal, 2006, 27(3): 215-239.

AFUAH A. Mapping technological capabilities into product markets and competitive advantage: The case of cholesterol drugs [J]. Strategic Management Journal, 2002: 23(2): 171-179.

AHUJA G, KATILA R. Technological acquisitions and the innovation performance of acquiring firms: A longitudinal study [J]. Strategic Management Journal, 2001, 22(3): 197-220.

AKMAN G, YILMAZ C. Innovative capability, innovation strategy and market orientation: An empirical analysis in Turkish software industry[J]. International Journal of Innovation Management, 2008, 12(1): 69-111.

ALAM I. Service innovation strategy and process: A cross-national comparative analysis[J]. International Marketing Review, 2006, 23(3): 234-254.

ALDRICH H E. Organizations and Environments [M]. Stanford: Stanford Business Books, 2007.

ALLMENDINGER G, LOMBREGLIA R. Four strategies for the age of smart services[J]. Harvard Business Review, 2005, 83(10): 131-136.

AMIT R, SCHOEMAKER P J H. Strategic assets and organizational rent[J]. Strategic Management Journal, 1993, 14(1): 33-46.

AMIT R, ZOTT C. Value creation in e-business [J]. Strategic Management Journal, 2001, 22(6/7): 493-520.

ANDERSON E W, SULLIVAN M W. The antecedents and consequences of customer satisfaction for firms [J]. Marketing Science, 1993, 12(2): 125-143.

ANDERSON J, NARUS J. Capturing the value of supplementary services[J]. Harvard Business Review, 1995, 73(1): 75-83.

ANDERSSON U, FORSGREN M, HOLM U. The strategic impact of external networks: Subsidiary performance and competence development in the multinational corporation[J]. Strategic Management Journal, 2002, 23(11): 979-996.

ANSOFF H. The Concept of Corporate Strategy[M]. London: Pan Macmillan, 1986.

ARROW K J. The economic implications of learning by doing[J]. The

Review of Economic Studies，1962，29(3)：155-173.

BAINES T，LIGHTFOOT H，PEPPARD J，et al. Towards an operations strategy for product-centric servitization[J]. International Journal of Operations & Production Management，2009，29(5)：494-519.

BARNEY J B. Strategic factor markets：Expectations，luck，and business strategy[J]. Management Science，1986，32(10)：1231-1241.

BARNEY J. Firm resources and sustained competitive advantage[J]. Journal of Management，1991，17(1)：99-120.

BARNEY J B. Resource-based theories of competitive advantage：A ten-year retrospective on the resource-based view[J]. Journal of Management，2001，27(6)：643-650.

BELL M L. Some strategy implications of a matrix approach to the classification of marketing goods and services[J]. Journal of the Academy of Marketing Science，1986，14(1)：13-20.

BHARADWAJ A S. A resource-based perspective on information technology capability and firm performance：An empirical investigation[J]. MIS Quarterly，2000,24(1)：169-196.

BIERLY P，CHAKRABARTI A. Generic knowledge strategies in the US pharmaceutical industry[J]. Strategic Management Journal，1996，17(S2)：123-135.

BLACK J A，BOAL KB. Strategic resources：Traits，configurations and paths to sustainable competitive advantage [J]. Strategic Management Journal，1994，15(Supp. S2)：131-148.

BOLTON R N，GREWAL D，LEVY M. Six strategies for competing through service：An agenda for future research[J]. Journal of Retailing，2007，83(1)：1-4.

BOWEN D E，SIEHL C，SCHNEIDER B. A framework for analyzing customer service orientations in manufacturing[J]. Academy of Management

Review, 1989, 14(1): 75-95.

BRADY T, DAVIES A, GANN D. Creating value by delivering integrated solutions[J]. International Journal of Project Management, 2005, 23(5): 360-365.

BRANDENBURGER A M, STUART JR H W. Value-based business strategy[J]. Journal of Economics & Management Strategy, 1996, 5(1): 5-24.

BRAX S. A manufacturer becoming service provider—challenges and a paradox[J]. Managing Service Quality, 2005, 15(2): 142-155.

BRAX S, JONSSON K. Developing integrated solution offerings for remote diagnostics: A comparative case study of two manufacturers[J]. International Journal of Operations & Production Management, 2009, 29(5): 539-560.

BRENTANI U D. Success factors in developing new business services [J]. European Journal of Marketing, 1991, 25(2): 33-59.

BRUSH C G, CHAGANTI R. Businesses without glamour? An analysis of resources on performance by size and age in small service and retail firms [J]. Journal of Business Venturing, 1999, 14(3): 233-257.

BURKE R R. Technology and the customer interface: What consumers want in the physical and virtual store[J]. Journal of the Academy of Marketing Science, 2002, 30(4): 411-432.

BURNS T, STALKER G M. The Management of Innovation[M]. Londen: Tavistock, 1961.

CHAKRAVARTHY B S. Measuring strategic performance [J]. Strategic Management Journal, 1986, 7(5): 437-458.

CALANTONE R J, CAVUSGIL S T, ZHAO Y. Learning orientation, firm innovation capability, and firm performance[J]. Industrial Marketing Management, 2002, 31(6): 515-524.

CARPENTER M A, FREDRICKSON J W. Top management teams, global strategy posture, and the moderating role of uncertainty[J]. Academy of Management Journal, 2001, 44(3): 533-545.

CECI F, PRENCIPE A. Configuring capabilities for integrated solutions: Evidence from the IT sector[J]. Industry & Innovation, 2008, 15(3): 277-296.

CHANDLER G N, HANKS S H. Market attractiveness, resource-based capabilities, venture strategies, and venture performance[J]. Journal of Business Venturing, 1994, 9(4): 331-349.

CHEN J S, Tsou H T, Huang A Y H. Service delivery innovation[J]. Journal of Service Research, 2009, 12(1): 36-55.

CHILD J. Organizational structure, environment and performance: The role of strategic choice[J]. Sociology, 1972, 6(1): 1-22.

CHILD J, RODRIGUES S B. The internationalization of Chinese firms: A case for theoretical extension? [J]. Management and Organization Review, 2005, 1(3): 381-410.

CHRISTENSEN C M, BOWER J L. Customer power, strategic investment, and the failure of leading firms [J]. Strategic Management Journal, 1996, 17(3): 197-218.

COCKBURN I, HENDERSON R, STERN S. Untangling the origins of competitive advantage[J]. Strategic Management Journal, 2000, 21(10/11): 1123-1145.

COHEN M A, AGRAWAL N, AGRAWAL V. Winning in the aftermarket[J]. Harvard Business Review, 2006, 84(5): 129-138.

COOMBS R, MILES I. Innovation, measurement and services: The new problematique[J]. Economics of Science, Technology and Innovation, 2000, 18: 85-103.

CUI A S, CALANTONE R J, GRIFFITH D A. Strategic change and termination of interfirm partnerships [J]. Strategic Management Journal, 2011, 32(4): 402-423.

DAFT R L, WEICK K E. Toward a model of organizations as

interpretation systems[J]. Academy of Management Review, 1984, 9(2): 284-295.

DAVIES A, BRADY T. Organisational capabilities and learning in complex product systems: Towards repeatable solutions [J]. Research Policy, 2000, 29(7): 931-953.

DAY G S, WENSLEY R. Assessing advantage: A framework for diagnosing competitive superiority[J]. Journal of Marketing, 1988, 52(2): 1-20.

DELENE L M, LYTH D M. Interactive services operations: The relationships among information, technology and exchange transactions on the quality of the customer-contact interface[J]. International Journal of Operations & Production Management, 1989, 9(5): 24-32.

DESARBO W S, JEDIDI K, SINHA I. Customer value analysis in a heterogeneous market[J]. Strategic Management Journal, 2001, 22(9): 845-857.

DESS G G. BEARD D W. Dimensions of organizational task environments[J]. Administrative Science Quarterly, 1984, 29(1): 52-73.

DESS G G, ROBINSON JR R B. Measuring organizational performance in the absence of objective measures: The case of the privately-held firm and conglomerate business unit[J]. Strategic Management Journal, 1984, 5(3): 265-273.

DIELEMAN M, SACHS W M. Coevolution of institutions and corporations in emerging economies: How the Salim Group morphed into an institution of Suharto's crony regime[J]. Journal of Management Studies, 2008, 45(7): 1274-1300.

DING L, VELICER W F, HARLOW L L. Effects of estimation methods, number of indicators per factor, and improper solutions on structural equation modeling fit indices[J]. Structural Equation Modeling, 1995, 2(2), 119-144.

DONALDSON L. For Positivist Organization Theory: Proving the Hard Core[M]. Thousand Oaks: Sage Publications, 1996 .

DRAZIN R, VEN A H V D. Alternative forms of fit in contingency theory[J]. Administrative Science Quarterly, 1985, 30(4): 514-539.

DUNCAN R B. Characteristics of organizational environments and perceived environmental uncertainty[J]. Administrative Science Quarterly, 1972, 17(3): 313-327.

DUNN S C, SEAKER R F. WALLER M A. Latent variables in business Logistics research: Scale development and validation[J]. Journal of Business Logistics, 1994, 15(2): 145-172.

DYER B, SONG X M. Innovation strategy and sanctioned conflict: A new edge in innovation? [J]. Journal of Product Innovation Management, 1998, 15(6): 505-519.

EDELMAN L F, BRUSH C G, MANOLOVA T. Co-alignment in the resource-performance relationship: Strategy as mediator [J]. Journal of Business Venturing, 2005, 20(3): 359-383.

EISENHARDT K M. Building theories from case study research[J]. Academy of Management Review, 1989, 14(4): 532-550.

EISENHARDT K M, GRAEBNER ME. Theory building from cases: Opportunities and challenges[J]. Academy of Management Journal, 2007, 50 (1): 25-32.

EISENHARDT K M, MARTIN J A. Dynamic capabilities: What are they? [J]. Strategic Management Journal, 2000, 21(10/11): 1105-1111.

EISINGERICH A B, RUBERA G, SEIFERT M. Managing service innovation and interorganizational relationships for firm performance[J]. Journal of Service Research, 2009, 11(4): 344-356.

FANG E, PALMATIER R, STEENKAMP J. Effect of service transition strategies on firm value[J]. Journal of Marketing, 2008, 72(5):

1-14.

FIGUEIREDO P N. Learning processes features and technological capability-accumulation: Explaining inter-firm differences[J]. Technovation, 2002, 22(11): 685-698.

FIGUEIREDO P N. Industrial policy changes and firm-level technological capability development: Evidence from Northern Brazil[J]. World Development, 2008, 36(1): 55-88.

FISCHER T, GEBAUER H, GREGORY M, et al. Exploitation or exploration in service business development?: Insights from a dynamic capabilities perspective[J]. Journal of Service Management, 2010, 21(5): 591-624(34).

FOWLER F J. Survey Research Methods[M]. Sage Publications Inc, 2009.

FREEMAN C. The Economics of Industrial Innovation [M]. Penguin, 1974.

FRYNAS J G, MELLAHI K, PIGMAN G A. First mover advantages in international business and firm-specific political resources [J]. Strategic Management Journal, 2006, 27(4): 321-345.

GALBRAITH J. Organizing to deliver solutions[J]. Organizational Dynamics, 2002, 31(2): 194-207.

GALLOUJ F, WEINSTEIN O. Innovation in services[J]. Research Policy, 1997, 26(4-5): 537-556.

GARCÍA-MUIÑA F E, NAVAS-LÓPEZ J E. Explaining and measuring success in new business: The effect of technological capabilities on firm results[J]. Technovation, 2007, 27(1-2): 30-46.

GEBAUER H. An attention-based view on service orientation in the business strategy of manufacturing companies [J]. Journal of Managerial Psychology, 2009, 24(1): 79-98.

GEBAUER H. Identifying service strategies in product manufacturing companies by exploring environment-strategy configurations[J]. Industrial

Marketing Management，2008，37(3)：278-291.

GEBAUER H，EDVARDSSON B，GUSTAFSSON A，et al. Match or mismatch：Strategy-structure configurations in the service business of manufacturing companies[J]. Journal of Service Research，2010，13(2)：198-215.

GEBAUER H，FLEISCH E. An investigation of the relationship between behavioral processes，motivation，investments in the service business and service revenue[J]. Industrial Marketing Management，2007，36(3)：337-348.

GEBAUER H，FLEISCH E，FRIEDLI T. Overcoming the service paradox in manufacturing companies[J]. European Management Journal，2005，23(1)：14-26.

GEBAUER H，GUSTAFSSON A，WITELL L. Competitive advantage through service differentiation by manufacturing companies[J]. Journal of Business Research，2011，64(12)：1270-1280.

GEBAUER H，KREMPL R，FLEISCH E. Service development in traditional product manufacturing companies [J]. European Journal of Innovation Management，2008，11(2)：219-240.

GEBAUER H，PAIOLA M，EDVARDSSON B. Service Business Development in small and medium capital goods manufacturing companies [J]. Managing Service Quality，2010，20(2)：123-139.

GHISELLI E E，CAMPBELL J P，ZEDECK S. Measurement Theory for the Behavioural Sciences[M]. New York：W. H：Freeman and Co. ，1981.

GILBERT J T. Choosing an innovation strategy：Theory and practice [J]. Business Horizons，1994，37(6)：16-22.

GINSBERG A，VENKATRAMAN N. Contingency perspectives of organizational strategy：A critical review of the empirical research [J]. Academy of Management Review，1985，10(3)：421-434.

GLAZER R. Marketing in an information-intensive environment: Strategic implications of knowledge as an asset[J]. Journal of Marketing, 1991, 55(4): 1-19.

GRANT R M. Prospering in dynamically-competitive environments: Organizational capability as knowledge integration[J]. Organization Science, 1996, 7(4): 375-387.

GREENWOOD R, SUDDABY R. Institutional entrepreneurship in mature fields: The big five accounting firms[J]. Academy of Management Journal, 2006, 49(1): 27-48.

GREMYR I, LÖFBERG N, WITELL L. Service innovations in manufacturing firms[J]. Managing Service Quality, 2010, 20(2): 161-175.

GRÖNROOS C, RAVALD A. Marketing and the logic of service: Value facilitation, value creation and co-creation, and their marketing implications [R]. Working Paper, 2009.

GUPTA A K, GOVINDARAJAN V. Knowledge flows within multinational corporations[J]. Strategic Management Journal, 2000, 21(4): 473-496.

HAMEL G, PRAHALAD C K. Strategy as stretch and leverage[J]. Harvard Business Review, 1993, 71(2): 75-82.

HARDAKER G, AHMED P K, GRAHAM G. An integrated response towards the pursuit of fast time to market of NPD in European manufacturing organisations[J]. European Business Review, 1998, 98(3): 172-177.

HE Z L, WONG P K. Exploration vs. exploitation: An empirical test of the ambidexterity hypothesis[J]. Organization Science, 2004, 15(4): 481-494.

HENDERSON R, COCKBURN I. Measuring competence? Exploring firm effects in pharmaceutical research[J]. Strategic Management Journal, 1994, 15(Special Issue: Competitive Organizational Behavior): 63-84.

HESKETT J L, SASSER W E, SCHLESINGER L A. The Service Profit Chain: How Leading Companies Link Profit and Growth to Loyalty,

Satisfaction, and Value[M]. Free Press, 1997.

HOFER C W. Toward a contingency theory of business strategy[J]. Academy of Management Journal, 1975, 4(3): 784-810.

HOMBURG C, WORKMAN JR J P, KROHMER H. Marketing's influence within the firm[J]. Journal of Marketing, 1999, 23(7): 1-17.

HOOLEY G, GREENLEY G, FAHY J, et al. Market-focused resources, competitive positioning and firm performance[J]. Journal of Marketing Management, 2001, 17(5-6): 503-520.

HSUEH J T, LIN N P, LI H C. The effects of network embeddedness on service innovation performance[J]. The Service Industries Journal, 2010, 30(10): 1723-1736.

HULT G T M, KETCHEN JR D J, SLATER S F. Market orientation and performance: An integration of disparate approaches[J]. Strategic Management Journal, 2005, 26(12): 1173-1181.

HUNT S D, MORGAN R M. The comparative advantage theory of competition[J]. Journal of Marketing, 1995, 59(2): 1-15.

JACOB F, ULAGA W. The transition from product to service in business markets: An agenda for academic inquiry[J]. Industrial Marketing Management, 2008, 37(3): 247-253.

JAW C, LO J Y, LIN Y H. The determinants of new service development: Service characteristics, market orientation, and actualizing innovation effort[J]. Technovation, 2010, 30(4): 265-277.

JAWORSKI B J, KOHLI A K. Market orientation: Antecedents and consequences[J]. Journal of Marketing, 1993, 57(3): 53-70.

JEMISON D B. The importance of an integrative approach to strategic management research[J]. Academy of Management Review, 1981, 6(4): 601-608.

JOHANSSON J E, KRISHNAMURTHY C, SCHLISSBERG HE.

Solving the solutions problem[J]. Mckinsey Quarterly, 2003, 3: 116-125.

JONKER M, ROMIJN H, SZIRMAI A. Technological effort, technological capabilities and economic performance: A case study of the paper manufacturing sector in West Java[J]. Technovation, 2006, 26(1): 121-134.

JUSTIN TAN J, LITSSCHERT R J. Environment-strategy relationship and its performance implications: An empirical study of the chinese electronics industry[J]. Strategic Management Journal, 1994, 15(1): 1-20.

KAPLETIA D, PROBERT D. Migrating from products to solutions: An exploration of system support in the UK defense industry[J]. Industrial Marketing Management, 2010, 39(4): 582-592.

KATILA R, AHUJA G. Something old, something new: A longitudinal study of search behavior and new product introduction[J]. Academy of management Journal, 2002, 45(6): 1183-1194.

KEATS B W, HITT M A. A causal model of linkages among environmental dimensions, macro organizational characteristics, and performance[J]. Academy of Management Journal, 1988, 31(3): 570-598.

KELLY D, STOREY C. New service development: Initiation strategies[J]. International Journal of Service Industry Management, 2000, 11(1): 45-63.

KETCHEN JR D J, HULT G T M, SLATER S F. Toward greater understanding of market orientation and the resource-based view[J]. Strategic Management Journal, 2007, 28(9): 961-964.

KETOKIVI M A, SCHROEDER R G. Perceptual measures of performance: Fact or fiction? [J]. Journal of Operations Management, 2004, 22(3): 247-264.

KIM L. Building technological capability for industrialization: Analytical frameworks and Korea's experience[J]. Industrial and Corporate Change, 1999, 8(1): 111-136.

KIM L. The dynamics of technological learning in industrialisation[J]. International Social Science Journal, 2001, 53(168): 297-308.

KIM W C, MAUBORGNE R. Strategy, value innovation, and the knowledge economy[J]. Sloan Management Review, 1999, 40(3): 41-54.

KIM W C, MAUBORGNE R. Value innovation: The strategic logic of high growth[J]. Harvard Business Review, 1997, 75(1):102-114.

KOGUT B, ZANDER U. Knowledge of the firm, combinative capabilities, and the replication of technology[J]. Organization Science, 1992, 3(3): 383-397.

KOGUT B, ZANDER U. What firms do? Coordination, identity, and learning[J]. Organization Science, 1996, 7(5): 502-518.

KUMAR R, KUMAR U. A conceptual framework for the development of a service delivery strategy for industrial systems and products[J]. Journal of Business & Industrial Marketing, 2004, 19(5): 310-319.

KUMAR R, MARKESET T. Development of performance-based service strategies for the oil and gas industry: A case study[J]. Journal of Business & Industrial Marketing, 2007, 22(4): 272-280.

LAKEMOND N, MAGNUSSON T. 2005. Creating value through integrated product-service solutions: Integrating service and product development[R]. working paper IMP2005, Rotterdam, The Netherlands.

LAWRENCE P R, LORSCH J W. Differentiation and integration in complex organizations[J]. Administrative Science Quarterly, 1967, 12(1): 1-47.

LEE C, LEE K, PENNINGS J M. Internal capabilities, external networks, and performance: A study on technology-based ventures[J]. Strategic Management Journal, 2001, 22(6-7): 615-640.

LELE M M. After-sales service-necessary evil or strategic opportunity? [J]. Managing Service Quality, 1997, 7(3): 141-145.

LEVITT T. Marketing success through differentiation—Of anything

[J]. Harvard Business Review, 1980, 58(1): 83-91.

LEVITT T. Production-line approach to service[J]. Harvard Business Review, 1972, 50(5): 41-52.

LEVY M. Diminishing returns for customer service[J]. International Journal of Physical Distribution & Logistics Management, 1981, 11(1): 14-24.

LI M, SIMERLY R L. The moderating effect of environmental dynamism on the ownership and performance relationship [J]. Strategic Management Journal, 1998, 19(2): 169-179.

LI T, CALANTONE R J. The impact of market knowledge competence on new product advantage: Conceptualization and empirical examination[J]. Journal of Marketing, 1998, 62(4): 13-29.

LINDGREEN A, WYNSTRA F. Value in business markets: What do we know? Where are we going? [J]. Industrial Marketing Management, 2005, 34(7): 732-748.

LUKAS B A, TAN J J, HULT G T M. Strategic fit in transitional economies: The case of China's electronics industry [J]. Journal of Management, 2001, 27(4): 409-429.

LUMPKIN G T, DESS G G. Linking two dimensions of entrepreneurial orientation to firm performance: The moderating role of environment and industry life cycle[J]. Journal of Business Venturing, 2001, 16(5): 429-451.

LUO X, GRIFFITH D A, LIU S S, et al. The effects of customer relationships and social capital on firm performance: A Chinese business illustration[J]. Journal of International Marketing, 2004, 12(4): 25-45.

LUO Y, RUI H. An Ambidexterity Perspective Toward Multinational Enterprises From Emerging Economies [J]. Academy of Management Perspectives, 2009, 23(4): 49-70.

LUSCH R F, VARGO S L. Service-dominant logic as a foundation for building a general theory[M]. ME Sharpe, Armonk, NY, 2006.

LYNN M，LYTLE R，BOBEK S. Service orientation in transitional markets：Does it matter? ［J］. European Journal of Marketing，2000，34（3/4）：279-298.

MAHONEY J T，PANDIAN J R. The resource-based view within the conversation of strategic management［J］. Strategic Management Journal，1992，13（5）：363-380.

MARKIDES C，WILLIAMSON P. Corporate diversification and organizational structure：A resource-based view［J］. Academy of Management Journal，1996，39（2）：340-367.

MARKIDES C C，WILLIAMSON P J. Related diversification，core competences and corporate performance［J］. Strategic Management Journal，1994，15（Special Issue：Search for New Pavadigms）：149-165.

MARTIN JR C R，HORNE D A. Services innovation：Successful versus unsuccessful firms ［J］. International Journal of Service Industry Management，1993，4（1）：49-65.

MATHIEU V. service strategies within the manufacturing sector：Benefits,costs and partnership［J］. International Journal of Servic Industry Management，2001，12（5）：451-475.

MATTHEWS J，SHULMAN A D. Competitive advantage in public-sector organizations：Explaining the public good/sustainable competitive advantage paradox［J］. Journal of Business Research，2005，58（2）：232-240.

MATTHYSSENS P，VANDENBEMPT K. Creating competitive advantage in industrial services ［J］. Journal of Business &. Industrial Marketing，1998，13（4/5）：339-355.

MATTHYSSENS P，VANDENBEMPT K. Moving from basic offerings to value-added solutions：Strategies，barriers and alignment［J］. Industrial Marketing Management，2008，37（3）：316-328.

MATTHYSSENS P，VANDENBEMPT K，BERGHMAN L. Value

innovation in business markets: Breaking the industry recipe[J]. Industrial Marketing Management, 2006, 35(6): 751-761.

MCDERMOTT C M, PRAJOGO D I. Service innovation and performance in SMEs[J]. International Journal of Operations & Production Management, 2012, 32(2): 216-237.

MENOR L, TATIKONDA M, SAMPSON S. New service development: Areas for exploitation and exploration [J]. Journal of Operations Management, 2002, 20(2): 135-157.

MILES I. Services innovation: A reconfiguration of innovation studies [C]. PREST Discussion Paper Series (No. 01-05), University of Manchester, 2001.

MILES M B, HUBERMAN A. M. Qualitative Data Analysis: A Sourcebook of New Methods[M]. Sage publications, Inc, 1984.

MILLER D. The structural and environmental correlates of business strategy[J]. Strategic Management Journal, 1987, 8(1): 55-76.

MILLER D. Relating Porter's business strategies to environment and structure: Analysis and performance implications[J]. Academy of Management Journal, 1988, 31(2): 280-308.

MILLER D, FRIESEN P H. Successful and unsuccessful phases of the corporate life cycle[J]. Organization Studies, 1983, 4(4): 339-356.

MINTZBERG H. The Strategy Process: Concepts, Contexts, Cases [M]. Opper Saddle River, New Jersey: Prentice Hall, 2003.

MIOZZO M, RAMIREZ M. Services innovation and the transformation of work: The case of UK telecommunications[J]. New Technology, Work and Employment, 2003, 18(1): 62-79.

MOORMAN C, MINER A S. The impact of organizational memory on new product performance and creativity[J]. Journal of Marketing Research, 1997, 34(1): 91-106.

MORGAN R E, BERTHON P. Market orientation, generative learning, innovation strategy and business performance inter-relationships in bioscience firms[J]. Journal of Management Studies, 2008, 45(8): 1329-1353.

MORROW JR J, SIRMON D G, HITT M A, et al. Creating value in the face of declining performance: Firm strategies and organizational recovery [J]. Strategic Management Journal, 2007, 28(3): 271-283.

NADLER D, TUSHMAN M. Strategic Organization Design: Concepts, Tools and Processes[M]. Scott Foresman and Co. , Glenview, IL, 1988.

NARVER J C, SLATER S F. The effect of a market orientation on business profitability[J]. Journal of Marketing, 1990, 54(4): 20-35.

NEELY A. Exploring the financial consequences of the servitization of manufacturing[J]. Operations Management Research, 2008, 1(2): 103-118.

NEELY A. The servitization of manufacturing: An analysis of global trends [C]. Proceedings of the POMS College of Service Operations and EurOMA Conference, 2007.

NEU W, BROWN S. Forming successful business-to-business services in goods-dominant firms[J]. Journal of Service Research, 2005, 8(1): 3-17.

NEWBERT S L. Empirical research on the resource-based view of the firm: An assessment and suggestions for future research[J]. Strategic Management Journal, 2007, 28(2): 121-146.

OLIVA R, KALLENBERG R. Managing the transition from products to services[J]. International Journal of Service Industry Management, 2003, 14(2): 160-172.

ORDANINI A, RUBERA G. How does the application of an IT service innovation affect firm performance? A theoretical framework and empirical analysis one-commerce [J]. Information & Management, 2010, 47 (1): 60-67.

OREJA-RODRÍGUEZ J R, YANES-ESTÉVEZ V. Perceived

environmental uncertainty in tourism: A new approach using the Rasch model [J]. Tourism Management, 2007, 28(6): 1450-1463.

OSBORNE S P. Voluntary Organizations and Innovation in Public Services[M]. Psychology Press, 1998.

PALMATIER R W, DANT R P, GREWAL D, et al. Factors influencing the effectiveness of relationship marketing: A meta-analysis [J]. Journal of Marketing, 2006, 43(7): 136-153.

PANESAR S S, MARKESET T. Industrial service innovation through improved contractual relationship: A case study in maintenance[J]. Journal of Quality in Maintenance Engineering, 2008, 14(3): 290-305.

PALADINO A. Analyzing the Effects of Market and Resource Orientations on Innovative Outcomes in Times of Turbulence[J]. Journal of Product Innovation Management, 2008, 25(6): 577-592.

PARASURAMAN A. Reflections on gaining competitive advantage through customer value[J]. Journal of the Academy of Marketing Science, 1997, 25(2): 154-161.

PARK S H, LUO Y. Guanxi and organizational dynamics: Organizational networking in Chinese firms [J]. Strategic Management Journal, 2001, 22(5): 455-477.

PATRÍCIO L, FISK R P, FALCÃO E CUNHA J. Designing multi-interface service experiences[J]. Journal of Service Research, 2008, 10(4): 318-334.

PAVITT K. Sectoral patterns of technical change: Towards a taxonomy and a theory[J]. Research Policy, 1984, 13(6): 343-373.

PENG M W. Institutional transitions and strategic choices[J]. Academy of Management Review, 2003, 28(2): 275-296.

PERTUSA-ORTEGA E M, MOLINA-AZORÍN J F, CLAVER-CORTÉSE. Competitive strategy, structure and firm performance: A comparison of the resource-based view and the contingency approach[J]. Management Decision, 2010, 48(8): 1282-1303.

PETERAF M A. The cornerstones of competitive advantage: A resource-based view[J]. Strategic Management Journal, 1993, 14(3): 179-191.

PETERAF M A, BARNEY J B. Unraveling the resource-based tangle [J]. Managerial and Decision Economics, 2003, 24(4): 309-323.

PETERS T, WATERMAN R. In Search of Excellence: Lessons from America's Best-Run Corporations[M]. New York: Warner, 1982.

PFEFFER J, SALANCIK G. The External Control of Organizations: A Resource Dependence Perspective[M]. Stanford: Stanford University Press, 2003.

PORTER M E. Competitive Advantage: Creating and Sustaining Superior Advantage[M]. New York: Free Press, 1985.

PORTER M E. Competitive Strategy: Techniques For Analyzing Industries and Competitors: With a New Introduction[M]. New York: Free Press, 1980.

PRAHALAD C K, HAMEL G. The core competence of the corporation [J]. Harvard Business Review, 1990, 68(3): 79-91.

PRAHALAD C K, HAMEL G. Strategy as a field of study: Why search for a new paradigm? [J]. Strategic Management Journal, 1994, 15(S2): 5-16.

PRAJOGO D I, MCDERMOTT C M. The relationship between total quality management practices and organizational culture[J]. International Journal of Operations & Production Management, 2005, 25(11): 1101-1122.

PRIEM R L. A consumer perspective on value creation[J]. Academy of Management Review, 2007, 32(1): 219-235.

PRIEM R L, BUTLER J E. Is the resource-based "view" a useful perspective for strategic management research? [J]. Academy of Management Review, 2001, 26(1): 22-40.

PRIEM R L, RASHEED A M A, KOTULIC A G. Rationality in

strategic decision processes, environmental dynamism and firm performance [J]. Journal of Management, 1995, 21(5): 913-929.

QUINN J B, DOORLEY T L, PAQUETTE PC. Beyond products: Services-based strategy[J]. Harvard Business Review, 1990, 68(2): 58.

ROBERT BAUM J, WALLY S. Strategic decision speed and firm performance[J]. Strategic Management Journal, 2003, 24(11): 1107-1129.

ROY A, WALTERS P G P, LUK S T K. Chinese puzzles and paradoxes: conducting business research in china[J]. Journal of Business Research, 2001, 52(2): 203-210.

REED R, DEFILLIPPI R J. Causal ambiguity, barriers to imitation, and sustainable competitive advantage[J]. Academy of Management Review, 1990, 13(11): 88-102.

REICHHELD F F, SASSER JR WE. Quality gomes to services[J]. Harvard business review, 1990. 3(4), 106-112.

RICHARD P J, DEVINNEY T M, YIP G S, et al. Measuring organizational performance: Towards methodological best practice [J]. Journal of Management, 2009, 35(3): 718-804.

RIECK R, DICKSON K. A model of technology strategy[J]. Technology Analysis & Strategic Management, 1993, 5(4): 397-412.

ROBINSON T, CLARKE-HILL C M, CLARKSON R. Differentiation through service: A perspective from the commodity chemicals sector[J]. Service Industries Journal, 2002, 22(6): 149-166.

ROWLEY T, BEHRENS D, KRACKHARDTD. Redundant governance structures: An analysis of structural and relational embeddedness in the steel and semiconductor industries[J]. Strategic Management Journal, 2000, 21 (3): 369-386.

RUMELT R P. Toward a strategic theory of the firm [A]//LAMB R. Competitive Strategic Management[C]. Englewood cliffs, New Jersey: Prentice

Hall，1984.

SALONEN A. Service transition strategies of industrial manufacturers [J]. Industrial Marketing Management，2011，40(5)：683-690.

SAWHNEY M，BALASUBRAMANIAN S，KRISHNAN V. Creating growth with services[J]. MIT Sloan Management Review，2004，45(2)：34-44.

SAWHNEY M，BALASUBRAMANIAN S，KRISHNAN V V. Creating growth with services[J]. MIT Sloan Management Review，2003，45 (2)：34-44.

SCHMENNER R W. Manufacturing，service，and their integration： some history and theory [J]. International Journal of Operations & Production Management，2009，29(5)：431-443.

SHOSTACK G L. Breaking free from product marketing[J]. Journal of Marketing，1977，41(2)：73-80.

SINGH M. Service as a marketing strategy：A case study at reliance electric[J]. Industrial Marketing Management，1990，19(3)：193-200.

SIRILLI G，EVANGELISTA R. Technological innovation in services and manufacturing：Results from Italian surveys[J]. Research Policy，1998，27(9)：881-899.

SIRMON D G，GOVE S，HITT M A. Resource management in dyadic competitive rivalry：The effects of resource bundling and deployment[J]. Academy of Management Journal，2008，51(5)：919-935.

SIRMON D G，HITT M A. Contingencies within dynamic managerial capabilities：Interdependent effects of resource investment and deployment on firm performance[J]. Strategic Management Journal，2009，30(13)：1375-1394.

SIRMON D G，HITT M A，IRELAND RD. Managing firm resources in dynamic environments to create value：Looking inside the blackbox[J]. Academy of Management Review，2007，32(1)：273-292.

SLATER S，NARVER J. Market orientation，customer value，and

superior performance[J]. Journal of Marketing, 1994, 58(1): 46-55.

SLATER S F. Developing a customer value-based theory of the firm[J]. Journal of the Academy of Marketing Science, 1997, 25(2): 162-167.

SLATER S F, NARVER JC. Research notes and communications customer-led and market-oriented: Let's not confuse the two[J]. Strategic Management Journal, 1998, 19(10): 1001-1006.

SPENDER J C, GRANT R M. Knowledge and the firm: Overview[J]. Strategic Management Journal, 1996, 17(Special Issue): 5-9.

SPILLER P T, ZELNER B A. Product complementarities, capabilities and governance: A dynamic transaction cost perspective[J]. Industrial and Corporate Change, 1997, 6(3): 561-594.

SRIVASTAVA R, FAHEY L, CHRISTENSEN H. The resource-based view and marketing: The role of market-based assets in gaining competitive advantage[J]. Journal of Management, 2001, 27(6): 777-802.

STOREY C, EASINGWOOD C J. The augmented service offering: A conceptualization and study of its impact on new service success[J]. Journal of Product Innovation Management, 1998, 15(4): 335-351.

TAN J, TAN D. Environment-strategy co-evolution and co-alignment: A staged model of Chinese SOEs under transition[J]. Strategic Management Journal, 2005, 26(2): 141-157.

TEECE D J. Explicating dynamic capabilities: The nature and microfoundations of(sustainable) enterprise performance[J]. Strategic Management Journal, 2007, 28(13): 1319-1350.

TEECE D J, PISANO G. The dynamic capabilities of firms: An introduction[J]. Industrial and Corporate Change, 1994, 3(3): 537-556.

TEECE D J, PISANO G, SHUEN A. Dynamic capabilities and strategic management[J]. Strategic Management Journal, 1997, 18(7): 509-533.

TSAI K H. The impact of technological capability on firm performance in Taiwan's electronics industry [J]. The Journal of High Technology Management Research, 2004, 15(2): 183-195.

TULI K, KOHLI A, BHARADWAJ S. Rethinking customer solutions: From product bundles to relational processes[J]. Journal of Marketing, 2007, 71(3): 1-17.

ULAGA W, REINARTZ W J. Hybrid offerings: How manufacturing firms combine goods and services successfully[J]. Journal of Marketing, 2011, 75(6): 5-23.

UTTERBACK J M. Innovation in industry and the diffusion of technology[J]. Science, 1974, 18(4): 620-626.

VANDERMERWE S, RADA J. Servitization of business: Adding value by adding services [J]. European Management Journal , 1988, 6(4): 314-324.

VANHAVERBEKE W, PEETERS N. Embracing innovation as strategy: Corporate venturing, competence building and corporate strategy making[J]. Creativity and Innovation Management, 2005, 14(3): 246-257.

VARGO S, LUSCH R. Evolving to a new dominant logic for marketing [J]. Journal of Marketing, 2004, 68(1): 1-17.

VARGO S L, LUSCH R F. From goods to service(s): Divergences and convergences of logics[J]. Industrial Marketing Management, 2008, 37(3): 254-259.

VEN A H V D, ASTLEY W G. Mapping the field to create a dynamic perspective on organization design andbehavior [R]. University of Pennsylvania, Center for the Study of Organizational Innovation, 1981.

VENKATRAMAN N, RAMANUJAM V. Measurement of business performance in strategy research: A comparison of approaches[J]. Academy of Management Review, 1986, 11(4): 801-814.

VENKATRAMAN N. The concept of fit in strategy research: Toward verbal and statistical correspondence[J]. Academy of Management Review,

1989，14(3)：423-444.

VENKATRAMAN N，PRESCOTT J E. Environment-strategy coalignment：An empirical test of its performance implications[J]. Strategic Management Journal，1990，11(1)：1-23.

VOSS C. Applying service concepts in manufacturing[J]. International Journal of Operations & Production Management，1992，12(4)：93-99.

VOSS G B，VOSS Z G. Strategic orientation and firm performance in an artistic environment[J]. Journal of Marketing，2000，64(4)：67-83.

WATANABE C，HUR J Y. Firm strategy in shifting to service-oriented manufacturing—The case of Japan's Electrical Machinery Industry[J]. Journal of Services Research，2004，4(1)：5-22.

WEERAWARDENA J，MCCOLL-KENNEDY J R. New service development and competitive advantage：A conceptual model[J]. Australasian Marketing Journal，2002，10(1)：13-23.

WEICK K E. The Social Psychology of Organizing (Topics in Social Psychology Series)[M]. 1st ed. McGraw-Hill Humanities，1979.

WEI J，ZHAO L，CHEN X. A framework for determinants of transition from a manufacturer to a service provider[C]. //IEEE International Conference on Management of Innovation and Technology. IEEE，2010：990－995.

WERNERFELT B. A resource-based view of the firm[J]. Strategic Management Journal，1984，5(2)：171-180.

WIKLUND J，SHEPHERD D. Knowledge-based resources, entrepreneurial orientation, and the performance of small and medium-sizedbusinesses [J]. Strategic Management Journal，2003，24(13)：1307-1314.

WINDAHL C，LAKEMOND N. Developing integrated solutions：The importance of relationships within the network[J]. Industrial Marketing Management，2006，35(7)：806-818.

WINDAHL C, LAKEMOND N. Integrated solutions from a service-centered perspective: Applicability and limitations in the capital goods industry[J]. Industrial Marketing Management, 2010, 39(8): 1278-1290

WINTER S G. Purpose and progress in the theory of strategy: comments on gavetti[J]. Organization Science, 2012, 23(1): 288-297.

WISE R B, BAUMGARTNER P. Go downstream: The new profit imperative in manufacturing[J]. Harvard Business Review, 1999, 77(5): 133-141.

WOODRUFF R. Customer value: The next source for competitive advantage[J]. Journal of the Academy of Marketing Science, 1997, 25(2): 139-153.

WRIGHT N D, PEARCE J W, BUSBIN J W. Linking customer service orientation to competitive performance: Does the marketing concept really work? [J]. Journal of Marketing Theory and Practice, 1997, 5(4): 23-34.

YAN M, GRAY B. Bargaining power, management control, and performance in United States-China joint ventures: A comparative case study [J]. Academy of Management Journal, 1994, 37(6): 1478-1517.

YIN R. Case study research: Design and Methods[M]. 3rd ed. Thousands Oaks: Sage Publications, 2003.

ZAHRA S A, BOGNER W C. Technology strategy and software new ventures' Performance: Exploring the moderating effect of the competitive environment[J]. Joumal of Business Venturing, 2000, 15(2): 135-173.

ZHOU K Z, WU F. Technological capability, strategic flexibility, and product innovation[J]. Strategic Management Journal, 2010, 31(5): 547-561.

ZHOU K Z, YIM C K, TSE D K. The effects of strategic orientations on technology-and market-based breakthrough innovations[J]. Journal of Marketing, 2005. 69(2): 42-60.

ZHOU K Z, BROWN J R, DEV C S. Market orientation, competitive advantage, and performance: A demand-based perspective[J]. Journal of

Business Research，2009，62(11)：1063-1070.

ZOTT C. Dynamic capabilities and the emergence of intraindustry differential firm performance：Insights from a simulation study［J］. Strategic Management Journal，2003，24(2)：97-125.

附　录

附录 1

制造企业服务创新访谈提纲

1. 请您介绍一下本企业的经营状况。贵企业主营业务包含哪些？

2. 请您列举一下企业目前向市场提供的服务具体包含哪些内容。这些服务与企业产品业务之间的关系如何？

3. 我们企业是如何理解服务创新的？您认为主要有哪些因素促进公司开展服务创新？企业在服务创新方面具体有哪些举措？请您举例说明。

5 企业是在什么情况下开始重视服务创新的？本企业的服务创新战略与竞争对手有何不同？

6. 能给企业顾客更多价值的是公司提供给客户的设备产品、服务还是其他？

7. 在企业所处产业中，通过服务创新参与市场竞争需要具有什么样的资源或者能力？这些能力发挥怎样的作用？与竞争对手相比哪些是贵企业比较独特的能力？

8. 企业已有的技术能力对于企业开展服务创新起到什么作用？请您举例说明。

9. 企业开展服务创新需要有哪些方面的投入？开展服务创新战略的投入是否超出获取的收益？

10. 请介绍一下企业实施服务创新战略以来对企业哪些绩效产生影响：①非财务绩效如销售额和市场份额的增长性、吸引新顾客等方面；②财务绩效方面如利润增长、投资回报。

附录 2

中国制造企业服务创新调查表 No.：_____

尊敬的女士/先生：

　　您好！我们是浙江大学管理学院制造企业服务创新研究组的成员，本问卷旨在了解制造企业服务创新实践对企业绩效的影响，为我国制造企业服务创新实践提供理论和实践支撑。本问卷并非测验，因此每个题项的答案间无好坏之分，请选择（电子版请用不同颜色标注）与您想法最为接近的答案。并且您提供的信息仅做学术研究之用，绝不用于任何商业目的，请您放心并尽可能根据实际情况客观回答。

　　非常感谢您抽出宝贵时间，帮助我们完成此次调研任务。如果您希望，我们会将研究的阶段性和最终成果反馈给您，希望能为您的事业发展提供参考！

　　一、企业基本信息 *

企业名称		在该企业工作年限	
企业所在地	（　　）省（　　）县/市	企业成立时间	
企业主营产品		企业所属行业	
企业研发投入	占销售收入（　　　）%	企业员工总人数	
企业去年销售总额：A 低于 1000 万元　　B 1000 万元—3000 万元　　C 3000 万元—6000 万元			
D 6000 万—1 亿元　　E 1 亿—3 亿元　　F 3 亿—10 亿元　　G 10 亿以上元			

　　* 本部分为数据统计重要依据，烦请填写完整；"年销售总额"与"员工总数"请填写近年大约数据。

　　二、企业竞争优势

以下是与行业主要竞争对手相比，对企业竞争状况的描述	完全不同意↔完全同意
相对于主要竞争者，企业的销售额增长较快	1　2　3　4　5　6　7
相对于主要竞争者，企业的市场份额提高较大	
相对于主要竞争者，企业更能吸引新的顾客	
相对于主要竞争者，企业的客户满意度较高	
相对于主要竞争者，企业近两年总资产平均收益率较高	
相对于主要竞争者，企业近两年平均销售利润率较高	
相对于主要竞争者，企业的产品利润率较高	

三、企业服务创新

以下是服务创新状况的描述，请您根据实际情况进行选择	完全不同意↔完全同意
本企业致力于完善现有产品销售服务的功能和种类	1 2 3 4 5 6 7
本企业经常对现有产品销售服务进行小的改进	
本企业致力于提高产品销售服务的灵活性和供应效率	
本企业致力于快速解决产品使用中出现的问题	
本企业致力于提升现有产品销售服务的质量	
本企业致力于需求新行业市场服务业务机会	
本企业经常在当地市场实验全新的服务解决方案	
本企业致力于使自身的服务解决方案成为其他企业模仿的对象	
本企业致力于采用新技术开发新的服务解决方案	

四、企业技术能力

与行业主要竞争对手相比，企业在以下方面做得更好	完全不同意↔完全同意
本企业能获取重要的技术信息	1 2 3 4 5 6 7
本企业能够快速识别新技术机会	
本企业能对技术变化做出快速的响应	
本企业掌握了最先进的技术知识	
本企业能持续不断地开展创新活动	

五、企业外部环境

以下是对企业所处的外部环境特征的描述，请您选择	完全不同意↔完全同意
本企业所在的业务市场，顾客的偏好变化速度很快	1 2 3 4 5 6 7
顾客总是趋向于寻求新的产品和服务	
新顾客的出现主要来源于公司产品和服务的改善	
新顾客对产品的相关需求与原有的顾客明显不同	
本企业主要倾向于满足已有顾客的需求	
企业所在行业竞争是恶性竞争	
企业所处行业经常发生"促销战"	
其他企业总是很快地提供竞争对手所提供的产品和服务	
企业所在行业经常发生"价格战"	
企业所在行业几乎每天都能听说新的竞争行动	

再次感谢您对我们研究工作的支持！祝您工作愉快！

索　引

图书在版编目(CIP)数据

制造企业服务创新战略对竞争优势的影响机制研究 /
赵立龙著. —杭州：浙江大学出版社，2015.7
ISBN 978-7-308-14793-4

Ⅰ.①制… Ⅱ.①赵… Ⅲ.①制造企业－工业企业管
理－企业创新－研究－中国 Ⅳ.①F426.4

中国版本图书馆 CIP 数据核字(2015)第 127455 号

制造企业服务创新战略对竞争优势的影响机制研究
赵立龙　著

责任编辑	杨利军	
责任校对	张一弛	
封面设计	项梦怡	
出版发行	浙江大学出版社	
	（杭州市天目山路 148 号　邮政编码 310007）	
	（网址：http://www.zjupress.com）	
排　　版	浙江时代出版服务有限公司	
印　　刷	浙江云广印业有限公司	
开　　本	710mm×1000mm　1/16	
印　　张	15.5	
字　　数	225 千	
版 印 次	2015 年 7 月第 1 版　2015 年 7 月第 1 次印刷	
书　　号	ISBN 978-7-308-14793-4	
定　　价	36.00 元	